맥도날드의 문화권력을 폭로하기 위해 힘쓴 모든 이들에게:

조제 보베

트리스탄 케드딩

데이브 모리스

헬렌 스틸

맥스포트라이트(McSpotlight) 창설자

그리고 B.F.G.에게 이 책을 바친다.

버거의 상징 — 맥도날드와 문화권력

초판 1쇄 인쇄 · 2004년 8월 1일
초판 1쇄 발행 · 2004년 8월 5일

지은이 · 조 킨첼로
옮긴이 · 성기완
펴낸이 · 박성규
펴낸곳 · 도서출판 아침이슬

등록 · 1999년 1월 9일(제10-1699호)
주소 · 서울시 마포구 합정동 364-70(121-884)
전화 · 02)332-6106
팩스 · 02)322-1740

ISBN · 89-88996-44-5 03330
값 9,500원

· 이 책의 내용을 쓰고자 할 때는 저작권자와 출판사의 허락을 받아야 합니다.
· 잘못 만들어진 책은 바꾸어 드립니다.

버거의 상징

맥도날드와 문화권력

역자 서문

미국이나 세계의 다른 여러 국가와 마찬가지로 우리나라의 맥도날드와 버거킹 매장들도 미성년을 고용하고 수천 명의 청소년들에게 수억 원의 초과수당을 지급하지 않아 경찰에서 조사받고 있음이 보도되었다(2004년 3월 19일 KBS 9시 뉴스). 이처럼 만연된 노동 착취가 세계에서 가장 많은 매장을 가지고 있고, 가장 많은 임시직 종업원을 고용한 맥도날드의 실체인 것이다. 이는 맥도날드와 같은 패스트푸드 회사나 매직킹덤 등으로 오락산업을 주도하고 있는 월트 디즈니 주식회사처럼 아동과 청소년을 주 고객으로 하는 기업들이 그렇게 도덕적이거나 순수하지 않다는 것을 깨닫고 있음을 반증하는 것이다.

우리나라의 많은 사람들이 교육은 학교나 학원에서 하는 것이고 정치적이지 않다고 생각한다. 우리 아이들을 기르는 데 이런 생각이 얼마나 위험한지 모른다. 필요한 지식을 배우고 시험을 보는 것이 교육의 전부는 아니며 학교교육 이외에도 다양한 교육이 기업에 의해 사회 곳곳에서 일어나고 있다는 것을 깨닫지 못한다.

거짓말하고 패거리 형성하여 집단적 이기주의를 발휘하며 살라고 학교에서 가르치지는 않을 것이다. 그런데 왜 우리 사회에 이런 일이 자주 그리고 많이 일어나는 것일까? 그것은 바로 학교 외에도 교육을 주관하는 기관이나 단체들이 있기 때문이다. 그 대표적인 예가 기업 그리고 텔레비전, 인터넷과 같은 미디어이다. 실제로, 우리 청소년들은 학교 선생님을 통해서나 학원에서 배우는 지식과 기능보다 소비를 통해 배우는 기업 교육, 미디어를 통해 배우는 연예·오락 교육에서 더 많은 영향을 받고 있다. 따라서, 이러한 기업과 미디어들은 필요한 물건을 생산하고 즐거움을 주는 단순한 사회기관이 아니다. 기존의 학교 교육은 이런 경쟁적인 교육기관들(아니 세뇌기관들)과의 비교에서 열등한 것으로 치부되고 있다. 심지어는 학교가 기업에 맞는 일꾼을 기르지 못한다고 비판받거나 특정 학교들에서 기업의 필요에 맞는 교육과정을 제공하는 것이 당연한 것으로 여겨진다. 그보다 더 심각한 것은 소수 기업의 이윤과 권력을 위해 역사상 유례가 없는 '소비를 통한 착취'가 아이들과 청소년들을 대상으로 하여 일어나고 있다는 사실이다. 모든 교사들과 부모들 그리고 책임 있는 어른들이라면 세계 다국적 기업들의 전횡을 볼 줄 알아야 한다.

이처럼, 모든 교육이 비정치적이어야 한다는 주장은 현실을 무시한 것이다. 정도의 차이는 있지만 교육은 정치적인 것이다. 아니 그 이상의 것이다. '교육적'이라는 말의 의미에는 역사적, 사회문화적, 철학적, 경제적 제반 요인들이 포함되어 있다. 그런데, 소위 제도권 교육에서는 이런 다양한 역학과 복잡성을 무시하고 획일적인 지식과 기능을 통한 의미 없는 교육을 해 온 지 오래다. 수학과 과학 올림피아드 등에서 우리 학생들이 경이적인 기록으로 입상하고 상위권이라고 보도하지만 우리 청소년들에게 창의적이고 비판적 사고가 부족하며, 나라의 경쟁력이 없는 이유는 바로 이것이다.

할리우드 영화가 들어오는 것을 국산 영화들이 막았다거나 연예·오락 산업이 국산화했다고 해서 우리 젊은이들이 강해지는 것은 아니다. 예전에, 햄버거의 위험을 알리는 비디오를 학생들에게 보여 주고 의견을 말해 보라고 했더니, 많은 학생들이 국산 브랜드의 햄버거를 먹어야 한다고 말했다. 물론 나쁜 대안은 아니지만 햄버거 이외의 대안은 생각도 않고 있다는 얘기다. 또한 단순한 애국심에서 신토불이 한국 음식을 먹어야 한다고 말하는 학생들도 있었다. 그 어떤 학생도 앞에서 말한 교육적, 역사적, 사회문화적, 경제적인 요인들을 아우르는 비판적, 창의적 관점을 제시하지 못하는 것을 보고 매우 놀란 적이 있다. 이것은 우리가 지난 100년간의 과학기술적 변화가 가져온 문명의 이기를 당연시하고 즐기는 동안 우리 인식의 세계가 어떻게 변화하였는가를 돌아보지 않고 있다는 자명한 증거이다.

이 책 《버거의 상징—맥도날드와 문화권력》은 2001년에 아침이슬에서 출간된 《디즈니 순수함과 거짓말》과 같은 맥락에서 거대 다국적 기업들이 세뇌교육을 통해 어떻게 사람들을 통제하고 헤게모니적 문화권력을 휘두르는가 하는 문제를 심도 깊게 다루고 있다. 두 책 모두 획일적인 제도권 교육을 받은 나에게 학생으로서 또 선생으로서 많은 생각과 깊은 반추를 할 수 있도록 도와준 책이다. 교육은 신성한 것이라거나 객관적이어야 한다는 이데올로기를 당연시하면서 자란 우리들에게는, 교육에 대한 기업의 영향력이 위험하다는 경고가 처음에는 잘 이해도 되지 않고 그다지 설득력 있게 다가오지 않을 수도 있다. 하지만, 우리 사회에서 그 어떤 세력보다도 더 강해지고 있는 기업과 미디어의 영향은 이미 문화권력이라는 담론으로 존재하고 있으며, 파탄에 가까운 정치 권력 그리고 성장의 한계를 보이고 있는 기업 권력들이 진출하는 새로운 영역이다. 현재 학교 교육은 이런 기업들이나 미디어와 경쟁하며 아이들을 가르쳐야 하는 힘겨운 싸움을 하고 있는 것이다.

학교 교육이 단편적 지식의 양을 많이 제공하거나 상급학교 진학을 위한 시험 준비기관으로 전락하고 더군다나 취업을 위한 기능 교육에만 치중하게 된 것은 산업화·근대화 바람과 함께 생겨난 교육 제도의 특성상 어쩔 수 없는 일인지 모른다. 하지만, 이런 과학주의적, 축소주의적 패러다임에 바탕을 둔 교육이 너무 당연시되는 동안, 시민 교육이나 전인적 교양 교육은 말살되고 있다. 민주적 시민의 양성과 보호에 힘쓰고, 사회의 중추적 역할을 할 청년을 길러 내야 하는 공공기관들이 기업과 미디어의 영향으로 인해 소위 합리적 경영이라는 이름으로 민영화 그리고 사영화되고 있다. 그런 와중에 부익부빈익빈 현상은 더욱 심해지고 학교는 비정치적인 장소 또는 지성의 상아탑이라는 허울 아래 세상과 동떨어져 있다.

　소수의 사람이 엄청난 부와 권력을 소유하고 있다는 것은 다수 개인들의 권리나 복지가 침해된다는 것을 의미한다. 지난 100여 년간 편리와 발전이라는 이름으로 개인들은 많은 변화를 겪으면서 이런 변화를 당연시하게 되었고, 또한 그런 변화에 저항할 힘을 점점 잃어 가고 있다. 휴대폰, 신용카드, 자동차, 컴퓨터와 게임산업, 레저 및 관광·스포츠산업, 패스트푸드를 비롯한 음식산업, 연예·오락산업 등을 통해 기업과 미디어가 우리 생활에 얼마나 중요하게 자리 잡고 있으며 개인의 사적인 영역과 사회의 공적인 영역을 얼마나 사영화하고 소비적인 장소로 만드는가. 이러한 산업들이 점점 다양화되면서 유혹적인 상품과 서비스 그리고 오락을 통하여 그나마 버는 임금마저도 도로 회수해 가는 놀라운 능력을 보일 때, 우리는 인간이 아닌 쳇바퀴 속의 다람쥐처럼 삶을 통제받고 있으며, 기업과 미디어가 만들어 주는 세상만 받아들이도록 세뇌당하고 있는 것이다.

　조 킨첼로는 햄버거 왕국의 CEO, 간부, 매장 매니저와 종업원 그리고 우리와 같은 소비자의 입을 통해 바로 이러한 사실을 보여 주고 있다. 그들은 단순한 음식 장사꾼들이 아니다. 우리가 가볍게 생각하며 햄버거 하나 먹는 행동이 그들의 방식들을 옳은 것으로 인정해 주고 심지어는 스스로 선전 및 홍보원의 역할을 하고 있는 것이다.

킨첼로는, 이런 거대한 기업과 미디어의 공격을 견제하기 위해 학교나 시민단체들은 마지막 남은 공적인 기관으로서 보다 많은 역할을 해야 한다고 주장한다. 즉 공공 교육은 단편적 지식의 전수와 기업을 위한 노동자 양산에서 벗어나 민주적 의식을 갖춘 힘 있는 시민 교육에 힘을 써야 한다. 시민단체들은 이런 개인을 조직화하고 대안세력화하여 개인의 자유와 평등 그리고 공평한 정책의 입법과 실행을 위해 투쟁을 하는 공적인 임무를 담당해야 한다. 개인을 묶어 주고 보호하던 가정, 종교기관, 정부기관들은 너무 사유화되고 이기집단화되어 더 이상 개인에 대해 관심을 보이지 않기 때문이다. 이런 면에서 햄버거는 단순히 햄버거가 아니라는 조 킨첼로의 주장이 설득력이 있는 것이다.

조 킨첼로를 처음 만난 지 10년이 된다. 나이 들어 영어 좀 제대로 가르쳐 보겠다고 유학을 갔는데, 교육과정 연구 시간에 그것과 별로 관계없어 보이는 비판이론과 문화 연구 등을 배우는 것에 의아해하던 기억이 난다. 한편 수업 시간에 항상 학생들의 말에 귀 기울이며 대화하던 킨첼로 교수가 생각난다. 그가 테네시의 한 산골에서 태어나서 그가 배우고 성장한 이야기, 학자로서 생각이 다르다는 이유만으로 학교에서 또 교육계에서 차별받고 투쟁해야만 했던 이야기를 들으면서 내가 정말로 가장 민주적이라는 나라로 온 것이 맞는가 하는 의구심도 들었던 것이 생각난다. 하지만, 우리가 수업이나 대화 중에 서로 나누고 있는 많은 생각들이 실제로 학교와 사회에서 실현된다면 얼마나 신나는 교육이 되겠느냐고 "희망의 교육"에 대해 힘 있게 말하던 그가 내 기억에 남아 있는 가장 인상 깊은 모습이다. 조는 학생들을 위해 존재하는 선생이었다. 그 바쁜 와중에도 길에서 만나면 반드시 서서 다정다감한 남부 사투리로 학생들에게 말을 걸어 안부를 묻고 어려운 문제들을 기꺼이 들어주곤 하던 그였다. 나는 과연 그런 선생인가 하고 항상 반성해 본다.

바쁘다는 핑계로 그의 책을 우리나라에 소개하는 것을 차일피일하는 중에 재작년에 MBC 다큐멘터리에 그가 나와 인터뷰하는 모습을 보고 더 이상 미룰 수 없음을 깨달았다. 이번 번역을 계기로 이제는 나를 친구이자 동료로 여겨 주는 조의 배려를 다시 한번 느끼게 되었다. 이 책의 출간을 준비하고 있는 이 순간에, 조 킨첼로 부부가 이 땅에서 나의 학생들을 위한 여름 특강을 진행하고 있다. 나에게 이 책의 출간은 참으로 의미 있고 귀중한 관계 속에서 이루어진 소중한 것이다.

번역과 출판의 모든 과정에 세심한 배려를 해 준 아침이슬의 모든 분들과 편집에 수고를 해 준 신수진 님에게 특히 감사드린다. 나의 일을 이해하고 항상 힘이 되어 준 나의 아내 그리고 아이들에게 고마움을 전한다. 이 책을 정확하고 이해하기 쉽도록 번역하려고 최선을 다했지만 혹 잘못이 있다면 모두 나의 책임임을 밝혀 둔다. 그리고 기회가 주어지는 대로 더 좋게 개선을 할 것을 약속한다.

2004년 7월
대전에서 성기완

　　MBC의 박마리아가 맨해튼에 있는 내 연구실을 방문하여 MBC에서 맥도날드가 전세계에 그리고 한국에 끼치는 정치적 · 경제적 영향에 대한 다큐멘터리를 제작하고 있다고 했을 때, 나는 맥도날드의 문화권력에 대해 잘 이해하고 있는 사람과 대화하고 있음을 알았다. 그리고 박마리아가 자신들이 제작하는 다큐멘터리와 관련하여 나에게 맥도날드의 이런 측면에 대해 인터뷰를 하는 것에 관심이 있는가 물었을 때 나는 즉시 그렇다고 대답했다.

　　나는 맥도날드에 관해 미국의 많은 방송매체와 수많은 인터뷰를 했다. 그중에서 몇 명의 대담자들(약 5% 정도)만이 영리하고 중요한 질문들을 했으며, 어느 누구도 맥도날드를 세계적인 힘, 즉 자신들이 사업을 펼치고 있는 각 나라들에 심각한 정치적 · 사상적 · 경제적 · 문화적 · 생태학적 · 보건학적 영향력을 행사하고 국제적으로 권력을 휘두르는 기업이라는 것을 이해하지 못했다. 이들은 맥도날드가 미국을 대표하고 미국의 외교 정책을 만들어내는 기업이라는 것을 이해하지 못했다. MBC와 인터뷰를 했을 때, 나는 대담자들과 그들의 질문에 전혀 실망하지 않았다. 그들은 많은 정보를 알고 있었으며, 매우 현명한 생각을 했으며, 통찰력이 있었고, 아주 집요했다. 완성된 다큐멘터리를 보고 나서 나는 맥도날드에 대한 이렇게 강력하고 잘된 방송 작품은 본 적이 없다고 말했다.

미국 방송과의 인터뷰와 한국 방송과의 인터뷰 사이의 차이는 이 책의 매우 중요한 한 영역을 나타내고 있다. 많은 미국인들이 MBC 다큐멘터리나 이 책에서 보여 주는 맥도날드의 역할에 대해 이해를 하는 반면에, 맥도날드는 그런 사람들의 수가 매우 적도록 하기 위해 많은 노력을 해 왔다. 실제로, 맥도날드는 내가 MBC의 대담자와 말한 대화들이 미국의 텔레비전에서 방송이 되지 않도록 하기 위해 수억 달러를 쓰고 있다. 간단히 말해, MBC가 만든 다큐멘터리는 미국에서는 결코 방송되지 않았을 것이며 특히 '황금시간대'에는 절대 방송이 안 됐을 것이다(MBC 스페셜 '연속기획 10부작 미국' 제10편 햄버거 제국. 2002년 11월 17일 방송). 이것은 21세기 미국의 한가운데에서 일어나고 있는 '지식의 정치성'에 관련된 전쟁인 것이다. 맥도날드와 같은 기업들은 공포 분위기를 조성하기 위해 엄청난 액수를 쓰고 있다. 영국에서 일어난 영국 법률 역사상 가장 긴 민사 소송이었던 소위 맥도날드 명예훼손 재판(McLibel)에서 보듯이, 맥도날드는 자신이 대중적으로 표현되는 방식을 통제하기 위해 어떤 대가라도 치를 준비가 되어 있다. 이 재판에서 맥도날드는 런던 외곽에서 유인물을 나누어 주던, 직업도 없는 두 정치 운동가와 맞서 싸우기 위해 6년간 2천만 달러 이상을 썼다.

미국에서 지금 일어나고 있는 지식에 대한 기업화된 투쟁에 비추어 볼 때, 이 책 자체가 맥도날드식 정보 통제의 희생양이 된 셈이었다. 나는 1994년에 한 출판사와 출간 계약을 맺고, 1998년 5월에 원고를 보냈다. 출판사가 내 원고를 받아들여서 나는 "완성된 책을 성공적으로 제출한 대가"로 선인세도 받았고, 편집 과정에 돌입했다. 그러나 출판의 마지막 단계였어야 할 시점인 1998년 가을에, 나는 출판사 사장으로부터 편지를 받았다. 간략하지만 명료하게, 그 편지에는 나와의 계약이 취소되었다고 쓰여 있었다.

그런 결정의 이유는 설명되어 있지 않았다. 나는 편집장에게 전화를 했지만 아무도 내 책에 대해 얘기를 할 수 없다고 했다. 맥도날드 명예훼손 재판이 끝날 무렵에 일어난 이 사건은 맥도날드가 내 책의 내용에 대해 고소를 할 것이라는 두려움 때문에 발생한 것 같다. 이런 상황에서 보듯이 맥도날드는 영국에서의 재판 또는 다른 영역에서 자신들이 끌어내고자 했던 정확한 반응을 이 출판업자에게서 끌어낸 것이다. 기관이나 정보생산자들은 소송에 대한 두려움 때문에 맥도날드에 대한 비판을 담은 책들을 출간하기를 두려워했다. 맥도날드와 같은 의지와 돈을 가지고 수년간 법정에서 싸우는 다국적 기업에 대항해 싸울 만한 재정 능력을 충분히 지닌 집단이나 출판사는 거의 없다. 이런 면에서, 맥도날드가 어떻게 나오든지 간에 이 책을 출판하는 용기를 보여준 스탠리 아로노위츠(Stanley Aronowitz)와 템플 대학교 출판부에 감사를 드린다.

이런 언급들을 하는 것은 물론 한국의 독자들에게 맥도날드의 권력과 그 권력이 21세기 미국의 불안정하고 파괴적인 정치적 상황을 반영한다는 사실을 소개하고자 함이다. 이 책을 통해 맥도날드가 그 정치적·경제적·문화적 힘을 모으고 사용하는 교활한 방법들에 대해 살펴보면서, 한국의 독자들은 미국에서 기업화되는 정부의 시대와 새로운 정치적·경제적·군사적 제국의 추구를 위해 권력이 작용하는 방법에 대한 좀 더 구체적인 통찰력을 얻을 수 있을 것이다. 미국에서 이 책이 출간된 이후로 부시 행정부의 경제 및 외교 정책들은 앞에서 말한 경향들을 새로운 차원으로 이끌고 있다. 나는 이런 정책들에 담긴 급진 우파들의 충동이 미국 시민들에 의해 거부되기를 진정으로 바란다. 그렇게 되지 않을 경우에, 한국이나 세계의 다른 나라의 시민들은 새롭게 확장되어 가는 미 제국주의가 가져다주는 부정적인 영향으로 인해 계속 고통을 받을 것이다.

나는 이 책이 한국인들에게 이런 위험스러운 제국주의 사상에 동조하지 않는 미국인들이 있다는 것을 확신시켜 주기를 바란다. 실제로, 맥도날드와 같은 다국적 기업의 행동을 규제하기를 원하며, 다른 나라와 그 국민들을 동등하게 존중하는 미국인들이 많이 있다. 이런 과업을 달성하기 위해 우리는, 맥도날드와 다른 다국적 기업들 그리고 신제국주의 외교 정책들이 사람들의 삶의 질에 해로운 영향을 끼치는 것을 지적하기 위해 한국인들을 포함한 전 세계 사람들의 도움이 필요하다. 이 책이 그런 과정에 참여하는 동기를 우리 모두에게 부여할 수 있다면 좋겠다.

우송대학교 성기완 교수의 노력과 뛰어난 번역에 감사한다. 그의 도움 없이는 한국어판을 낸다는 것은 불가능했을 것이다. 그는 뛰어난 학자이며 나의 좋은 친구다.

2004년 7월

조 킨첼로

차례

역자 서문 ·········· 4

한국어판 서문 ·········· 10

들어가며 ·········· 17

제1장 왜 맥도날드인가? ·········· 37
맥도날드와 모던해지기 / 콩 요리와 햄버거 / 햄버거에 대한 환상: 맥도날드와 대중의 환상 / 햄버거의 상징: 맥도날드와 아메리칸 드림 / 상징의 이동: 황금아치의 세계적 확장 / 왜 맥도날드인가? 황금아치와 혐오의 조장 / 맥도날드에 대한 진보적 비판은 엘리트주의 인가?

제2장 맥도날드 포옹하기 ·········· 65
이데올로기의 본질 / 맥도날드의 이데올로기

제3장 포스트모던 현상으로서의 맥도날드 ·········· 97
기호의 중요성과 황금아치의 포스트모던한 모습 / 기호를 위한 전쟁

제4장 맥도날드와 문화 교육 ·········· 129
기업주의의 합법화: 대중의 재교육 / 냉전에서의 승리: 맥도날드의 공산당 재교육 / 맥도날드 권력에 저항하기: 왜 알아야 하는가? / 현명한 저항: 권력에 대한 문해능력 계발하기 / 복잡성을 인정하고 굴복을 부정하기

제5장 자본을 위한 동의 구하기 ⸺⸺⸺⸺⸺⸺⸺⸺⸺⸺⸺⸺⸺⸺⸺ *155*

기업 교배: 쾌락의 헤게모니 / 영역 표시하기: 경쟁자 죽이기와 기호 헤게모니화하기 / 맥
도날드의 헤게모니적 권력과 정체성 형성 / 우주의 사이보그: 헤게모니와 포스트모던 정
체성의 날조 / 헤게모니와 훈육의 권력: 맥도날드와 근대화의 기표들 / 소비를 통한 교육
과정 / 풍부한 텍스트, 사회 구성의 만연과 많은 조작성 / 절망의 주체들: 풍요 속의 절망
/ 진실 감추기: 세계적인 것의 지역화 / 모던한 것과 포스트모던한 것 엮어 짜기 / 수용에
대해 해석하기: 소비에 대한 갈등 / 하이퍼리얼리티에 대한 해석적 실험: 종교 의식으로서
의 맥도날드

제6장 햄버거의 기호에 대한 투쟁 ⸺⸺⸺⸺⸺⸺⸺⸺⸺⸺⸺⸺⸺⸺⸺⸺⸺ *213*

하이퍼리얼리티에서의 생과 사: 맥도날드의 문화적 위기 / 무너지는 황금아치: 20세기 말
의 기호학적 곤경 / 시대의 기호: 아치 디럭스의 재앙과 어린이 시장의 중요성 / 맥도날드
랜드의 혼란: 크락주의 근본으로의 회귀 또는 그린버그식 포스트포디즘으로의 전진 / 나
쁜 홍보로 인한 곤경

참고문헌 ⸺⸺⸺⸺⸺⸺⸺⸺⸺⸺⸺⸺⸺⸺⸺⸺⸺⸺⸺⸺⸺⸺⸺⸺⸺⸺⸺⸺⸺⸺⸺⸺ *244*

들어가며

1999년 8월 12일, 조제 보베(José Bové)와 양치기 농부들은 밀로(Millau) 마을 외곽에 짓고 있는 맥도날드 매장 공사현장으로 갔다. 프랑스의 851호점 맥도날드 매장이 자기 동네에 지어진다는 사실에 분개한 보베와 동료 농부를 비롯해 수백 명의 사람들이 트랙터, 지게차, 자동차를 끌고 와 매장 주차장에 세웠다. 그리고 전기톱, 정, 망치, 드라이버 등으로 반쯤 지어진 맥도날드 가게를 뜯어내기 시작했다. 미디어가 지배하는 세계화된 지구촌에서 이들의 행동은 텔레비전 보도로서는 완벽한 그림이었다.

전세계로 방영된 뉴스에는 맥도날드 가게에서 뜯어낸 구조물을 밀로 청사 앞마당으로 싣고 가는 트랙터와 지게차 그리고 그 지역의 농산물 산업에 타격을 주는 맥도날드에 항의하기 위해 그 지역에서 생산되는 로크포르(Roquefort) 치즈를 나누어주는 농부의 아내들과 커다란 맥도날드 간판을 지고 행진하는 보베 등을 찍은 장면이 보도되었다. 방송기자들이 말하는 소위 "멋진 장면들"이었다. 이런 항의 행동으로 인해 체포된 사람들은 "맥도날드 10인방"으로 일컬어지며 프랑스 전역은 물론 전세계적으로 유명해졌다(Williams, 2001). 보베는 유럽에서 너무 유명해져 일부 평론가들은 그 사건을 기술할 때 "보베매니아"라는 용어를 쓸 정도였다(Think Global, 2000).

보베는 유럽 전역에 퍼져 있는 농산물에 관한 깊은 우려를 세계적으로 확장되는 다국적 기업의 엄청난 힘에 대한 두려움과 연계시키기 위해 맥도날드 기호(sign)의 가치, 즉 그 상징적 자본의 위력을 이용함으로써 이런 반향을 불러일으킨 것이다. 거대한 자산과 정치·경제적 힘을 가진 다국적 기업의 대명사인 맥도날드는, 자신들의 운동 에너지가 보베에 의해 전용되고 보베 자신의 미디어 이미지를 만들어 내는 데 다시 사용되는 것을 직접 목격하게 된 것이다. '햄버거의 기호와 기표(signifier), 상징(symbol)에 대해 매우 잘 인식하고 있던 보베는 맥도날드가 각기 다른 개인들에게 다양한 의미를 전달하고 있다는 것을 이해하고 있었다. 2001년 6월에 있었던 한 인터뷰에서 보베는 전세계 사람들은 미국 사람들과는 매우 다르게 맥도날드를 이해한다고 말했다. 실제로 미국 외에 많은 다른 지역에서 맥도날드는 풍요와 부의 상징으로 이해되는 반면 미국에서는 그렇지 않다(Jeffress, 2001).

이 사건으로 인해 벌어진 재판의 변론으로서 보베는 맥도날드의 기표의 의미에 대하여 분석하면서 "맥도날드는 음식 표준화의 상징이다"라며 "우리가 한 행동은 보스턴 차 사건과 비슷하다"라고 미국의 독립운동을 빗대어 말했다(Williams, 2001). 맥도날드와 보베 대립의 상징적 차원─그리고 맥도날드의 일반성─은 이런 기호학적 주제들을 계속 다루게 하며, 수많은 평론가들의 관심을 끈다. 저널리스트 톰 휠러(Tom Wheeler, 2001)는 보베를 "우리 시대의 농민"이라고 말하며, 맥도날드에 대한 보베의 항의는 "기업화된 농업 …… 그리고 거대 자본가들에 의해 만들어진 전세계의 무역 블록화에 반대하는 농부들 및 그 가족들의 전세계적인 저항"의 가장 극명한 상징적인 예라고 주장한다. 다른 평론가들은 맥도날드가 자유경제 자본주의의 가장 중요한 기표이며, 그리고 보베는 그런 맥도날드에 대한 저항의 선도적 상징이라고 말한다(Jeffress, 2002; Williams, 2001). 한편 또 다른 분석가들은 보베를 모더니즘적 과학 발전의 적으로 간주하기도 한다(Watson, 1997b). 햄버거의 기호에 대한 이러한 대립이 이 책의 주요 주제를 이루고 있다.

맥도날드는 미국과 세계에서 앞에서 말한 것과 같은 다양한 반응을 불러일으킨다. 미국인들은 자신의 국가에 대해 다른 나라의 많은 사람들이 가지고 있는 부정적인 감정들에 대해 종종 당황해한다. 2001년 9월 11일에 세계무역센터와 국방성에 대한 비극적인 공격 후에 많은 보도 프로그램들은 왜 사람들이 미국에게 해를 가하려고 하는지에 대해 의아해하며 충격을 받은 미국인들의 모습을 보여 주었다. 한 여성이 테러 공격 후에 미국의 CNN에서 말한 것이 단적인 예이다.

> 미국은 우리 국민의 큰 희생을 감수하면서 세계를 도와준 것뿐이다. 전 세계 사람들이 도움을 필요로 했을 때 도와주었다. 많은 사람들이 전세계 사람들을 돕기 위해 자신들의 삶을 바쳤다. 우리는 남들에게 해를 준 적이 없다. 왜 그들이 이것을 이해하지 못하는지 모르겠다.

이런 상황에서 맥도날드에 대한 조제 보베의 대항은 이런 반미 감정에 대한 여러 측면을 이해할 수 있도록 해 준다. 그는 미 제국주의, 무역정책 그리고 나쁜 음식 판매에 대항하여 밀로에 있는 맥도날도 매장을 부순 것이다(Williams, 2001). 많은 유럽, 아시아, 아프리카 그리고 남미 사람들에게 맥도날드는 환경, 정치, 도덕, 문화 그리고 경제 분야에서 일어나고 있는 지구의 미국화를 나타내는 주요 상징이다. 맥도날드와 미국의 관계는 1960년대 한 밴드가 노래한 것처럼 "기호들, 기호들, 어느 곳에서나 기호들"인 것이다. 맥도날드와 미국은 오늘날 세계의 잘못된 많은 것들의 기호이다. 보베는 다음과 같이 주장했다.

> 첫째, 맥도날드는 세계화, 다국적 기업 그리고 시장의 힘을 대표한다. 둘째, 맥도날드는 기존의 농부에게 피해를 주고 당신의 건강을 해치는 대량생산된 음식을 대표한다. 마지막으로 맥도날드는 미국의 상징이다. 맥도날드는, 그들이 산업적으로 생산되는 음식과 세계화를 촉진할 뿐만 아니라 우리 농부들을 부당하게 곤란한 지경으로 몰아넣는 곳에서 출현한다 (Think Global, 2000).

맥도날드 간부들은 자신의 기업이 미국의 기표로서 널리 인식되고 있음을 잘 알고 있다. 한 간부는 익명을 전제로 나에게 테러리스트가 비행기로 세계무역센터와 국방성을 공격한 9.11 사태 이후 모든 맥도날드 지역본부 사무실들이 문을 닫고 철수했다고 고백했다. 각 지역본부에 이메일로 보낸 메모에는 테러리스트들이 미국을 직접적으로 공격하고 있고 맥도날드는 미국을 대표하므로 지역본부가 공격받을 가능성이 매우 크다고 쓰여 있었다. 이 경우를 볼 때 간부들은 맥도날드 햄버거의 기호가 자신들이나 직원들을 죽게 할수 있을 정도로 강력한 것으로 생각했다.

맥도날드의 상징적 의미는 국가나 결혼반지와 유사한 감정적 힘도 발휘한다. 보베의 맥도날드에 대한 공격은 그 회사가 가진 엄청난 기호학적 힘의 부정적인 면을 부각시켰으며 그 결과 보베는,

- 프랑스의 영웅으로 칭송받았고
- 로빈 후드에 비유되었으며(Williams, 2001)
- 기원전 52년에 로마에 대항하여 갈리아 사람을 이끌었던 존경받는 전사로 묘사되었고(Wheeler, 2001)

- 재판 중에 4만 5천 명의 반맥도날드, 반미주의 항의자들의 지지를 받았고(Noble, 200)
- 브라질의 포르투 알레그레에서 열린 반세계화 집회에서 수천 명으로부터 찬사를 받았고(Expelled French Activists, 2001)
- 엘카더의 웨스트 뱅크(West Bank)에 거주하는 주민들로부터 환영을 받았고(Khalili, 2001)
- 멕시코의 사파티스타 혁명군 부사령관 마르코스(Marcos), 사파티스타 혁명군들과 함께 멕시코 시티를 행진했으며
- 항의자들이 맥도날드의 유리창을 부수는 가운데 시애틀의 한 맥도날드 가게 앞에서 WTO에 항의하는 연설을 했다(Seidman, 1999).

맥도날드의 황금아치(Golden Arch)가 상징하는 권력의 또 다른 예로, 지난 수년 동안 일상생활에서의 기업 권력 확대 그리고 미국의 교육에서 일어난 변화와 관련하여 맥도날드의 역할을 생각해 보자. 현재와 같은 시장 주도적 신자유주의 시대에 미국의 많은 학교들은 교실에 기업이 침투하는 것을 당연하게 받아들이고 있으며 학교 내에서 기업 광고나 프로그램을 보는 것이 이제는 흔한 일이 되었다(Hoffman, 2001). 이런 새로운 이데올로기적 분위기에 맞추어 맥도날드는 러시아어, 스페인어, 프랑스어, 독일어 등 언어과목을 비롯한 모든 과목에 자신들의 광고로 가득 찬 교과과정을 만들어 냈다(McDonald's Customer Relations Center, 1994).

채널 원(Channel One : 뉴스 프로그램 비슷한 것과 많은 상업 광고들을 방영하는 데 학교가 동의하면 공짜로 텔레비전을 설치해 주는 영리 회사)은 맥도날드 및 수천 개의 회사들이 1990년대 초부터 학교를 점령하는 시발점이 되었다. 학생들로 하여금 기업이 만든 방송 프로그램 및 생방송을 보도록 강요받고 있

다(Boyles, 1998). 기업들이 학생들에게 가르치고자 하는 것은, 학습자로서 수동성을 유지하고, 정치·경제적 문제에 관해 제공된 자료들을 그저 수용하는 것을 포함한다(Boyles, 1998; Hoffman, 2001; Kincheloe, 1999).

기업이 만든 이러한 새로운 질서를 보여 주기 위해 맥도날드는 2001년 5월 22일 전체 학생회의에서 직업안내 교육을 하도록 코네티컷에 있는 스토닝턴(Stonington) 고등학교에 초청을 받는다. 맥도날드가 초청된 사실을 모르고 학교 강당에 들어왔던 많은 학생들 중에 15살 된 2학년 학생인 트리스탄 캐이딩(Tristan Kading)이 있었다. 그의 이야기는 21세기의 기업화된 세계에서 미국의 학교교육과 정치적 분위기에 대한 극적인 변화를 증명한다. 맥도날드에서 온 대표자들은 맥도날드에서 일하는 것의 장점에 대해 소개한 다음 모의 인터뷰에 참여할 학생들을 모집했다. 첫 번째로 선정된 학생은 자위에 대한 언급을 해서 자리로 돌아가도록 명령을 받았다. 그리고 다시 학생을 선정했는데 케이딩이 뽑혔다. 맥도날드 발표자들의 제지에도 불구하고, 트리스탄은 그 자리를 맥도날드가 환경 파괴를 조장하고, 감자를 튀길 때 쇠고기 기름을 쓰는 것에 대해 거짓말을 하고, 유해한 농업방식을 사용하는 것 등에 대해 비판하는 기회로 삼았다(Raptorial Hall of Fame, 2001). 맥도날드의 대표들은 케이딩에게 맥도날드에서 일을 구할 수 없을 것이라고 훈계하면서 마이크를 내려놓으라고 명령했다(Green, 2001).

학교 교직원들이 케이딩을 즉각 강당에서 나가도록 했고 그를 "학교를 당혹스럽게 만든 학생"이라며 다른 학생들 앞에서 비난했다(Green 2001). 학교장은 케이딩에게 맥도날드에 사과문을 쓰고 학교 방송을 통해 교직원과 학생들 앞에서 그 사과문을 읽도록 요구했다(Raptorial, 2001). 방송된 사과문에서 케이딩은 자신을 어느 교사도 원치 않는 "불량학생"으로 표현했다(Green, 2001). 2001년 가을학기가 시작된 후 나와 가진 인터뷰에서 케이딩은 결코 사과를 하지 말아야 했다고 고백했다. 그리고 "자신의 권리를 알 때까지 아무 일도 하지 말라"고 덧붙였다(2001년 9월 20일 인터뷰).

학교 교직원과 맥도날드가 학생들에게 원한 것은 케이딩이 말한 대로 명백하다. 학교에서 자신의 정치적 견해를 말해서는 안 된다는 것이다(Green, 2001). 6월 초에 케이딩은 스토닝턴 고등학교와 자신에게 행해진 행정적 처벌을 지지한 체제를 떠나기로 결정했다. 그러나 다른 학교를 찾아본 후에, 그는 현재 학교보다 더 나은 학교를 찾을 수 없어서 9월에 다시 복학을 했다. 케이딩에 의하면, 이제 학교 교직원들은 자신을 피하고 그가 지나갈 때도 "자신을 쳐다보지도 않는다"고 했다. 케이딩은 자신의 행동을 전혀 후회하지 않으며 미국 사람들이 다음과 같은 것을 알기를 바란다고 했다.

> 이 세상에 어떤 미래가 있기를 바란다면 맥도날드를 없애야 한다. 당신이 햄버거를 하나 먹을 때 당신은 남미 열대우림의 한 부분을 먹는 것이며 그 나무들이 정화시키는 공기를 먹는 것이다. 맥도날드는 마치 우리나라가 돈 많은 자들에 의해 지배되는 것처럼 아주 편안하게 장사를 한다. 하지만 곧 전세계의 산소가 고갈되는 것을 걱정하기 전에 우리의 주장에 대한 정부의 간섭 없이 사람들이 맥도날드가 야기하는 많은 문제들에 대해 알 수 있을 것이다. (2001년 9월 20일 인터뷰)

햄버거의 기호와 그 문화권력(원어는 culture of power이지만, 필자와의 협의를 거쳐 우리 사회에서 원래의 의미에 가장 근접해서 사용되는 용어인 '문화권력'으로 옮기기로 한다.—역자)에 대한 케이딩과 보베의 도전이 일으킨 사건은 이 책의 들어가며에 소개하기에 매우 적당하다. 이 사건들 속에서 여러분들은 강력한 개념과 상징들—나를 비롯한 어느 누구도 맥도날드를 처음 접했을 때에는 깨닫지 못했던 개념과 상징들—이 맥도날드의 황금아치를 중심으로 순환하고 있음을 알 수 있다. 《버거의 상징—맥도날드와 권력문화》의 개념적 기원은 바로 이 순환 속에 놓여 있다. 이런 맥락에서 생성되는 의문이 떠오른다. 왜 맥도날드가 미국과 전세계에서 강렬한 느낌과 감정을 불러일으키는 논쟁과 토론의 피뢰침, 즉 매혹의 대상인가? 그러한 질문은 보다 더 큰 질문인 '왜 맥도날드에 대해 연구해야 하는가?'라는 문제를 제기한다.

맥도날드는 보다 큰 사회적, 문화적, 경제적, 정치적, 그리고 교육적 개념의 과잉을 구체화한 아주 널리 인지된 보기로서 작용한다. 조지 리처(George Ritzer)가 쓴 《맥도날드 그리고 맥도날드화(The McDonaldization of Society)》(1993, 개정판 1996)라는 책의 인기는 이 수준에서 많은 분석이 이루어지도록 북돋았다. 1990년대 후반에 영국에서 맥도날드를 대표하는 변호사들과 무직의 그린피스 활동가 두 명 사이에 벌어진 맥라이블 재판(McLibel Trial : 맥도날드가 두 그린피스 활동가를 명예훼손으로 제소한 민사 소송 재판)은 맥도날드의 사회적, 문화적, 정치적, 경제적 그리고 환경적 역할에 대해 대중적 관심을 불러일으켰다(Vidal, 1997). 물론 맥도날드의 넘쳐나는 광고와 설립자 레이 크락(Ray Kroc)의 "성공한 작은 회사"인 호레이쇼 앨거(Horatio Alger)식 이야기도 아주 높은 대중적 관심을 끄는 데 기여했다.

이렇게 유명한 회사에 대한 분석은 서로 다른 정치적·문화적 관점을 가진 사람들로 하여금 우리들에게 친숙한 회사의 이데올로기가 무엇인지 알게 해 준다. 맥도날드의 '기호 가치'는 햄버거 이상의 무엇인 것이다. 어떤 것의 중요성의 본질은 누구에게 질문을 던지느냐에 따라 아주 극적으로 달라질 수 있으며, 현대문명에 대한 해석에 있어 미국 내외에 만연한 불일치가 얼마나 심각한지를 보여 준다. 나는 전세계의 맥도날드 매장에서 일하는 사람들과 소비자들을 인터뷰하면서 이런 극적인 관점의 차이가 많은 다른 언어와 어조로 이루어지고 있음을 알았다. 곳곳에 존재하는 이러한 서로 다른 인식은 맥도날드를 한 시대의 상징으로 만든다.

전세계 사람들로부터 꿈과 환상을 불러일으키는 맥도날드의 힘은 대중의 심리에 끼치는 강력한 영향력에 대해 보여 준다. 내가 인터뷰한 많은 아이들은 맥도날드 햄버거를 끊임없이 먹는 얘기를 했다. 어떤 아이들은 맥도날드 햄버거 가게를 갖는 소망을 얘기했고 또 어떤 아이들은 환상의 농장에서 햄버거 나무를 기르는 꿈을 얘기했다. 어느 독창적인 소비자 잡지 기자는 자신이 인식하고 있는 맥도날드의 중요성 그리고 우리들의 환상에 파고드는 강력한 힘에 대해 다음과 같이 말한다.

> 할리우드가 아주 거친 맥도날드 매니저가 결코 어떤 일도 잘하지 못하는 서툴지만 사랑스런 한 집단의 아이들을 햄버거를 서빙하는 멋진 천재들로 만드는 영화를 만들고 렉스 리드가 그 영화를 "지난 10년 동안 최고의 영화"로 부추킬 수 있다. 그러나 그런 영화는 썩 좋은 영화가 아닌 B급 영화 정도로 여겨질 것이다. 물론 이것도 할리우드가 이런 영화, 즉 '햄버거 먹은 다음 보는 영화'를 만든다는 전제하에 가능한 것이지만 그런 영화를 만들 리는 없다. 내가 생각해 봐도 인생의 중요한 교훈을 얻기 위해 일하는, 경험 없는 아이들이 나오는 패스트푸드 점포를 배경으로 하는 감상적인 영화를 보려고 하지는 않을 것이다. 물론 많은 누드 장면이 나온다면 모르겠지만. (Philip, 1996)

맥도날드는 현대의 세계화된 사회에서 많은 역할, 즉 미국적인 성공담, 해피밀(Happy Meal)이라는 환상 세계의 창조자, 서구 경제개발의 상징, 근대성의 구체적인 표상, 기업 깡패, 포스트모던 기호의 가치, 경멸의 대상, 맥도날드 노동자들의 후원자 내지는 문화적 탈선자 등으로 표현되며 대중에게 상상의 세계를 제공한다. 따라서 제1장에서는 맥도날드의 강력한 역할에 대해 주로 다루고 다음 장들에서도 맥도날드의 사회문화적, 정치적, 그리고 경제적 힘에 대해 계속 분석할 것이다. 특히 이 권력의 문화가 미국과 세계에 끼치는—또는 이 책의 표현으로는 "교육하는"— 방법들에 대해 특히 중점을 두고 있다. 맥도날드의 교육적 또는 "문화 교육적" 측면은 지식을 생산, 전달하며 가치관을 형성하고 정체성에 영향을 주고 의식을 구성하는 능력을 말한다.

황금아치의 권력 역학에 대한 분석, 즉 맥도날드가 문화 영역에 구축해 온 힘과 지배, 그리고 그것이 작동하는, 전적으로 성공적이지는 않지만 복잡한 운영 방식 등이 이 책의 주요 내용이다. 반다나 쉬바(Vandana Shiva; 1997)는 맥도날드의 권력은 페레스트로이카 이전의 소련과 비슷한 점이 많다고 주장하며, 가장 큰 차이점은 세계가 이 두 권력 행사자에 대해 반응하는 방식이라고 말한다. 전세계가 공산주의의 중앙집권적 통제에 대해 분노하는 반면 어느 누구에게도 책임을 지지 않는 다국적 기업의 독재에 대해서는 대부분의 사람들이 문제를 느끼지 않는다는 것이다.

실제로 권력 행사자인 맥도날드는 자신의 권력에 도전하는 어느 누구와도 자신의 기호 가치가 가진 긍정적 유의성(誘意性)을 이용하여 일전을 치를 자세가 되어 있다. 맥도날드는 자신의 기표가 가진 헤게모니적 가치를 사회 통제 기제로서 이해하고 있다. 조지 리처는 맥도날드의 생산과정을 합리화의 구식이면서도 근대주의적인 한 형태—이는 많은 부분에서 정확한 이해이다—로 보고 있으나, 맥도날드와 기호 가치의 관계는 탈근대적인 맥락 속에서도 어떻게 헤게모니적 과정이 작동할 수 있는지 보여 주는 좋은 예다. 따라서 (내가 바라건대) 이 책과, 리처와 그의 지지자들과 비평가들이 맥도날드에 관해 만들어 내는 담론은 21세기 초의 주요한 논쟁들과 중요한 관계가 있다.

이런 맥락에서 맥도날드는, 제조업체나 다른 전통적 산업 형태가 아니라 지구 곳곳으로 확산되어 가는 엔터테인먼트에 기반하고 쾌락을 생산하는 기업의 새로운 형태의 권력을 대표한다. 코카콜라, 디즈니와 더불어 맥도날드는 쾌락을 통해 권력을 만들어 낸다. 그런데 중요한 것은, 이런 권력과 관련된 (정치적) 과정이 전통적으로 정치와는 분리된 것으로 여겨지던 문화 영역에서 일어나는 것이다. 새로운 전자통신이 사회를 지배하는 세계에서 문화 영역은 정치적 사회화의 가장 중요한 장소가 되었다. 이것이 이 책의 핵심 주제이다.

"왜 맥도날드에 대해 연구해야 하는가?"라는 문제의 다른 한 단면은 21세기의 지구적 풀뿌리 민주주의 활동의 전형인 "맥스포트라이트(McSpotlight)"라는 웹사이트를 조사해 보면 자명하다. 제1장에서 논의된 맥스포트라이트의 논쟁 게시판에 나타난 예기치 못했던 사회정치적 양상은 그 웹사이트를 만든 사람들의 중요한 업적을 말해 준다. 처음 3년 동안에 맥스포트라이트는 6,500만의 접속 횟수를 기록함으로써 이 지구상에서 기업 활동을 감시하는 가장 중요한 단체 중의 하나가 되었다. 민주주의의 옹호자들은 이들로부터 배울 점이 많다.

전지구적 맥락에서, 맥도날드는 다양한 논리와 조직화된 동기에 의해 형성된 풍경(landscape) 속에서 작동한다. 이런 상황이 "왜 맥도날드를 알아야 하는가?"라는 문제의 대답이 되기도 한다. 맥도날드의 황금아치는 다양한 사회문화적, 정치적, 경제적 영역에서 존재하며 내포된 모순을 거의 느끼지 못하고 즉각적으로 반응한다. 예를 들어, 맥도날드는 전근대적, 근대적, 탈근대적인 문화 논리의 맥락 속에서 포디즘과 포스트포디즘의 경제적 단계 모두에서 작동한다. 맥도날드는 목표에 따라 고도로 합리적인 조직으로서 그리고 초합리적이며 감정적 조직으로서 기능한다.

더그 켈너(Doug Kellner; 1998)는 이러한 다차원적인 복잡성을 제시하며 다양한 관점의 분석이 필요하다고 주장한다. 이 책은 그의 주장을 받아들여 민속학적 연구, 내용 분석, 역사 분석, 문화 연구 분석, 수사적 분석, 기호학 그리고 비판적 해석학 등 다양한 연구 방법을 상호보완적으로 사용했다. 맥도날드는 매우 복잡한 현상이기 때문에 켈너가 말한 대로 "더 많은 관점을 사용해 분석과 비평을 하면 할수록 그 현상들에 대해 더 잘 이해할 수 있으며 대안적인 해석과 대항적 실천을 더 잘할 수 있을 것이다." 이 책이 독자들이 맥도날드에 대해 새로운 방식으로 이해할 뿐만 아니라 연구와 해석 과정에서 우리들의 사고를 확장하는 데 도움이 되기를 바란다.

문화 분석과 사회학에서 흔히 쓰이는 몇 가지 용어에 익숙하지 않은 독자들을 위하여 간단한 정의를 내리는 것이 순서일 것 같다. "모더니즘"과 "모더니즘적"이라는 용어는 17세기 중반 서구 유럽에서 시작된 과학적 혁명의 일부로서 나타난 생각의 방식과 사회 조직의 형태에 관한 것이다. 근대 사상가들은 세상을 보는 중세적인 방법의 실패를 깨닫고, 외부적 환경을 이해하고 통제할 수 있는 새로운 방법을 찾았다. 데카르트와 뉴턴식 과학이 이 새로운 욕구의 바탕이 되었으며 이를 통해 복잡한 현상을 세부적으로 분석하기 위해 부분들로 분리하고 축소함으로써 이해하려고 했다. 사회경제적인 차원은 이런 모더니즘의 과학적 차원과 연계되어 있다. 그것은 자본주의로서, 과학의 혜택과 그 시녀인 기술, 발전이라는 교리, 이성과 합리주의의 숭배, 경제 조직의 논리에 바탕을 두었으며 20세기 포디즘에서 전성기를 구가한다.

"포스트모더니즘"은 특정한 철학적 입장이나 한 사회적 시대를 규정하기 위해 매우 복잡하고 혼란스럽게 쓰인다. 철학적으로 포스트모더니즘은 앞서 말한 모더니스트들의 여러 교조적 입장들에 의문을 제기하는 것과 관련이 있다. 구체적으로 포스트모더니스트들은 모더니스트들의 교리에 의해 유지되던 사회적 가정들에 대해 분석한다. 이들은 이전에 수용되지 않던 소외된 계층들이 의문시하던 새로운 질문에서 나온 증거들을 인정하며, 대중보다 전문가를 양산하는 지식과 권력의 위계적인 구조에 도전을 하고, 과학적으로 증명된 사실 그리고 확실성을 추구하는 "그럴듯한" 획일적인 논쟁을 초월하는 새로운 지식의 탐구 방법을 추구한다.

"포스트모더니즘적"이라는 용어는 세계화, 전자화된 현재 세계의 사회적 상황들을 설명할 때 주로 사용된다. 포스트모더니즘에서는 우리가 세상을 이해하기 위해 말하던 거대담론이나 이야기들을 더 이상 믿을 수 없다고 한다. 거대 담론/서사들은 사회적, 역사적 힘에 의해 인위적으로 만들어졌다는 사실을 이해하지 못한 결과라는 것이다. 이성은 권력의 소유자들에 의해 기득권 때문에 손상된다. 그들은 자기 분석을 필요로 하지 않는 한 가지 과학의 권위에 의존하여 말을 한다. 이런 탈근대적 상황에 대한 정의를 단순화할 수 있는 방법은 없다. '현재'는 단절된, 동일한 역사적 시대에 관한 것이 아니다. 현재 시대의 모든 문화적 표현이 다 탈근대적인 것도 아니다. 예를 들어, 경제 영역에서 포스트포디즘의 틈새시장에 대한 강조와 이 시장의 유연한 확대는 표준화된 상품의 대량생산과 공존한다.

탈근대적 상황은 소위 "하이퍼리얼리티(hyperreality)"로 일컬어지는 사회적 혼돈으로 특징지어진다(Aronowitz & Giroux, 1991; Gergen, 1991; Smart, 1992). 이 하이퍼리얼리티에서 개인은 전통적 개념의 시간, 공동체, 자신 그리고 역사와 단절된다. 우리들에게 쏟아지는 지역, 국가, 국제적으로 생산되는 전자매체 이미지들에 의해 만들어진 새로운 문화 공간과 시간의 구조가 장소에 대한 개인적 감각을 무디게 한다. 전자통신은 빠른 속도로 우리들을 서로 제각기 다른 지역적, 문화적 공간에 드나들 수 있게 한다. 이 공간들에는 비선형적인 기표와 이미지들이 혼돈 속에서 우리를 안심시켜 줄 수 있는 순수하고, 예의바르며, 편안한 개인들과 병렬되어 있다. 이런 맥락 속에서 많은 사람들은 기호에 매우 취약해졌다. 하이퍼리얼리티의 두터운 기호학적 정글에서 개인은 자기 방향성의 욕망을 포기하고 세상과 그 속에서의 자신의 역할을 이해하는 데 어려움을 겪는다. 이런 사회적 문화적 역학과 직면하게 되면 어떤 것에 대해 신념을 가지는 것이 더욱 어려워진다(Kincheloe, 1995).

이 책은 조지 리처와 존 왓슨(1997)의 연구를 비롯해 맥도날드에 대한 계속되는 분석의 일부이다. 리처의 《맥도날드 그리고 맥도날드화》는 맥도날드 기업 전략의 모더니즘적 초합리성이 인간의 요구와 자질의 문제를 무시하고 효율성과 표준화를 최고의 기준으로 만든 방법에 초점을 맞추고 있다. 설립자 레이 크락이 만든 맥도날드의 기업 계획과 그 후의 회사 발전은 모더니즘의 초합리적인 역사적 궤도와 잘 들어맞는다. 맥도날드에 대한 리처의 설명보다 '맥도날드화 과정'에 대한 것이 더욱 중요하다. 우리는 리처의 분석에서 초합리성, 상업화, 비인간화에 대해 많은 것을 배울 수 있다. 하지만 맥도날드 현상과 전세계 사람들의 삶에 관여하고 영향을 주는 복잡한 방법들을 보다 심도 깊게 이해하기 위해 필수적인 다양한 사회적 관점에서의 맥도날드 고찰이 빠짐으로써 리처의 분석은 설득력이 약화되었다.

존 왓슨이 편집한 《동양의 황금아치: 동아시아의 맥도날드(Golden Arches East: McDonald's in East Asia)》는 동아시아 5개 국에서의 맥도날드의 역할을 연구함으로써 리처의 단점을 보완하려 했다. 인류학자인 왓슨과 기고자들은 동아시아에서의 구체적인 소비 형태 및 개인들이 소비에 대해 부여하는 의미를 증거로, 이들 나라들이 황금아치에 대해 반응하는 여러 방식을 탐구했다. 이 과정에서 연구자들은 맥도날드화(McDonaldization)라는 리처의 명제의 타당성을 검증하는 것에 관심을 두었으며 특히 맥도날드로 인한 표준화와 문화적 동질화에 주된 관심을 두었다. 이런 표준화와 문화적 동질화의 배경에 대한 이해가 없다면 맥도날드가 지역의 식습관과 문화적 행태에 영향을 별로 주지 못한다는 사실을 증명하려는 저자들의 의도를 많은 독자들이 이해하지 못할 것이다. 그러므로 왓슨의 책이 주는 주요 메시지는, 맥도날드는 자신들을 동아시아의 지역문화와 너무나도 잘 어울리게 만들어서 더 이상 미국문화의 아이콘이나 권력의 상징으로 존재하지 않는다는 것이다.

이들의 분석에 따르면, 맥도날드는 보다 큰 맥락의 사회정치적, 경제적 문제들과는 거의 무관하다. 실제로 비평가 사무엘 콜린스(1998)에 따르면, 왓슨 등이 한 일은 *Journal of Consumer Research*와 *Journal of Marketing*에 게재된 소비 행태 연구를 확인하는 정도에 그쳤다. 그들은 현대의 광고회사들이 구사하는, 소비자들이 상품에 대해 자신의 의미를 부여하도록 유도하는 효과적인 마케팅 전술에 대해 이해하지 못했던 것이다. 이러한 마케팅 전술이야말로 바로 맥도날드가 현대적인 선진 미국주의의 기표에 매달리면서도 그와 동시에 그들의 식품을 특정지역 고객의 입맛에 맞게 만들고 있는 이유이다. 왓슨 등은 황금아치에 대한 담론에서 가장 중요한 권력의 역학을 보지 못함으로써, 마치 개인적 소비의 독특성이 세계화, 초국적 자본, 그리고 정치 · 경제적 지배가 가져오는 부정적인 영향과는 관계없는 것처럼 주장한다.

이런 분석은 환경 파괴와 건강에 대한 트리스탄 케이딩의 우려나, 아동 착취와 저임금에 대한 맥스포트라이트의 관심이 마치 맥도날드와는 전혀 관계없는 이야기처럼 무시한 것이다. 연구자들이 이런 문제들을 고려한다면 소비의 구체적인 의미에 대한 편협한 의문점을 제기하는 것보다 인터뷰 대상자들과 사회적, 문화적, 정치적, 경제적 문제들에 대해 얘기해야 할 것이다. 미시적인 사회현상들이 거시적인 문제들과 교차될 때 나타나는 복잡한 역학을 살펴보았다면 이 연구자들은 새로운 의미의 세계를 깨달았을 것이다. 문화−정치적인 가공품을 연구할 때, 소비와 생산과정을 연구하는 것만이 아니라, 말하자면 햄버거가 어떻게 다양한 차원의 문화에 영향을 끼치게 되었는지 분석하는 것도 중요하다.

이것이야말로 이 책에서 내가 이루려고 시도하는 것이다. 제1장은 내가 테네시 주 동부 산골에서 살았던 어린 시절에 맥도날드가 어떤 역할을 했는지 자세히 서술하는 것부터 시작된다. 이 과정에서 나는 맥도날드의 역할을 모더니티의 기표로, 그리고 시골뜨기라는 내 정체성의 탈출구로 기록한다. 나의 개인적인 이야기는 "왜 맥도날드인가?" "왜 맥도날드에 대해 연구해야 하는가?"라는 문제 제기에 대한 이해를 돕기 위한 것이다. 그리고 책의 나머지 부분에서도 전세계의 개인들이 내가 과거에 그랬던 것처럼 모더니티의 기표를 이용해 왔던 방식을 탐구할 것이다. 현대사회에서 사람들에게 맥도날드가 얼마나 중요한지, 그리고 긍정적이기도 하고 부정적이기도 한 맥도날드의 의미들과 관련하여 사람들이 얼마나 많은 에너지를 쓰는지 구체적인 예들도 보여 줄 것이다. 제2장에서는 맥도날드가 가지고 있는 의미를 이데올로기적인 맥락에서 분석한다. 이데올로기는 불평등한 권력관계를 유지시키는 과정이라는 분석틀로써, 나는 맥도날드가 만들어 내는 이데올로기를 사람들이 어떻게 받아들이며, 그런 이데올로기들이 어떻게 만들어지는지 살펴볼 것이다.

제3장에서는 맥도날드의 탈근대적인 양상과 그 권력의 문화의 확대를 위해 작용하는 문화적 역학에 초점을 둘 것이다. 맥도날드는 자신들의 정치적·경제적 이해관계에 유리한 방식으로 사람들의 태도를 형성해 가고 욕망을 식민화시키기 위해 방송통신 매체가 갖고 있는 전자적 권력을 사용하여 의식의 레이더망 아래 기표들을 배치해 놓을 수 있다. 미국과 같이 정치적 관심이 줄어 가는 사회에서 이런 기표들은 강력한 잠재적 효과를 갖는다. 제4장에서는 대중 교육자로서 맥도날드의 개념을 통해 그 정치적 영향력에 대한

분석을 확장한다. 맥도날드는 미국의 대중들이 보다 더 시장에 우호적이고 무소불위의 자유기업을 보다 잘 받아들이는 정치적-경제적 관점을 갖도록 재교육시키는 데 아주 중요한 역할을 해 왔다. 맥도날드의 이러한 노력이 특정한 사람들에게 수용되는 방식을 탐구하고 이 재교육 프로젝트를 수용하는 사람들과 거부하는 사람들의 사례를 제시한다.

제5장에서는 맥도날드의 헤게모니에 대한 분석을 통해 교육적 역할의 복잡성을 증명한다. 헤게모니(hegemony)란 지배 권력을 사용하여 개인의 동의를 강제로 이끌어 냄으로써 현재 민주사회에서 지배를 유지하는 과정이다. 맥도날드는 자기 회사의 의미를 사람들이 흔히 갖고 있는 신념구조들, 즉 가족관, 애국주의, 문화적으로 동질적인(백인들만 사는) 작은 마을 형태의 미국에 대한 향수와 연결시킴으로써 이런 동의를 이끌어 낸다. 세계의 여러 다른 나라에서 맥도날드는 헤게모니를 발휘하기 위하여 서로 모순적이지는 않지만 아주 다른 기호들을 사용한다. 이런 이해를 바탕으로 나는 맥도날드가 어떻게 이런 기호화의 관행─햄버거의 기호─의 신성함을 보호하려고 노력하는지 탐구해 볼 것이다.

제6장에서는 많은 도전 속에서 햄버거의 기호를 관리하는 맥도날드의 현재의 투쟁을 살펴본다. 하이퍼리얼리티에서는 기호의 가치가 변덕스럽기에 맥도날드는 정보가 넘치는 세계 속에서 자신들의 기호화 관행에 대한 매일의 변화에 대처해야 한다. 20세기 말에 일련의 마케팅 전략의 실패─1996년의 아치 디럭스(Arch Deluxe) 햄버거, 1997년의 55 캠페인, 1998년에 만든 비니 베이비(Beanie Baby : 맥도날드 매장에서 파는 캐릭터 인형)─를 겪으면서 21세기의 첫 번째 10년을 맞이하는 맥도날드는 역사적 분수령에 서 있다. 게다가, 맥도날드 명예훼손 재판(McLibel Trial)으로 인한 홍보의 재난을 더하면 맥도날드가 직면한 어려움을 이해하게 될 것이다. 자신들의 기표에 대한

서로 다른 반응에 당혹해하는 맥도날드는 급변하는 이 세계에서 자신들을 새롭게 나타낼 수 있는 방법을 찾기 위해 몸부림치고 있다.

이제 나의 연구 방법에 대한 설명이 중요할 것 같다. 나는 맥도날드에 대해 1980년대 말부터 연구를 시작했으며 2001년 9월까지 자료들을 계속 수집했다. 현장성 있는 민속학적 연구를 위해 인터뷰 방법을 사용했다. 내 경험으로 볼 때 미리 만든 설문이나 공식적인 질문지는 인터뷰가 어떤 방식으로 되어야 하는지 그리고 얻어야 할 정보가 무엇인지 미리 한정하는 한계 속에 나오는 지식을 얻는 것을 가정한다. 이런 점을 염두에 두고, 나는 자연스러운 상황에서 자발적으로 맥도날드에 대해 말을 하는 사람들을 찾았다. 물론 때로는 내가 대화를 시작한 적도 있지만 어떤 때는 사람들로 하여금 자신들이 시작한 대화에 대해 좀 더 자세하게 말하도록 분위기를 북돋워 주었다. 가능한 한 많은 대화를 이끌어 내려고 했으며 정식 인터뷰에서처럼 질문과 대답의 방식은 피했다. 많은 대화들이 즉흥적으로 일어났기 때문에 나는 거의 녹음기를 사용하지 않았다. 나는 다음과 같은 상황에서 사람들과 대화를 했다.

- 햄버거를 주문하려고 맥도날드에서 줄을 서서 기다리는 사람들
- 맥도날드에 대한 자식들의 태도에 대해 생각하는 부모들
- 맥도날드에 대한 자신들의 경험을 말하는 아이들
- 맥도날드에 대한 나의 강연 후에 질문하는 청중들
- 학교의 교사들과 학생들
- 미국에서 온 방문객인 나와 대화를 한 외국인들

많은 인터뷰 대상자들은 내가 자신들의 의견을 듣고 정치적 의도가 있는 질문을 되물을 때는 매우 불편해했고 더 많은 정보를 주는 것을 거절했다. 이

책의 여러 장에서 드러나듯이 어떤 사람은 내가 맥도날드 현상에 대해 정치적 관점을 묻거나 반응을 유도하면 화를 냈다. 인터뷰 대상자들의 익명성을 보장하기 위해 가명을 썼으나 필요할 때는 그들의 인종, 성 그리고 국적을 밝혔다. 인터뷰 당시의 메모는 손으로 쓰여졌고 나의 개인 서류함에 보관되었다. 그 외에도 나는 인터넷 웹사이트와 채팅방에서 얻은 정보도 사용했다. 21세기 연구자들이 직면한 한 가지 문제는 웹사이트들이 한순간에 접속이 가능했다가도 금방 불가능해져서 특정한 자료의 출처에 대해 확인하거나 반박하는 것이 불가능하다는 점이다. 이 책의 참고문헌에 나온 모든 웹사이트들은 이 책이 인쇄에 들어갈 당시에는 온라인상에서 접속이 가능했던 것들이다. 이 책에 포함된 문제들에 대해 좀 더 알고 싶은 사람들은 웹사이트 맥스포트라이트에서 수시로 업데이트되고, 계속 늘어나는 정보를 얻을 수 있을 것이다.

마지막으로 이 책을 출판하는 데 많은 도움을 준 스탠리 아로노위츠(Stanley Aronowitz)와 더그 켈너(Doug Kellner)에게 감사의 말을 전하고 싶다.

1 왜 맥도날드인가?

어머니를 만나기 위해서 나는 가족과 함께 테네시 주 동부의 산골을 출발하여 마이애미로 가는 중이었다. 때는 1993년이었고 우리는 여러 주의 고속도로를 몇 시간이고 운전해 가면서 패스트푸드 상점들로 우리의 발길을 잡아끄는 출구와 끝없이 만났다. 아이들이 배고파서 우리는 맥도날드에서 멈추었다.

우리 아이들에게 맥도날드는 텔레비전 리모컨만큼이나 익숙한 것이다. 아이들은 맥도날드에 관한 모든 것, 즉 조용히 기다려서 줄을 서고, 주문을 하고, 먹고, 남은 것을 쓰레기통에 넣는 것을 안다. 우리 아이들은 메뉴에 대해 너무 잘 알기 때문에 맥도날드에 들어가기 전에 이미 무엇을 주문해야 할지 결정한 상태다. 이런 것들은 자연스럽게 습득된 것이다. 그러나 산골에서 자라나 도시로 온 1세대인 나는 이 모든 문화적 행동을 배워야 했다. 내가 자랄 때는 맥도날드가 없었다. 미국에서는 지난 한 세대, 즉 30년 동안 많은 변화가 일어났고 이 변화들은 세상으로 퍼지고 있다.

맥도날드와 모던해지기

대중적 상상력, 아메리칸 드림, 서구적 경제발전의 성공 등과 관련된 문제 이상으로 '왜 맥도날드인가' 그리고 '왜 맥도날드를 연구해야 하는가'라는 문제는 나에게 각별한 의미가 있다. 맥도날드는 현대적이며 최신 유행과 함께하는 것을 상징한다. 테네시 동부의 산골 소년으로 자란 나에게 적어도 맥도날드는 그런 매력으로 다가왔다. 맥도날드는 나의 정체성 형성과 발전에 영향을 끼쳤으며, 1960년대 중반과 후반에 포스트모던하지는 않더라도 적어도 모던한 미국에 참여하도록 나에게 도움을 주었다. 나를 포함하여 전세계의 많은 사람들에게 맥도날드를 이해하는 것은 시골 생활에서 문화의 중심으로 이동한다는 것을 의미한다. 시골에서 온 우리들에게 맥도날드에서 음식을 먹는다는 것은 모던하게 사는 방법과 매너를 알게 해 주는 문화 교육(cultural pedagogy)이었다.

나는 산골에 사는 촌뜨기로 남고 싶지 않았다. 나의 이런 욕구를 나중에 표현한 것처럼 나는 모던해지기를 갈망했다. 산골 소년인 나는 멋지게 옷을 입고, 행동하고, 생각하고, 자신을 표현하는 방법을 몰랐다. 문화적으로 너무 순진무구해서 나는 맥도날드를 모던한 문화자본이 잘 분배되는 곳으로 여겼다. 나는 이런 기억을 오랜 동안 간직하고 있었으며, 1990년대에 황금아치에 관한 많은 대화를 연구할 때도 맥도날드가 여전히 현대적 정체성의 상징으로 간주되고 있다는 것을 곧 깨닫게 되었다.

기업의 이미지를 모던한 것과 "지금 막 유행하는 것"으로 연결시키는 맥도날드의 능력은, 우리가 왜 맥도날드를 연구해야 하는가라는 문제의 해답을 찾으려 할 때 명심해야 할 중요한 차원의 것이다. 반다나 쉬바는 맥도날드가 인도 시장을 잠식해 들어간 경우를 보면서, 이 모던한 차원과 소비자의 의식에 끼치는 영향에 대해 아주 잘 설명하고 있다. 그녀는 한 인터뷰에서 "인도에는 자신에 대해 항상 열등의식을 느끼는, 즉 서구화의 압력을 너무 받아서 자신들을 2등급의 서구인처럼 느끼는 일부 중산층과 소수의 엘리트들이 있으며, 이들은 자신들이 경험한 것 때문에 맥도날드에 가는 것이 아니라 맥도날드가 상징하는 것을 경험하기 위해 간다"라고 말했다(1997).

일반적인 모더니티와 마찬가지로, 맥도날드는 동부 인도인 또는 나와 같은 시골 출신 남부인들에게 예전에 경험했던 것보다 더 나은 것을 얻는다는 느낌을 갖게 한다. 맥도날드 방식으로 사는 것은 당신의 일상적인 생활방식 —음식, 문화, 가정 그리고 의식—보다 더 우월한 그 어떤 것을 포함하는 것처럼 생각하게 만든다.

콩 요리와 햄버거

나는 테네시 산골에서의 내 삶의 많은 것을 소중하게 생각하긴 하지만 그곳이나 그 시대를 낭만화할 생각은 전혀 없다. 나의 동년배나 그 가족들은 1950년대 후반에서 1960년대 초반까지, 살기 위해 많은 고생을 했다. 많은 사람들이 매우 악질적인 인종적·민족적 편견을 갖고 있었으며, 나의 동료들은 주위의 여성들을 잔혹하게 착취하는 것을 결코 주저하지 않았다. 동성애자들을 항상 괴롭힐 수 있었으며, 그들을 향해 행해지던 괴롭힘은 인간의 야비한 상상력의 증거였다. 그와 동시에 자신들의 주변에서 일어나는 병리 현상과 폭력에 맞서 싸우는, 아주 놀랍도록 예민하며 창의적이고 남을 배려하는 현명한 사람들도 있었다.

이런 사람들 중의 하나였던 내 부모님은 20세기 초반에 산골에서 태어났다. 두 분이 결혼한 지 17년 만에 태어난 나는 그들이 들려주는 증조부모, 조부모, 삼촌들, 아주머니들, 사촌들 그리고 다른 가족들에 대한 이야기들을 들으면서 남부 농촌의 과거와 연결되었다. 인종, 계급 그리고 성의 문제에 대해 이상할 정도로 진보적이었던 부모는 내 인생 전반에 걸쳐 나 자신을 계발하고 발전시키는 노력을 하는 데 도움이 되는 비판적 의식의 기초를 제공해 주었다. 그들은 육체의 즐거움을 위해 술을 마시는 대신에 좋은 음식을 먹는 엄격한 금욕주의자들이었다. 오락거리라곤 거의 구할 수 없었던 어린 시절, 나는 특별히 할일이 없을 때는 어머니가 그 지역의 특별음식인 돼지기름 또는 족발 등과 함께 삶는 다양한 콩 요리, 우유빛 그래비 소스를 묻힌 닭튀김, 검은 철판에 구워 만든 옥수수 빵 등을 요리하는 것을 보았다. 그녀의 요리 미학은 나의 의식에 아주 인상적으로 남아 있어서 잭슨 폴록(Jackson Pollock)의 그림에 대해 맨 처음 배울 때 나는 그가 사용한 색깔을 어머니가 구워 낸 옥수수 빵과 비슷하도록 갈색, 금색 그리고 다양한 노란 색조의 음영들로 바꾸고 싶은 충동이 들 정도였다.

어머니 세대의 많은 남부 농촌 여성들이 그랬던 것처럼 어머니의 요리는 하나의 섬세한 미술 작품이었다. 그녀는 갖가지 콩으로 수많은 요리를 할 수 있었던 대가였다. 어머니가 일곱 가지 콩을 넣고 만든 샐러드는 교회의 저녁 식탁이나 만찬 모임에서 가장 인기 있는 음식의 하나였다. 산골에서 테네시의 작은 도시로 이사를 한 후에 내 친구 중의 하나는 우리 식구가 식탁에 콩 없이는 식사를 먹지 않는다는 것을 알아차렸다. 그의 관찰은 날카로운 것이었다. 우리 가정에서 어머니만이 콩 요리를 할 수 있는 것은 아니었다. 나의 세 명의 이피 아주머니들(Aunt Effies)―같은 이름을 가진 아주머니가 세 명 있다는 사실만으로도 사람들은 나를 남부 시골 출신으로 생각할 것이 확실하다― 중의 한 명도 테네시의 호킨스(Hawkins) 지역에서 콩으로 만든 수프로 매우 유명했다. 그녀의 이름은 존 번연의 《천로역정》에 나오는 등장인물 중의 하나와 딱 어울리는 '콩 요리하는 이피 킨첼로'였다.

1950년대 테네시 산골 학교에서 수요일은 '콩의 날'이었다. 한 주의 지겨운 중간 요일, 즉 주말을 기대하기에는 너무 이른 주 초반인 이 날은 25센트의 점심 값으로 우리 학교 식당 요리사가 노랗고 갈색도 나는 옥수수 빵과 함께 콩으로 만든 아주 맛있는 수프를 만들어 준다는 사실 때문에 덜 지겹기도 했다. 나와 친구들은 점심시간 종이 울리기 전부터 몇 분을 손꼽아 세곤 했다. 나는 한꺼번에 대여섯 사발의 콩수프를 먹는다고 놀림을 받기도 했다. 그때는 점심시간이 다할 때까지 몇 차례씩이나 먹을 때였다. 모든 학생들이 콩 요리 먹는 날에 열광했으며, 콩 요리를 먹고 난 후 수요일 오후의 교실을 감싸고 있는 그 포만감은 우리 학교와 공동체 문화의 가장 중요한 면모의 하나였다. 그곳에서 이사를 한 뒤 몇 년 후에 설리번 지역의 시골 초등학교를 방문하면서 나는 콩 요리의 전통이 오래 전에 사라진 것을 알았다. 맥도날드와 다른 패스트푸드 가게의 영향으로 콩 요리 먹는 날이 햄버거, 피자, 타코 먹는 날로 바뀌어 버렸다.

갈등이 있는 전근대적인 시골은 의식의 갈등 역시 갖게 한다. 무관심의 여지가 없다. 나는 내 대가족적인 세계의 면면, 즉 친척 간의 관계, 웃음들, 산의 외형적 아름다움, 이전 세대들로부터 전해 온 이야기들 그리고 물론 음식들을 열정적으로 사랑했다. 나의 부정적 느낌도 똑같이 열정적이었다. 나는 전부는 아니더라도 많은 사람들에게서 나타나는, 우리 주변에서 막 형성되고 있는 민권 운동과 흑인에 대한 잔혹한 증오에서 비롯되는 편협함을 매우 혐오했다. 나는 편안한 산골 지역에서 바깥 세상을 경험하지 않으려는 완고함과 격리감이 매우 불편했다. 따라서 산골에서 자란 우리 세대의 많은 청년들처럼 나 또한 전근대적 과거와 우리 주변에 막 일어나는 모더니티 사이의 볼

모가 되어 매우 불안하게 지냈다. 산골 생활에 대한 나의 애정 반 증오 반의 삶, 즉 산골에 대한 나의 변증법적 삶은 나로 하여금 맥도날드와 같은 기업을 연구할 수 있는 준비를 시켜 준 것이다.

그런 변증법은 콩과 햄버거라는 상징에 의해 잘 표현된다. 나를 위해 만들어진 오지 선다형 문제는 아마 다음과 같을 것이다.

콩과 햄버거의 관계는

1) 주일학교와 록 음악의 관계와 같다.

2) 남북 전쟁과 베트남 전쟁의 관계와 같다.

3) 침례교와 남부 감리교 사이의 신학적 논쟁이나 비판이론과 실존주의 논쟁의 관계와 같다.

4) 일간 신앙지《다락방》과《롤링스톤》지의 관계와 같다.

5) 1)~4)까지가 모두 정답이다.

당연히 답은 5)이다.

변증법은 매우 고통스러우며 오늘날까지도 나를 괴롭게 사로잡는다. 글쓰기가 이런 암시적인 바탕에서 부대껴 가면서 만들어지는 불안정의 상태에서 발전한다는 말은 매우 진부한 것일 뿐이다. 어떤 작가들은 위대한 인간적인 충동과 추앙받는 전쟁영웅이 되기 위해 저지른 폭력적인 행동 사이에 갈등을 느끼게 마련이다. 나의 갈등은 콩과 햄버거 사이의 아주 낮은 수준의 갈등이다. 나는 이런 별일 아닌 갈등 속에서 나의 위대한 '타고난' 재능 중의 하나가 볼링이었다는 사실을 상기한다. 이 능력은 디트로이트 타이거 야구단에서 2루수를 할 수 있거나, 유명한 블루스 재즈 피아노 연주자가 되거나, 케루악 (Jack Kerouac : 히피 이전에 나온 비트족의 우상으로 여겨지며, 자신의 미국 여행

경험을 형식에 구애받지 않고 쓴 작가—역자)과 같은 지위를 얻거나, 레니 브루스(Lenny Bruce) 이후 가장 위대한 사회적인 코미디언이 되는 것과 같은 것들에 필요한 재능은 아니지만, 나는 콩과 햄버거 사이의 갈등 그리고 7번 핀과 10번 핀의 스플릿(split) 처리를 내 운명으로 받아들인다.

사랑과 증오의 변증법은 정신적 불안을 지속하도록 한다. 1967년 5월 한 록밴드의 연주 후에 내가 맥도날드 매장 주차장에 있던 것을 기억한다. 부모님의 1962년형 핑크색 램블러(Rambler) 지프에 내 파피사(Farpisa) 오르간과 펜더 슈퍼 리버브(Fender Super Reverb) 앰프를 싣고 감자튀김을 먹으면서, 나는 한 무리의 "시골뜨기(hick)"들과 중상류층 아이들인 "프레피(preppie)" 네다섯 명이 싸우는 것을 보았다. 사회·경제적으로 낮은 계층의 아이들이 두려움에 떠는 특권층 아이들의 여자 친구들을 밀고 야유할 때, 나는 그 시골 아이들의 복수심과 분노와 상처를 보았다. 고등학교의 어느 서클에도 가입하지 않았지만 나는 하층의 떠도는 아이들과 심정적으로 연결되어 있었다. 이들은 콩으로 만든 음식을 먹고 자란 아이들이었고, 그들의 일상적 삶이 나에게 결코 딱 들어맞지는 않았겠지만 나는 그들의 아픔을 평생 동안 지니며 살아왔다. 테네시에 모더니티의 문화가 나타났을 때 나는 아버지의 눈 속에서 이와 똑같은 아픔을 보았다. 전근대적인 산골 생활에서의 기본 관계들이 서서히 깨져 가고 있었다. 모든 것과 모든 사람들이 정해진 역할만 해야 하는 이차적인 관계들로 재편되어 버렸다.

맥도날드 주차장에서 내가 겪은 현실은 나의 부자연스러운 사회적 위치를 반영하고 있다. 나는 모던한 상류층에 동화되기에는 너무 빈부 차이를 의식했고, 분노에 차 있고, 촌티가 박여 있었다. 또한 너무 생각이 많고, 지적으로 야심에 차 있어 전근대적인 거친 아이들과도 맞지 않다. 그리고, 테네시에 서서히 퍼져 나가고 있었으며 록 음악을 통해 나의 의식 속으로 은밀히 스며든, 새롭게 떠오르는 포스트모던한 대항문화에 자연스럽게 동화되기에는 나는 전근대적인 농경사회의 사고방식에 너무 익숙했고 친근감을 가졌다. 내가 작고 하얀 감자튀김 봉지를 들 때마다—물론 이것은 크고 빨간 봉지에 담긴 감자튀김이 나오기 훨씬 오래 전의 일이다— 나의 정체성은 내가 아무 곳에도 속하지 못한다는 인식 속에서 아주 명확하게 발견된다는 사실을 이해하게 되었다. 아, 슬프게도 중상류층 아이들이 새 무스탕(Mustang)으로 돌아가기 위해 싸울 때 그들이 입고 있던 염색한 간트(Gant) 셔츠(당시 중상류층 아이들에게 인기가 많았다)의 색이 바래도록 만든 핏자국 주위에는, 무언가 혼란스럽게 미학적이고 상징적으로 풍요한 무언가가 있었다. 나의 촌뜨기 친구들은 콜럼바인(Columbine) 총기 난사 사건이 일어나기 수십 년 전부터 자신들을 괴롭히는 사람들에게 이상한 방법으로 "난사하는" 고등학교식의 복수를 하고 있었다. 실제로 이것은 맥도날드 주차장에서 반복해서 발생한 복수의 의식이었던 것이다.

나의 '무소속감'은 고등학교 생활의 마지막 몇 달이 빨리 지나가면서 더욱 더 명백해졌다. 점점 깊어져 가는 나의 음악 지식과 민권, 계급 차별과 가부장적 제도의 악의성에 대한 관심은 이피 아주머니와 나의 대가족 식구들에게는 그저 잘난 척하는 것으로 보이고, 그들의 일상적 삶 속의 어려움과는 너무 거리가 먼 것처럼 보였던 듯하다. 일차적인 인간관계가 변화하지 않는 아버지의 세계를 통해 배운 나의 전근대적인 대인관계의 개방성은 철저하게 모던한 내 친구들, 교사들 그리고 (커서는) 사장들이나 상급자들에게 기껏해야 불성실함으로 그리고 가장 나쁜 경우에는 약점의 기표로 받아들여졌다. 이런 충격을 의식했다고 해서 내가 촌뜨기 문화를 갖고 있는 형제 자매들과의 관계를 망가뜨리지는 않았지만, 이런 충격들을 겪은 후 그들은 나를 조심스럽게 대했다. 그들은 산골의 문화적 자산들에 대한 나의 지식에 대해서는 믿어 주었지만, 나에겐 무엇인가 이상한 점이 있다는 것을 알았다. 그러나 그들은 그 이상한 것이 정확히 무엇인지를 밝힐 수 없었기 때문에 그들의 눈에는 내가 하나의 수수께끼였을 뿐이었다.

고등학교를 마칠 무렵, 이런 문화적 논리의 교차에 대한 인식은 황금아치에 대한 내 생각을 다시 정립시켰다. 나의 원래 관점은 맥도날드와 관련하여 내가 애초에 가졌던 당혹감과 타협해 보려는 투쟁 속에서 만들어진 것이었는데, 맥도날드는 내가 추구했던 모더니스트로서의 인증을 대표하는 것이었다. 그러한 확신이 점점 사라지자, 나는 맥도날드를 일정한 거리를 두고 해석하기 시작했다. 내 인식의 포스트모던적 핵심은 맥도날드에 대해 점점 더 역설적인 관점을 갖게 만들었다. '맥도날드'에 대한 나의 언급은 경쾌한 발음의 '황금아치'로 바뀌었다. 맥도날드는 실제로 내가 한때 갈망해 왔던 모더니즘적 자본의 보고였고 한때는 푹 빠졌지만—많은 근대적인 것들과 마찬가지로—이제는 전혀 원하지 않는다는 걸 멋지게 깨달았다.

햄버거에 대한 환상: 맥도날드와 대중의 환상

십대들이 보는 잡지에서부터 인터넷 채팅까지, 맥도날드에 관한 개인들의 생각은 현재의 전자시대에 대중적인 지식이 되었다. 안티 맥도날드 웹사이트인 맥스포트라이트에서 '버거의 여왕'이라는 아이디를 가진 참여자는, 이 웹사이트 담당자가 의도한 대로 맥도날드에 대한 자신의 혐오는 정치적인 것이 아니라 미학적인 것이라고 썼다. 그녀의 주장에 따르면 맥도날드 햄버거는,

내가 먹어 본 어떤 고기와도 맛이 달랐다. 맥도날드 햄버거와 100퍼센

트 순수한 비프 스테이크를 비교해 보라. 아주 다르지 않은가? 빵은 마치 솜 덩어리처럼 맛이 없고 너무 가공처리를 해서 실제 빵 맛과는 전혀 다르다. 그리고 햄버거는 매우 짜다. 더 많이 쓸 수 있지만 다른 사람들이 이미 전에 쓴 내용들이라 그만 쓰겠다. (Burger Queen, 1999)

'버거의 여왕'이 한 말이 맞다. 이런 얘기들은 채팅방에서 수도 없이 반복되어 온 것이다. 마이크 베이컨(Mike Bacon, 1999)은 맥도날드에서 세 번이나 계속 차가운 햄버거를 산 적이 있다고 했고, 다른 사람들도 맥도날드와 관련하여 겪었던 듣기 거북한 얘기들에 대해 많이 썼다. 이런 대화들을 읽으면서 나는 맥도날드의 품질(또는 낮은 품질)에 대해 사람들의 관심이 얼마나 많으며 그 낮은 품질에 대한 그들의 설명이 얼마나 상세한가에 놀라지 않을 수 없었다. 또한 나는 맥도날드 지지자들이 회사를 옹호하기 위하여 보여 주는 열정에도 놀랐다. 왜 하필 맥도날드인가? 그것은 사람들이 정말로 관심이 많기 때문이다.

맥도날드의 선전이 너무 인기가 있어서 해피밀에 같이 나오는 인형들을 수집하는 사람들은 '비공식 맥도날드 해피밀 정보'(Toy Zone, 1999)라는 웹사이트를 만들기도 했다(맥도날드는 '공식 해피밀 웹사이트'를 운영한다). 비공식 웹사이트를 보았을 때 나는 언더그라운드의 또는 반문화적인 지식을 발견하리라는 기대감에 차 있었다. 이 비공식 사이트는 해피밀 수집가들에게 보물을 얻을 수 있는 '비밀스러운 방법'을 가르쳐 준다. 수집가들에게 특별히 가치가 있는 수집품은 맥도날드 가게 앞에 붙어 있는 해피밀과 함께 주는 장난감을 광고하는 커다란 전시물로, 웹 운영자는 오늘날에는 너무 많은 수집가들이 있어서 이런 전시물은 얻기가 매우 어렵다고 안내하고 있다. 일부 매장의 매니저들은 "과격한 수집가들"이 전시물을 서로 가지려고 일으키는 "보기 좋지 않은 광경들" 때문에 없애 버리기도 한다고 말한다. 또 일부 매니저들은 자신이 좋아하는 종업원에게 주기도 한다. 웹 운영자들이 이런 귀중한 광고 전시물을 얻을 수 있도록 제공하는 충고는 간단하다. 맥도날드에 취직하라는 것이다(Toy Zine, 1999).

맥도날드의 광적인 애호가들은 수집을 위해 저임금과 노동집약적인 일도 충분히 할 의향이 있다. 해피밀 장난감을 모으는 것은 직업을 바꿀 정도로 어려운 것은 아니다. 전문가들은 "좋아하는 영화, 텔레비전, 만화 그리고 그에 관련된 주인공들을 모방한" 장난감들을 "꽤 많이 쉽게 모을 수 있다"고 주장한다. 장난감이 들어 있는 멋있는 색깔의 상자나 가방을 모으기는 약간 어렵지만, 장난감들은 벼룩시장, 물품 교환점, 골동품 가게, QVC 홈쇼핑 그리고 동네나 집마당에서 열리는 장터에서 살 수 있다. 30달러면 최신 장난감을 소개해 주는 맥도날드 해피밀 장난감 수집 안내책자를 살 수도 있다. 실제로 안내책자를 만드는 몇 개의 회사가 점점 늘어나는 수집가들의 필요를 충족시켜 주고 있으며, 맥도날드 수집가들은 장난감을 가져와 서로 경탄하고 바꾸기 위해 매년 4월에 정기 모임을 연다(Toy Zone, 1999).

햄버거의 상징: 맥도날드와 아메리칸 드림

황금아치는 햄버거를 제2차 세계대전 후의 미국적 삶의 활동성과 낙관주의의 상징으로 변화시키면서 초창기 햄버거 전쟁에서 승리했다. 일상의 대화나 인터넷 토론방 혹은 해피밀 장난감 전시회에서 맥도날드에 대해 이야기할 때 미국인들은 서로의 의견을 분석하고, 칭찬하고, 비판하고, 문제를 제기한다. 비상하게 성공한 아메리칸 드림의 축도(縮圖)로서 맥도날드 기업의 우상화는 거대한 상징의 자석처럼 다양한 의미를 끌어들인다. 이런 상징화를 통해 맥도날드는 1970년대에 60억 달러이던 패스트푸드 소비를 20세기 말에는 1천억 달러까지 신장시켰다(Crescenzo, 1997; Jatkinson, 1998; Schlosser, 1998a). 내가 인터뷰한 사람들 중 많은 사람들이 황금아치에 대한 신념이 너무 확고해서 맥도날드의 기업 관행과 사회적 역할에 대한 비판에 대해 어떻게 생각하느냐고 물으면 신경을 곤두세웠다.

> 맥도날드를 비판하는 사람들은 소련이나 중국에 가서 사는 것이 어떨지? 이 비판자들은 누구도 성공하는 것을 보고 싶어 하지 않는다. 그들은 거대정부가 그저 세금이나 마구 거두고 그 돈을 소수민족이나 일하지 않은 다른 사람에게 주는 것을 원한다. 이 회사를 설립한 크락은 우리 미국의 영웅이다. 그는 창조자였고 우리나라는 그와 같은 창조자가 더 필요하다. 이런 비판자들은 더 이상 우리에게 필요 없다. (Glenn, interview, 1998)

상징의 이동: 황금아치의 세계적 확장

맥도날드는 미국을 넘어서 진정한 세계 기업이 되었다. 이런 다국적 기업이 되는 과정에서, 황금아치는 서구적 경제개발의 상징이 되었으며, 종종 특정한 나라의 시장에 처음으로 침투하는 외국기업이 되었다. 인도의 사회비평가 반다나 쉬바(1997)에 따르면, 황금아치의 상징 속에는 우울한 유머가 깃들어 있다. 황금아치는 사람들이 맥도날드에 들어갈 때 천국에 들어가고 있다는 생각을 하게 하며 세계의 사람들에게 '맥도날드에서의 경험'을 천상의 축복—실제로는 저질의 음식을 먹는다—에 빠지는 것처럼 암시한다. 국방성이나 CIA와 비슷한 사고방식으로 맥도날드의 간부진들은 외국시장에 진출하는 것을 회사의 "전지구적 실현"이라고 표현한다(Schlosser, 1998b). 독일이 통일되고 동독에서 레닌 동상이 철거된 지 거의 하루 만에 거대한 로널드 맥도날드 동상이 세워졌다. 나는, 1990년대 후반에 동독에서 운전을 하다가 로널드의 입에서 마치 만화 속에서처럼 말풍선이 나오면서 광대가 "니키타, 우리가 당신을 매장했지, 서구가 승리했네"라고 선언하는 장면을 상상했다. 독일의 2만여 개의 음식점 중 900여 개가 맥도날드 가게이며 이는 독일에서 비교가 안 될 정도로 큰 음식점 회사인 것이다(Schlosser, 1998b).

사우스 캐롤라이나의 흑인 유치원 교사인 수잔 브라운(Susan Brown)은 1960년대 중반 자기 동네에 새로운 맥도날드 가게가 열렸을 때를 회상하며 흥분했다. 수잔의 부모님은 아이들을 차에 싣고 황금아치에 가려고 수마일을 운전해 갔다. 차에서 뛰어내린 수잔과 형제자매들은 가게로 들어가려고 했으나, 매니저에 의해 주차장에서 제지되었고 그 매니저는 수잔의 아버지에게 "검둥이는 맥도날드에 들어갈 수 없다"고 말했다. "나는 그 매니저의 잘 다림질한 하얀 셔츠와 검은 타이, 그리고 아버지에게 얘기할 때 지은 표정을 결코 잊을 수 없다. 나는 아버지가 우리를 도로 차에 태우던 것도 잊을 수 없다"(interview, 1992).

홍콩에서 태어난 미국인 맨디 콴(Mandy Kwan)도 맥도날드에 관한 얘기가 있다. 그녀의 얘기는 수잔의 얘기와는 중요한 점에서 다르다.

나는 서구의 패스트푸드 상점들이 막 생길 때인 1980년대에 자랐다. 당시의 대도시에는 나와 같은 소비자를 유혹하기 위해 만든 광고가 홍수처럼 넘쳐나고 있었고 나는 맥도날드, 버거킹, 켄터키 프라이드 치킨(KFC), 피자헛 그리고 그 밖의 프랜차이즈 상점이나 가게와 함께 성장했다. 나를 유혹한 것들은 맥도날드의 해피밀, 피자헛의 셀프서비스 샐러드 바 그리고 "손가락을 핥으며" 먹는 KFC 등이었다. 피자헛에서는 내가 원하는 음식을 고르고 내가 원하는 야채를 먹을 수 있다는 것이 좋았다. 무언가 선택할 수 있고 독립적이라는 느낌 말이다. 아시아 문화에서 음식은 집단적인 경험이다. 내 쟁반을 가지고 직접 주문을 한다는 것은 내 삶의 일상에서 선택의 힘을 발휘할 수 있다는 것을 의미한다.

그럼에도 불구하고 맥도날드는 나를 흥분하게 만드는 곳이었다. 학교 친구들과 나는 빅맥의 광고에 나오는 노래를 알고, 최신 버거를 누가 먹어 보았는지 아는 것에 대해 자부심을 느꼈던 것을 아직도 기억한다. 나에게 맥도날드는 항상 "멋진(cool)" 장소였다. 현대적이고 멋진 중국 부모들은 아이들을 패스트푸드 가게에 데리고 갔는데, 이는 미국의 자본주의를 받아들이고 포용한다는 것을 의미하기 때문이다. 홍콩은 기꺼이 패스트푸드를 받아들였고 많은 사람들이 이런 프랜차이즈에서 즐거움을 얻고 경탄하기 위해 기다리고 있다.

8, 9살 때의 나는 맥도날드 가게로 들어갈 때마다 그곳에 대해 이루 다 표현할 수 없는 경외와 존경심을 가졌다. 우리 동네의 맥도날드 가게 입구에는 거대한 로널드 맥도날드가 환영해 주었고, 나를 가상의 세계로 인도했다. 그곳은 너무 깨끗하고 친절했다! 플라스틱으로 만든 의자는 앉으면 너무 재미있었고, 조그맣고 둥근 식탁과 회전하는 의자는 맥도날드 가게를 환상의 세계처럼 만들었다. 가게의 일부는 생일 파티를 위해 지정되어 있었다. 이 자리에는 플라스틱으로 만든 말하는 나무와 그 옆에 앉아 있는 작은 감자튀김 친구들이 있었다. 나는 이웃집 친구가 맥도날드에서 생일파티를 하는 것을 보고 부러워했던 것을 기억한다. 그녀는 맥도날드에서만 주는 특별한 선물과 파티라는 친절을 받은 것이다―그리고 그녀는 매혹적인

숲 속의 공주로서 왕관을 쓰고 있었다.

누구에게도 말한 적은 없지만 나는 수많은 빅맥과 치즈버거 (그리고 감자튀김이 담긴 빨간 상자) 등을 포장했던 종이나 상자를 모으곤 했다. 나는 그것들을 집으로 가져와 맥도날드 놀이를 하곤 했다. 나는 맥도날드 가게의 점원이나 매니저 흉내를 내고 커다란 미소를 지으며 "오늘은 어떻게 도와 드릴까요? 무엇을 주문하시겠습니까?"라고 말하곤 했다.

나는 곧 이 유치하고 물질적인 맥도날드에 대한 환상으로부터 벗어났다. 그러나 그런 습성은 오래가는 법이다. 1998년 중국의 광동을 방문할 때 나는 여덟 살짜리 사촌 여동생을 맥도날드로 데리고 갔다. 이 맥도날드 가게는 이 도시에 약 1년 정도 있던 것으로 서구 스타일의 옷가게와 많은 회사들이 있는 혼잡한 거리 가운데 위치하고 있었다. 사촌 동생은 그녀가 태엽을 감는 감자튀김 상자 모양의 차에서부터 바퀴가 달린 음료수 컵까지 해피밀 장난감 수집품을 자랑스럽게 보여 주었다. 맥도날드는 보통의 외식비보다 조금 비싼 편이지만 여전히 사먹을 수 있는 정도의 가격이다. 나는 사촌 동생을 맥도날드에 데려간 대가로 그녀로부터 박수와 포옹을 받았다. 그녀는 나의 손을 기꺼이 잡고 맥도날드로 걸어갔다. 그녀는 맥도날드의 자세한 분위기를 잘 아는 모양이었다. 즉 어디에 냅킨이 있고, 빨대를 어떻게 빼는지, 줄은 어디에서 서는지 알고 있었다.

내 사촌 동생은 (전혀 놀랄 일도 아니지만) 해피밀을 주문했고 나를 앉는 곳까지 인도했다. 나는 그녀가 햄버거의 포장지를 아주 잘 벗겨내고 한 입 크게 베어 무는 것을 보았다. 이렇게 먹는 것은 조금 지저분해 보였지만 누가 신경을 쓰겠는가? 우리는 세상에서 가질 수 있는 만큼의 냅킨을 가지고 있는데 말이다. 그녀는 아마도 서양식으로 먹는 방법과 문화를 배우고 있는 것 같지만 또한 확실하게 낭비, 즉 물질의 과소비라는 미국적인 생각도 받아들이고 있었다. 우리는 흔히 보는 패스트푸드 가게에서 버려지는 종이의 양을 상상할 수 있다. 그녀 또한 내가 음식을 주문했을 때와 같은 '자율성'을 즐기고 있었다. 내 사촌 동생은 맥도날드의 최근 제품을 잘 알고 있었다. 그녀는 부모들과 맥도날드 가게로 갈 때 그들을 위해 주문을 해 준다. 이 가게는 아이들 세상이고 그녀는 매순간순간을 즐기고 있었다. (Interview, 1999)

왜 맥도날드인가? 황금아치와 혐오의 조장

맥도날드와 그것이 나타내는 모더니티에 대해 보다 역설적인 관점에서 연구를 할 때, 나는 맥도날드의 정치성과 특히 설립자인 레이 크락의 얘기에 매료된다. 1960년대 민권 운동과 반전 운동이 한참 일어날 때 크락은 반격에 나선다. 그는 "미국을 사랑하지 않으면 떠나라"라는 메시지를 던지면서 그 시대에 미국에 퍼지고 있던 "반체제주의자들"을 자주 비난했다. 맥도날드의 사업 및 환경 정책에 대한 항의에 대해 크락은 자서전에서 "이 광신도들이 실제로 반대하는 것은 자본주의다. 그들은 자유기업제도하에서 기업은 성공을 위하여 도덕적으로 부패했고 모든 종류의 나쁜 관행을 저지르고 있음에 틀림없다고 비난한다. 이 나라를 위대하게 만든 그런 제도에 대해 그렇게도 협소하고 비참한 관점을 가지고 있는 사람들이 불쌍할 뿐이다"(Kora, 1977, p. 180). 이런 발언들과 베트남 전쟁을 전적으로 지지한 기관으로서 맥도널드의 정체성을 숨김없이 드러냄으로써, 크락은 대항문화가 수십 년간 맥도날드를 확실히 혐오하게끔 만들었다. 이런 문화적 분열은 계속적으로 일어난다. 인터넷 채팅방에서, 신경질적인 맥도날드 매니저와 반문화적 비평가 사이의 논쟁은 끊임없이 계속된다. 우회적인 논쟁의 수단으로서 '이상적 무정부주의 정당'의 한 당원인 루크 쿤(Luke Kuhn)은 특정한 맥도날드 가게에서 소동을 일으키는 방법에 대해 쓰고 있다. 다음과 같은 논쟁을 예로 보자.

> 매니저 : 음…… 한 가지 말하자면…… 여러 가지 추한 일이 가게에서 일어나고 경찰을 부르곤 하지. …… 다시 말하자면…… 나는 맥도날드의 매니저고 바로 이것이 우리 정책이지. 너를 체포하기 위해 몇 명의 경찰을 부를까? 누구라도 한번 시도해 보고 싶은 사람은, 나에게 연락을…… 지옥으로 보내 주마!

> 루크 : 누구에게 돼지 새끼라고 욕을 하지 않도록 조심하는 게 좋을 거다. 당신이 사람들을 그렇게 부르면 많은 항의자들을 평범한 옷을 입혀 아무도 모르게 쉽게 가게로 침투시키고 그중 일부 사람들로 하여금 소란을 피우게 해서 당신이 경찰을 부르게 할 수 있다. 경찰이 도착하면 모든 항의자들이 일어나서 경찰을 박살낼 것이다. (Kuhn, 1999)

지난 수십 년간 맥도날드는 자신을 미국과 보수적인 미국인의 가치관과 연결시키려는 줄기차고 값비싼 노력을 통해 진보적 비평가들을 채찍질하는 대명사 역할을 해 왔다. 미국의 일부 사람들 그리고 전세계의 많은 사람들이 주장하듯이, 맥도날드는 미국의 문화 그리고 경제 제국주의의 명백한 상징이다. 브라질의 산토스 시에서 몇 명의 교사들은 나에게 맥도날드가 학생들에게 주는 영향력이 걱정스럽다고 했다. 한 교사는 맥도날드 제국주의의 위험성은 아이들로 하여금 브라질적인 것은 가치가 없다고 평가하게 하고, 미국은 모든 가난한 남미 국가보다 훨씬 우월하다고 가르치는 데 있다고 말했다

(interview, 1997). 황금아치에 대한 교사들의 분노는 그들이 내뱉는 한마디 한마디에 담겨 있었다. 똑같은 맥락에서 1995년 베이징 여성대회의 NGO 포럼에 참석한 많은 여성들은 그 행사의 하이라이트의 하나는 맥도날드 가게에 대한 항의 시위였다고 말했다. 반다나 쉬바는 다음과 같이 말했다.

…… 시위는 내가 식품 안전, 지적 재산권 보호, 생물학적 다양성에 대한 발표를 통해 어떻게 식품유통 산업이 몇몇 소수 기업에 의해 다양한 방법으로 통제되고 있는가에 대해 강연을 하고 있을 때 참석한 한 젊은 여성에 의해 주도된 것이다.

그 여성은 "로널드 맥도날드가 비자도 없이 이 나라에 들어온 것을 아는가? 그 회사가 여기 회의장에 있어야 한다고 생각하는가?"라고 외쳤다. 나는 티벳 사람들이 비자 없이 이곳에 들어오는 것에 대해 난리를 친다면, 우리 NGO 포럼의 허락도 없이 들어온 맥도날드에 대해서 우리도 난리를 쳐야 한다고 대답했다. 결국 맥도날도는 NGO가 아니다! 그런데 NGO 포럼에 와서 무엇을 하는 것인가?

젊은 여성들은 행진을 시작했고 나에게 참여하겠느냐고 물었다. 내가 기꺼이 참여하여 행진했음은 물론이다. 우리는 로널드 맥도날드 사진을 뜯어냈는데, 그 사진은 내가 보기에도 전세계 어느 곳에나 붙어 있는 끔찍하고 음란한 것이었다. 나는 베이징 사건 이후에 정말로 어디에 가든지 그것들을 찢어내 깔고 앉고 싶은 충동을 느낀다.

우리는 전세계에서 온 여성들과 진실한 토론을 벌였으며 맥도날드가 그들에게 진정 무엇인가, 즉 맥도날드가 왜 문화 제국주의와 생태 식민주의의 상징이며, 진정으로 건강을 위협하는 유사 음식물의 상징인지에 대해 의견을 나누었다. (Shiva, 1997)

정치 영역에서 진보적이고 좌파적인 분노가 미국 내에서 황금아치를 겨냥하고 있으며 해외에서는 더욱더 그렇다. 그러나 다른 영역에서의 반맥도날드 운동의 역학은 분석을 필요로 한다. 미국에서 맥도날드에 대한 대중의 담론은 대부분 강한 엘리트적 경향을 갖고 있는데, 맥도날드에 관해 의견을 제시하는 사람들만이 문화자본이라는 잣대를 가지고 있는 것처럼 생색을 내는 식이다. 나는 맥도날드 음식의 가치를 옹호할 생각은 추호도 없으나, 맥도날드의 심미적인 면에 대한 많은 공언들은 매우 지나친 것이다. 1996년에 아치 디럭스의 판매가 시작된 뒤 몇 개의 아치 디럭스 증오 사이트가 인터넷에 나타났다. '아치 디럭스 증오 편지'(Arch Deluxe Hate Mail, 1997~)라는 사이트에 많은 사람이 방문했고, 수십 명의 사람들이 저주받은 아치 디럭스에 대한 철저한 혐오감을 글로 썼다.

이안(Ian) : 나는 당신에게 보여 줄 어떤 광고자료도 갖고 있지 않지만 이 괴물 같은 것의 별명이 '디럭스 엉덩이'라는 것을 알려 주고 싶다. 그 이유는 소화기관에 의한 영향(결국 배설물이 된다는 뜻)과 빵모양이 엉덩이의 그것과 같이 생겼기 때문이다.

버거킹 왕궁의 광대 : 우리는 당신이 아치 디럭스 혐오 사이트를 사랑하고 로널드 맥도날드를 암살하는 음모에 참여하는 데 관심이 있는지 묻고 싶군요?

M.K. : 아치 디럭스 혐오자들이여 안녕하신지. 우리는 아치 디럭스라고 부르는 이웃이 있다. …… 그는 행성으로부터 온 이방인이고 해피 햄버거 쪼가리이다. 당신처럼 우리도 맥도날드의 새 아치 디럭스를 혐오한다. 우

리는 과학적 연구를 했는데 아치 디럭스는 주요 신체기관의 발달을 막는다. 그러므로 어른들의 입맛에 대한 이론이 틀린 것이다. 내 생각에는 비장의 소스도 곧 다 떨어질 것이다.

브랙(Brack) : 나는 똥풍뎅이인데 맥도날드의 새로운 제품에 만족한다. 나는 알을 까기 위해 더 이상 목장에서 돌아다니지 않아도 된다. 나는 맥도날드에 가서 관장을 위한 아치 디럭스를 사서 짝을 유혹하기 위해 둥글게 만들면 된다. (Arch Deluxe Hate Mail, 1997)

내가 개인적으로 대화하거나 사이버상에서 만나 본 많은 사람들의 말 속에는 맥도날드에서 먹거나 일하는 사람들의 계급에 대한 경멸이 뚜렷하게 깔려 있었다. 많은 젊은이들에게 맥도날드는 일상생활의 많은 부분들을 차지하고 있는 기관이기 때문에 일부 사람들이 이 맥도날드에 대해 잘 알지 못한다는 것이 믿기 어려운 사실이다. 예를 들어, 필립(Philip)은 초보 민속학 연구자가 하는 것처럼 맥도날드 소비자의 어리석음에 대해 다음과 같이 썼다.

길게 늘어선 줄에서 상당한 시간을 보내는 동안 이 사람들이 맨 앞줄에 섰을 때 주문할 것이 무엇인지 생각할 것이라고 당신은 짐작할 것이다. 하지만 당신은 틀렸다. 이 불쌍하고 불행한 영혼들은, 마침내 카운터 앞에 섰을 때 마치 실수로 다른 패스트푸드 매장에 온 것처럼 매우 어리둥절한 모습으로 메뉴판을 본다. "도대체 무엇을 주문할지 모르겠다"는 전세계적으로 통용되는 의미를 표현하기 위해 머리를 갸우뚱거리면서 카운터를 보고 있는 여드름이 많고 식충이 같은 십대 소년에게 많은 쓸데없는 질문을 해댄다.

필립은 맥도날드 고객에 대한 인지적 분석을 다음과 같이 계속한다.

미안한 말이지만 맥도날드에서 주문하는 것에는 어떠한 지적인 노력도 필요하지 않다. 그렇게 씨름할 만큼 주문할 것이 많지 않다. 치즈를 넣은 햄버거와 치즈 없는 햄버거를 주문하는 것뿐이다. 큰 감자튀김이나 그보다 작은 것을 주문할 수 있다. [맥도날드식 갈비인 맥립(McLib)과 맥치킨 디럭스(McChicken Deluxe) 종류 사이에서 갈등하는 것이 아니라면] 돼지고기와 닭고기 중 어떤 것이 더 좋은지 논쟁할 필요도 없고, 생선요리인 필레 오 피쉬(Fillet O'Fish)가 백포도주 또는 적포도주와 잘 맞는지 알 필요도 없고, 맥치즈 시장(Mayor McCheese)이 왜 광고에 더 이상 나오지 않는지 그리고 맥도날드가 그리메이스(Grimace) 저작권을 침해한 공룡 캐릭터인 바니 제작자들을 언제 고소할지에 대해 카운터 종업원에게 묻지 않아도 된다.

……한 여자가 카운터로 황급히 와서 실제로 다음과 같은 질문을 했다. "어떻게 치킨 샌드위치를 2달러에 2개씩이나 팔 수 있죠?" 음, 이 여자에게 내가 설명을 할 수 있나 보자. 우리 사회에서는 돈을 물건이나 서비스와 바꿀 수 있다. 직접 물건을 거래하던 옛날에는 내게 필요한 것, 예를 들어 좋은 도끼 같은 것을 가져와서 내 치킨 샌드위치와 바꾸어야 했다. 그러나 이런 것이 너무 복잡해져서, 우리는 돈, 말하자면 법적 화폐로 정해진 인쇄된 종이를 대신 사용하는 제도를 개발했다. 그리고 당신이 나에게 2달러를 준다면, 나는 그 대가로 두 개의 치킨 샌드위치를 줄 것이다. 그리고 나는 (이런 당연한 질문을 해대는) 당신과 같은 선천적으로 어리석은 아이들을 낳거나 당신의 불행한 새끼에게 멍청함을 전할 가능성을 막기 위하여 그 샌드위치에 확실하게 독약을 칠 것이다. ("Philip," 1996)

나는 이 엘리트주의적 문맥에서 필립이 "여드름이 많고 식충이 같은 십대 소년"이라고 비하적인 언급을 한 차원 높인 것은 맥도날드 종업원에 대한 악의적인 분노라는 것을 간파했다. 해커나 사이버펑크를 위한 잡지《프랙 매거진(Phrack Magazine)》에 쓴 글에서, 찰리 X(Charlie X)는 맥도날드라는 기업에게보다는 오히려 낮은 지위에 있는 맥도날드 종업원에 피해를 주는 것이 목적인 듯한 일련의 반맥도날드 운동을 제안한다. 다음 장난은 쓰레기를 내다버리는 종업원을 겨냥한 것이다.

쓰레기통으로 장난치기

맥도날드는 매우 바쁘게 돌아가는 매장이기 때문에 쓰레기 봉지가 빨리 차고 자주 바꾸어 주어야 한다(그러나, 실제로 자주 바꾸지 않는다). 첫 장난으로, 뜨거운 물이나 끓는 물을 달라고 하자. 이런 짓을 하는 것을 들키지 않으려면, 뜨거운 물을 직접 가지고 가라. …… 끓여서 스티로폼 컵이나 보온병에 담아가라. …… 맥도날드에 들어가서, 가득 찬 쓰레기 봉지(이것을 찾기는 어렵지 않다)를 찾아, 뜨거운 물을 봉지 옆으로 부어라. 이것은 쓰레기 봉지를 녹일 뿐 아니라, 봉지가 터져 쓰레기가 사방으로 흩어지게 할 것이다. 쓰레기를 갖고 나간 사람은 손으로 다시 모든 쓰레기를 주워야 하고 여전히 물이 담긴 쓰레기 봉지를 버려야 할 것이다. 이것은 물론 쓰레기가 물에 젖게 하고, 종이들을 찢어지게 만들 것이다. 이 모든 경험은 매우 불유쾌한 것이겠지만, 바라보기에는 매우 즐거울 것이다. (1994, 쪽 번호 없으나 2번째 쪽)

'음식으로 장난치기'는 요리사를 곤경에 처하도록 고안한 것이다.

음식으로 할 수 있는 방법이 몇 가지 있다. 우선 음식에 무언가 잘못이 있는 게 틀림없으므로, 당신은 문제를 크게 만들면 된다. …… 매장에 들어가기 전에, 머리카락 또는 애완동물의 털을 몇 올 준비하라. 식탁에 앉아서 그 머리카락이나 털을 버거 안에 집어넣어라. 그리고 기다리는 줄이 길어지고 많은 사람들이 바쁠 때, 카운터의 맨 앞으로 끼어들어 가 버거에 대해 불평하라. 모두에게 머리카락이나 털이 든 버거를 보여 주어라. 당신은 다른 버거를 하나 더 받을 것이며, 다음에 다시 오도록 유인하는 모든 공짜들을 받을 공산도 크다. 또한 당신으로 인해 많은 사람들이 매장을 떠날 것이며, 부엌에서 요리하는 요리사들은 매니저에게 크게 당할 것이다.

'바쁜 날 장난치기'는 카운터 종업원에게 싸움걸기에 대한 충고이다.

바쁜 날이 제일이다. 손님들은 서두르고, 종업원도 서두른다. …… 다 참을성이 없어지고 당신이 말하는 것에 신경을 쓰지 않거나 또는 매우 화가 나 있다. 아주 황당한 것을 요구하라. …… 예를 들어 "치킨 맥너겟 (McNugget)을 예순아홉 개 달라"고 하라. 제일 좋은 방법은 간단한 "치즈버거 하나를 주문하고 특별한 주문을 해 엉망으로 되게 하라. …… 예를 들어, 치즈버거 하나 주시는데, 치즈 하나 더 넣고, 겨자는 넣지 말고, 케첩과 양파, 상추, 토마토는 더 많이 넣어 주고 그리고 마요네즈는 약간만 바르고, 고기는 잘 익혀 주세요. …… 아니 잠깐, 치즈버거를 먹고 싶지 않네요. …… 그냥 상추만 넣어 주세요. …… 주문을 주방으로 보낼 때까지 기다려라. …… 그리고 "잠깐만요, 미안하지만…… 그냥 빅맥 하나 주세요"라고 하면 된다. 당신은 또한 "중간 크기의 콜라에 얼음 네 조각만 넣어 주세요"라고 할 수 있다. 그들은 당신이 말하는 것은 항상 할 것이다. …… 특별주문은 돈이 더 드는 것이 아니라는 것을 기억하고, 햄버거를 주문할 때는, 겨자와 케첩을 더 많이 달라고 하고 특정한 곳에 바르도록 요구하고, 당연하게 치즈도 더 넣어달라고 하라. ……열 번 중 아홉 번은 성공할 것이다. …… 그리고 돈은 더 내지 않아도 된다.

참고 : 그리고 주방 안쪽 어느 곳에서 프린터가 세 번 신호음을 내면, 당신의 주문이 인쇄되고 음식이 만들어질 것이다. ……이 소리를 들은 후에 주문을 바꾸어라.

또 다른 체안은 차에 탄 채 주문하는 창구에서 일하는 종업원을 대상으로 한 것이다.

차에 탄 채 주문하며 장난치기

맥도날드의 광고비디오는 종업원에게 맥도날드 판매 평균량의 40% 이상이 차에 탄 채 주문하는 창구에서 나온다고 한다. 간단히 말하면, 이 제도는 손이 많이 간다는 것이다. 스피커들은 잘 작동하지 않고 당신의 주문은 흔히 엉망이 된다. 우선 할 일은 맥도날드 주문 간판이 있는 곳에서 자동차를 앞으로 뒤로 왔다갔다 몇 번 하는 것이다. 그러면 헤드셋을 쓰고 있는 모든 종업원들은 "부르릉" 하는 시끄럽고 신경을 건드리는 엔진 소리를 듣게 될 것이고…… 결국에는 매니저가 무언가를 들고 뛰쳐나올 것이다. 당신은 이때 떠나면 된다. (Charlie X, 1994, 쪽번호 없음)

"왜 맥도날드인가"라는 질문에 대답하려고 시도하면서, 나는 사회적으로 무책임한 기업의 종업원들을 괴롭히려는 욕구에 대해 당혹감을 느낀다. 정치적인 아둔함이 찰리 X나 그와 비슷한 수십 명으로 하여금 기업의 범죄와 적은 임금을 받아 가며 착취당하는 노동자들을 구분하지 못하도록 하는 것일까? 나는 찰리 X의 글이 인터넷상에서 수없이 언급되고 다시 인용되는 것을 보면서, 이런 글의 인기에 대해 놀랐다.

맥도날드에 대한 진보적 비판은 엘리트주의인가?

사회정의, 기업 권력의 남용, 평등에 관심을 갖는 진보주의자로서, 나는 많은 인터뷰 대상자들의 말을 들었고 찰리 X 같은 활동가들의 글을 읽었다. 어떤 면에서 이들은 맥도날드가 축적해 온 권력에 분개하고 있었지만, 그들 중 많은 사람들은 실수로 엑스트라 버거 대신 1/4파운드짜리 햄버거를 주었거나, 자신들을 불공손하게 맞이했거나, 주문 후에 오래 기다리게 한 불쌍한 종업원들에 대해 얘기하기를 원했다. 이런 태도가 진보적인 입장으로 생각될 수 있을까? 기업의 권력놀음에서 공적 민주주의를 지켜 내려는 문화운동가의 관점이 우월감을 가지고 내려다보는 엘리트주의로 치부되어야 할까? 내가 심각하게 고민하건대, 학문적 좌파들—특히 문화 연구를 하는 학자들—에게서 발견할 수 있는 엘리트주의의 요소는 충분히 많다. 실제로, 지난 30여 년 동안의 진보정치가 실패한 이유 중의 하나는 미국의 좌파 대중단체가 노동자들을 내려다보기 때문이다.

맥스포트라이트는 신자유주의와 신보수주의에 바탕을 둔 기업 정치의 바다 속에서 하나의 희망의 섬으로 생각될 수 있지만, 논쟁의 글을 읽으면서 나의 낙관주의는 약화되었다. 확고한 반맥도날드주의자인 제이(Jay)가 맥도날드 매니저에게 한 응답에서 보이는 것처럼, 그의 말에는 얕잡아보기가 가득 차 있다. 매니저가 자신은 사회적 봉사를 한다고 주장하자 제이는 다음과 같이 썼다.

> 친절하고 영리한 선생님, 제발 말해 보라. 당신이 사람들의 일상을 위해
> 어떤 좋은 일을 하는가? (날카롭고 영리한 논쟁을 통하여 당신이 제공한 최신 사
> 회학 이론에 대한 무한한 기여는 잠시 접어 두자.) 세상 어디에서도 피할 수 없
> 는 맥도날드의 존재가 나의 아침에 어떤 도움이 되는가? 반추적인 사고의
> 부재 상태에서 완전한 자기의식의 세계로 휩쓸어 가는 식의 압도적인 존재
> 의 위기에 완벽하게 굴복하는 것 말고는 아무 대안이 없다고 나 자신을 거
> 부해야만 하는 것인가? ("Jay W.," 1999)

반맥도날드주의자인 토니 타이거(Tony Tiger)는 그들이 버는 돈으로 "새
플리머스(Plymouth) 차동차를 사고, 할부금을 내고, 미국 햄버거인의 꿈을
누리며 살아가고 있다"(1999)고 생각하는 맥도날드 일꾼들(McWorkers)의
성향을 비웃는다. 남을 얕잡아보는 계급적 편견이 그의 말 속에 숨쉬고 있다
는 사실은 누구나 다 알 수 있는 것이다. 이런 식의 접근은 맥도날드의 노동
자들을 그 기업의 품 안으로 밀어 넣을 뿐이다. 이 종업원들이 어디로 가겠는
가? 기업화된 농장의 이주 노동자들에게보다 덜 관심을 가지는 좌파에게로
가야 하나? 기업의 간부들은 적어도 종업원들을 존경하는 척은 한다. 자신들
은 자긍심 있는 사람들이라고 맥도날드 종업원들은 주장한다. 조금은 존경심
을 보여 달라고 말한다. "내 일에 자부심을 느끼며 내 회사에 충성을 다한다.
이런 충성심은 보상을 받을 것이다"라고 한 인터뷰 대상자는 말했다(1998).
이 여성은 맥도날드에 대한 진보적 비판은 엘리트주의적 입장이며 개인에 대
한 모욕이라고 보았다. 오스트리아의 한 매니저는 이런 생각을 바탕으로 글
을 썼는데, 독자는 이 글에서 어떻게 엘리트주의적인 비판이 그를 현재의 입

장을 고수하도록 만들었는지 알 수 있다.

> 나는 정말로 다른 직장을 원하지 않는다. 맥도날드를 위해 일하는 것이
> 좋다. 맥도날드는 나의 경력에 큰 도움을 주었으며 나는 당신과 같은 바보
> 들 대부분이 알지 못하는 기술들을 계속 배우고 있다. 모든 맥도날드 사람
> 들이 바보는 아니다. 만약 당신이 맥도날드를 위해 일하는 수백만의 사람
> 들이 멍청이들이라고 생각한다면, 아마도 당신은 누구에게 그런 손가락질
> 을 해야 할지 실제로 잘 살펴보아야 할 것이다. 모든 종업원들이 노예들이
> 며 개 취급을 받고 있다는 것은 오류이다. 나의 종업원들은 일하러 오는 것
> 을 즐거워하며, 이것은 사회적이고 보상이 충분한 것이다. ("Store
> Manager," 1999)

나는 이런 말 속에 담긴 정치적 문제들에 대해 잘 알고 있지만, 1967년에
킹스포트의 맥도날드 주차장에서 멋있는 고등학생들에게 덤벼들었던 나의
시골뜨기 친구들을 이해했던 것처럼 이 매니저의 상처도 인식할 수 있다.

이 오스트리아인 매니저와 같은 선언은 수없이 많다. 케이티(Kati)는 "어
떤 사람이 맥도날드에서 일한다고 해서 그들의 지능지수가 10밖에 안 되며,
8살 때 외계인이 심어 준 칩의 도움 없이는 내가 어떤 완전한 생각을 못한다
는 식으로 생각하는" 소위 엘리트 개자식들에게 신물이 난다고 단언한다. 그
녀의 불평은 반맥도날드주의자들에게 "가서 엿이나 먹어라. …… 우리를 더
이상 괴롭히지 말라, 우리는 살려고 하는 것뿐이다"라고 말하는 많은 맥도날
드 종업원의 감정을 반영한다("Gromit," 1999). 내 연구는 많은 수의 맥도날드
종업원들이 회사에 대한 정치적 비판을 자신들과 자신들의 낮은 사회적 위치
에 대한 멸시로 자동적으로 연관짓고 있다는 사실을 보여 준다. 좀 더 성숙하

고 사려 깊은 반맥도날드주의 운동가들은 이런 입장을 주의 깊게 피하려 하지만, 많은 사람들은 그렇지 않다. 이런 엘리트주의가, 많은 종업원들의 사회적 자각과 정치적 의식에 끼치는 영향은 매우 참담한 것이다.

따라서, 포스트모던한 상황의 왜곡의 결과로서, 일부 노동자들은 좌파를 그들의 적으로 인식한다. 한 노동자는 자신들을 경멸하는 "당신들은 사악한 사람들"이라고 말하고 "나를 방어하기 위해 시간 낭비를 하지 않을 것이니 쓸데없이 힘쓰지 말라"고 호소한다("Jen," 1999). 맥도날드 종업원들은 소외감을 느끼면서 비공식적 지원 체계와 더불어 자신들만의 하위문화를 만들어 나간다. 많은 종업원들은 동료 종업원들을 위해 매장 내의 농담이 찍힌 티셔츠를 만든다. 한 종업원은 자신의 동료 종업원들에게 "차에 탄 채 주문하는 창구에서 일할 때 가장 나를 열 받게 하는 10가지"(데이비드 레터맨이 진행하는 토크쇼 프로그램에서 방송 때마다 하는 코너를 패러디한 것—역자)라는 글이 담긴 티셔츠를 주었다. 자신의 동료들이 그것을 읽었을 때, 그들은 눈물이 날 정도로 웃었다고 그녀는 말했다("Jen," 1999). 맥도날드 종업원들이, 자신들이 이런 상황을 바꿀 수는 없지만 자신들에게 끼치는 영향은 변화시킬 수 있다고 서로에게 충고하는 것을 볼 때, 그들은 존경의 결핍에 대응하기 위해 참선을 하는 것과 같은 노력을 하는 것을 알 수 있다("Sharon," 1999). 때때로 화가 난 종업원들은 "왜 맥도날드인가?"라는 질문을 퍼붓는 엘리트 비방자들을 향해 노골적으로 대항한다. 나와 인터뷰한 몇 명의 종업원들은 좌파의 공격에 대해 "도대체 왜 맥도날드를 괴롭히는 거죠? 아마 당신도 어떤 부패한 기업을 위해 일하고 있지 않은가요?"라는 반문으로 대응한다.

2 맥도날드 포옹하기

맥도날드 가족들은 고객이 그들을 껴안아 주고 싶도록 만듦으로써 (다른
패스트푸드회사에 비해) 앞서 왔다. …… 며칠 전 어느 날 밤에
내가 사는 도시의 부자동네에 있는 맥도날드 가게에서,
내 앞에 서 있던 젊은 변호사가 점원이 자신에게 1달러 87센트를
덜 받았음을 지적했다. "당신 어머니가자랑스러워하겠습니다"라고
나는 그 변호사에게 농담을 했다. "맥도날드를 속일 수야 없지요"라고
그는 대답했다. "미키 마우스한테서 훔치는 것과 같으니까요."
—Penny Moser, "The McDonald's Mystique", Fortune, July 4, 1994, p. 115

맥도날드의 이데올로기 작업은 너무나 성공적이어서 디즈니와 마찬가
지로 대중의 대화 속에서 비평의 대상이 되지 않을 만큼의 정체성을 가지고
있다. 미국의 많은 국민들은 자유기업경제라는 회사의 설명—즉 공동체의
최선의 이익보다는 재산권과 상업적 권리가 앞서며, 시장의 지배가 민주적인
절차보다 중요한 가치이며, 미디어의 소유권과 경제적 이윤 추구는 전지구적
기업 세계와는 전혀 관계가 없다는 주장—을 이미 받아들이고 있다. 맥도날

드에서 새로운 비니 베이비(Beanie Baby)를 사기 위해 줄을 서 있던 한 고객은 이렇게 말했다.

> 맥도날드는 나와 내 아들에게 있어 모든 것이다. 남편은 몇 년 전에 우리 곁을 떠났고 지금 나는 아들과 살고 있다. 병원에서 교대 근무를 많이 하기 때문에 요리할 시간이 많지 않다. 나는 정부가 우리 근로자에게 하는 짓, 예를 들어 세금을 걷어서 사회보장에만 의존하는 그 게으른 사람들을 도와주는 것을 좋아하지 않는다. 맥도날드가 아니라면 나도 사회보장제도에 의존해야 할지 모른다. 그러나 나는 결코 그렇게 하지 않을 것이다. 나는 맥도날드와 그들이 주장하는 것을 사랑한다. 나는 비니 베이비 역시 좋아하고 다 가지고 있다. 내 아이는 더 이상 내가 요리한 것을 먹으려 하지 않는다. 차라리 빅맥을 먹을 것이다. (Peggy, interview, 1996)

이데올로기의 본질

대중들이 위와 같은 가르침에 동의한다면 왜 맥도날드나 좋은 삶을 제공하는 다른 회사들을 받아들이지 않겠는가? 만약 그렇게 받아들이는 사람이 있다면, 그는 맥도날드나 그와 비슷한 기업의 이데올로기에 어느 정도 영향을 받아 왔음에 틀림없다. 지배적인 이데올로기는 불평등을 경제 엘리트의 탁월한 재능과 능력의 당연한 결과로 보이게 한다. 이데올로기라는 용어는 다양한 방식으로 쓰이지만 특히 다음 두 가지 경우로 사용된다. 첫 번째로, 정당의 정강처럼 정책이나 강령을 만드는 데 영향을 주는 일련의 정치적 신념을 말한다. 이 정의는 이데올로기를 마르크스주의, 자유주의, 보수주의, 자유사상주의(libertarianism) 등과 같이 하나의 '주의(ism)'로 보는 것이다. 이런 식으로 이데올로기를 이해하는 것은 권력에 대해 두 가지 오해를 불러일으킬 수 있다. 첫째, 이데올로기를 정치적으로 모인 집단이나 개인의 신념체계로 보는 것은 이데올로기가 문화 교육, 광고 그리고 사람들과의 관계를 통해 우리 삶 속에 작용하는 방법에 관한 것이라는 관점을 흐리게 한다. 둘째, 이 정의는 이데올로기가 작용하는 문화적 맥락을 무시하고 하나의 정적인 현상으로 본다.

신념이 실행(또는 작동)되는 방법은 이데올로기를 비판적으로 이해하는 데 매우 중요하다. 일정한 방식으로 세상을 보는 것은 어떤 맥락에서는 현재의 권력관계를 유지하는 데 기여할 수도 있지만, 다른 맥락에서는 권력관계를 무너뜨리는 데 기여할 수도 있다. 권력의 문화 속에서 끊임없이 변화하는 맥락적 역학을 이해하기 위해서는 이데올로기를 일관성 있는 신념체계라고 정의하는 것을 뛰어넘어 보다 복합적이고 과정 지향적이며 문화적으로 민감한 접근 방법이 필요하다. 이런 접근 방법을 통해서 이데올로기가 부당한 권력관계를 보호하고, 지배력을 유지하기 위한 보다 큰 과정의 일부로서 흔히 위장하고 있다는 사실을 밝힐 수 있다. 구체적으로, 이데올로기라는 지배문화의 한 형태는 의미를 생산하는 과정을 통해 권력의 불균형을 유지하면서 지배라는 억압적인 체제를 정당화시키는 하나의 상식을 만들어 낸다. 비니 베이비를 사기 위해 줄을 서 있던 일하는 어머니의 말 속에서 이데올로기적 역학을 발견할 수 있다. 정부는 사회복지기금으로 쓸모없는 사람들을 돌보니 나쁘고, 맥도날드는 아이들이 좋아하는 빠르고 값싼 음식을 제공하니 좋다. 이런 생각은 특정한 형태의 정치적 행동을 하도록 한다. 그녀에게 자신의 정치적 성향을 말해 달라고 요청했을 때 그녀는 "대부분 나는 남자들에게 투표를 했어요. 제 생각에 저는 아마도 공화당원이에요. 케네디와 같은 민주당은

절대 아닙니다"라고 대답했다. 이데올로기 이론은 산업사회에서 왜 가난한 계층의 사람들이 자신들을 착취하는 정치적·경제적 체제를 계속 지지하는가 하는 것을 설명하기 위해 발달한 것이었고, 이후에는 왜 많은 여성들이 가부장적 지배를 당연시하는가를 설명하기 위해 사용되었다. 이데올로기에 대한 비판적 관념은 권력의 불균형 유지에 대해 우려하는 전통적인 민주적 관심에서 비롯되었고, 그에 수반되는 의미 만들기의 민감한 맥락을 심각하게 받아들였다. 우리가 이러한 맥락적 역학을 이데올로기의 주요한 측면으로 고려할 때 권력이 일반적으로는 문화 속에서 그리고 제도 속에서 어떻게 교묘하게 작용하는지 알 수 있다.

이데올로기는 헤게모니와 분리될 수 없다. 헤게모니는 물리력을 통해서가 아니라 지배당하는 개인들로부터 동의를 얻어 냄으로써 지배를 유지하는 것이다. 헤게모니를, 권력을 가진 사람들이 피지배자로부터 동의를 얻기 위한 노력으로 본다면, '지배적' 좀 더 정확하게는 '헤게모니적' 이데올로기는 현상유지를 위한 동의와 그 속에서 개인의 특정한 위치를 결정해 주는 문화 형태, 의미, 관습적 의식들 그리고 표현방식 등도 포함한다. 서로 다른 의제를 가진 많은 집단들이 경쟁을 하기 때문에 헤게모니적인 동의가 완전하게 확립되어 있는 것은 결코 아니다. 헤게모니라는 관점에서 이데올로기를 파악한다면, 미디어, 문화 교육 그리고 다른 문화상품들이 시민들에게 의미의 억압적 형태를 받아들이도록 강제적으로 조작하는 방법들을 설명하기 위해 단순히 '선동(propaganda)' 같은 용어를 사용하는 것을 넘어설 수 있다. 헤게모니적 이데올로기라고 이름 붙여질 수 있는 이 개념에 동의하는 사람들은 훨씬 미묘하고 애매한 형태의 지배를 파악하며, 피지배자들이 수동적이며, 마음대로 다룰 수 있는 희생양이라는 선전선동 모델의 가정을 거부한다. 헤게모니적 동의에 대해 배우는 학생들은 지배 이데올로기의 관행과 담론이 현실에 대한 우리의 비전을 사회적으로 구성하는 데 영향을 준다는 것을 이해할 수 있다 (Deetz, 1993; Fiske, 1993; Kellner, 1990; McLaren, 1994; Thompson, 1987).

이러한 이데올로기적 맥락, 이러한 권력의 문화 안에서, 맥도날드는 위대한 충성심을 불러일으킬 수 있으며 특정한 사고방식을 가치화할 수 있다. 미국에 잠시 살고 있는 인도네시아 사람과의 인터뷰 중에 나는 자카르타에서 처음 개점하는 맥도날드에 대해 어떻게 생각하는지 물었다. 그는 "자부심을 느낀다"라고 대답했다. 맥도날드가 자기 나라의 도시에 들어온다는 것에 대해 개인적인 가치를 부여했다. "우리는 과거와는 다른 그 무엇인가가 된 것이다"라고 그는 결론지었다. "우리는 맥도날드에 의해 선택받은 것이다"라고도 말했다(interview, 1998년 9월 6일). 나는 1962년에 테네시의 킹스포트가 맥도날도 가게를 여는 장소로 선택되었을 때를 기억한다. 존 캐푸토(John Caputo)를 비롯한 다른 전문가들은 이런 가치관의 형성 과정에 대해 언급하면서, 사람들이 아메리칸 드림에 참여할 만한 가치가 있다는 느낌을 받는 것과 연관시킨다. 맥도날드의 이데올로기는 소비자들이 자신의 소비 활동에 대해 스스로 긍정적인 이미지를 갖도록 마술을 부리는 것이다.

맥도날드의 이데올로기

맥도날드의 이데올로기에 대해 탐구하는 사람들이 그 회사의 CEO들인 마이클 퀸란(Michael Quinlan)과 잭 그린버그(Jack Greenberg) 그리고 그 회사의 고위 경영진들이 민주주의를 전복시키고 세계를 통제하기 위하여 비밀스럽게 공모했다고 주장하는 것은 아니다. 많은 사람들이 이데올로기의 의미를 놓치고 그것이 어떻게 작동하는가를 이해하지 못하는 지점이 바로 여기다. 내가 맥도날드에 대해 비평한《유치원 문화: 기업의 아동기 조작(Kinderculture: The Corporate Construction of Childhood)》(Steinberg & Kincheloe, 1997)을 읽은 한 청년이 다음과 같이 반응했다.

> 이해를 못하겠다. 당신 같은 사람들은 맥도날드와 조깅 운동화를 두려워한다. 맥도날드는 햄버거를 파는 회사일 뿐이다. 나이키도 운동화를 파는 회사일 뿐이다. 그들은 세상을 지배하려고 공모를 하는 것이 아니다. 음모이론 팬들은 모두 편집광이다. 로널드 맥도날드는 단지 광대일 뿐이며, 실제 인물도 아니다. 맥도날드는 사람들이 원하는 것을 팔아 돈을 벌기 때문에 권력을 가진 것뿐이다. (Interview, 1998)

내가 대화를 나눈 많은 사람들이 이와 같은 의견을 가지고 있다. 권력이란 확인하기 쉬운 것이며, 정치 영역에서는 눈으로 볼 수 없는 어떤 일도 일어나지 않는다는 것이다. 그들은 권력 문화의 폐쇄적이고 복잡한 면을 이해하지 못하고 있다. 맥도날드는 이데올로기적 권력의 대리인으로서 현존하는 권력 관계 안에서만 얻을 수 있는 경제적 목표를 달성하기 위하여 사회적·문화적 의미들을 만들고 있다. 다시 말하자면, 맥도날드는 일상적으로 사업을 영위하고 특정한 판매 전략을 채택하는 가운데 하나의 이데올로기적 대리인으로 작용한다는 말이다(Goldman & Papson, 1996). 이런 과정이 일어나는 중요한 방법을 한번 살펴보자.

특정 세계 만들어 내기

의미 생산자로서, 맥도날드와 다른 기업들은 하나의 세계를 판매한다. 그 세계에서는 통제를 받지 않는 자유기업체제가 소비자 시민을 위한 자유와 만족만을 만들어 낸다. 기업이 구축한 이 세계에서는 저임금을 받는 패스트 푸드 점원들과 사유 재산을 소유한 사람이나 엄청난 수익을 올리는 사람들의 이해관계가 때로는 추악하게 충돌하는 현실을 지워 버린다. 맥도날드 광고는 가족과 사는 곳에 대한 애정이 담긴 중요한 인간 관계, 그와 더불어 발생하는 즐거움과 안전을 나타내는 '원시 상징(paleosymbol)'들을 끌어들여, 많은 시청자들에게 익숙한 장면을 보여 준다. 이데올로기적인 세계를 구축하기 위해 맥도날드는 일상의 정서들, 예를 들어 황금아치가 서서히 사라지는 장면과 함께 작은 누이동생이 덩치 큰 오빠를 쫓아가고 있는 장면을 보여 준다. 남매관계의 원시 상징이 맥도날드의 이해관계를 위해 동원된 것이다. 이 과정에서 맥도날드의 마케팅 전문가들은 개인적 경험에 바탕을 둔 가치와 감정적 투자를 소비주의, 자유시장 경제, 기업의 합법화라는 이데올로기와 접목시킨다.

정치의식의 구성이 엔터테인먼트와 광고라는 문화 공간으로 옮겨 감에 따라 기업은 원시 상징들이나 정서적으로 충만한 기표들을 사용하여 정치적 대화의 토대를 은근히 침식하며, 이러한 광고 속에 교활하게 언급되는 공적 이슈들을 분석할 가능성을 봉쇄해 버린다. 예를 들면, 맥도날드 광고는 너무 효과적이어서 대부분의 사람들은 그것들의 정치적 중요성을 지적하는 어떤 논쟁도 불합리한 것으로 생각한다. 그들은 햄버거는 햄버거일 뿐이라고 반복한다.

새로운 세계를 구성하려면 언제나 그에 적합한 역사가 필요하다. 맥도날드의 이데올로기적 세계 만들기(world-making)에서는 소비자의 욕구를 빅맥으로 연결시키기 위해 역사는 재구성되며 중요한 역사적 상징들이 전용된다. 희미한 미국의 과거를 단순한 미덕과 가족의 가치 그리고 행복이 있던 시대로서 향수 어린 개념을 사용하여 그려내면서 그 옛날에는 존재하지도 않았던 자기 회사와 계속적으로 관련지으려고 한다. 지역의 이야기꾼, 족보 기록자, 그리고 (세계화와 더불어) 부족의 역사 구전자(griot)의 기억들은 고풍스러운 맥도날드 역사 영화에 제멋대로 이용되고 대치된다. 텔레비전의 맥도날드 광고를 보는 아이들 사이에서도 이런 과정이 일어나는 것을 관찰하는 일은 흥미롭기도 하지만 당황스럽기도 하다. 이 아이들의 삶에서 중요한 기억으로 남는 것은 할아버지 할머니에게 들은 이야기가 아니라, 맥도날드 및 다른 기업들의 역사 생산자(history-maker)들에 의해 조작된 이야기이다. 순박한 형태의 미국을 그려내는 맥도날드의 고풍스러운 영화 버전들은 서로 공감하는 역사를 파괴하고 그것을 하나의 개인적인 신화나 '과거'라는 일반적 상징으로 변형시킨다. 맥도날드의 마케팅 전문가들의 손에서 이런 일반적 과거는 맥도날드가 우리를 위해 지키려고 노력하는 그 무엇인가가 되어 버린다. 다시 한번 이데올로기는 사회 · 역사적 이해를 방해하고, 기업의 이윤에 봉사하기 위해 조작된 의미를 동원한다. 거친 흑백영화 또는 흐릿한 컬러영화를 이용해 맥도날드는 역사를 신화로 변질시킨다. 여러분! 아버지 크락, 아들 로널드 그리고 맥도날드 기업정신의 이름으로 모든 것을 받아들이시오. 우리는 당신을 위해 좀 더 나은 세계를 준비하고 있습니다(Deetz, 1993; Goldman & Papson, 1996).

역사 구성을 통한 기업의 세계 만들기 과정은 한마디로 장관이다. 맥도날드의 작은 마을, 딘 위터(Morgan Stanley & Dean Witter 투자회사 대표—역자)가 직원들에게 훈시하는 장면, 맥스웰하우스의 1892년도 독립기념일 행진, 1950년대식 캘리포니아의 삶에 대한 디즈니의 낭만화 등에 잘 나타나 있다. 그리고 이런 예는 수없이 많다. 맥도날드의 이데올로기적 세계 만들기의 또 다른 단면은 기업 창립 신화의 구성도 보여 준다. 정말로 맥도날드 창립 바로 그 자체가 의미를 만들어 낸다. 밀크셰이크 믹서를 팔던 떠돌이 장사꾼인 크락이 1954년의 어느 운명적인 날에 샌 버나디노(San Bernadino)의 사막에서 자본주의의 천재 크락으로 변신하여 나타난다. 처음 딕과 맥 맥도날드(Dick & Mac Mcdonald)의 가게를 보았을 때, 새롭게 변신해 영감을 얻은 크락은 "보라, 미래를 보았다"라고 외쳤을지 모른다. 조엘과 에단 코엔(Joel & Ethan Coen) 감독만이 이 장면을 완벽한 영화 장면으로 만들 수 있을 것이다. 진실로 크락의 미래는 단 하나의 신성한 단어 '프랜차이즈 사업'으로 표현될 수 있을 것이다.

널리 알려지고 이데올로기로 가득 찬 맥도날드 창립 신화를 보면, 밀크셰이크 믹서를 팔던 50대의 떠돌이 장사꾼 레이 크락이 햄버거 판매와 프랜차이즈 사업의 귀재가 된다. 창의적이고, 독립적이며, 지미 캐그니(Jimmy Cagney)처럼 신랄한 면이 있고 열등의식에서 벗어나기 위해 야심 찬 용기를 발휘하는 설립자 크락(또는 그가 자신을 부를 때 좋아하는 것처럼 "Big Daddy")은 햄버거 하나하나에 자신의 일부를 바친 것으로 은유적으로 그려진다―깨가 박힌 둥근 빵 사이에 두 개의 쇠고기 패티, 특수 양념, 상추, 치즈, 양파, 피클, 이데올로기 그리고 크락 자신을 넣었단 말인가? 상징적 차원에서, 빅맥은 점점 더 커진다. 크락이 소유한 맥도날드가 커지기 시작하면서 방송매체가 크락의 이미지와 맥도날드의 신화 유포를 담당한다. 크락은 기업가들의 신전에 자리 잡고 그 분야의 유명인들, 즉 아이아코카(Iacocca), 트럼프(Trump), 대통령 예비선거 주자 페로(Perot), 버진의 리처드 브랜슨(Richard Branson) 그리고 루퍼트 머독(Rupert Murdoch)과 같은 남성들만이 받는 미디어의 찬사를 받는다. 맥도날드는 그들의 역사적 신화를 선전할 필요가 없었다. 텔레비전, 라디오, 인쇄매체가 이런 모든 것을 기꺼이 대신해 주었기 때문이다.

크락은 자신의 얘기를 자유기업의 이데올로기에 바탕을 둔 기업적 천재성이라는 무용담으로 과장하여 방송매체에 제공했다. 기업전문 잡지들은 그와 맥도날드를 신성한 우상으로 만들었는데, 《포춘(Fortune)》지는 그를 맥도날드 모노폴리 게임을 하는 우리 머리를 쓰다듬으며 축복하는 교황과 같은 인물로 그렸다(Moser, 1994). 캘리포니아 남부의 다우니(Downey) 지역에 거주하는 주민들은 맥도날드의 역사를 너무나도 신성한 것으로 여겨, 맥도날드가 1993년에 전국에서 세 번째로 역사가 오래된 매장을 그 동네에서 철거할 때 분노했다. "크락 이전 시대의 이정표"로 묘사된 그 가게는 1953년에 지은 것이고, 마을의 지도자와 시민들은 그 가게를 계속 열 수 있도록 "지정된 숫자만큼 햄버거, 감자튀김, 음료수 그리고 아침식사 메뉴를 먹겠다"고 맹세했다. "크락 이전 시대의 이정표"라는 것은 마치 콜럼버스 시대의 유물에 대한 포스트모던한 표현처럼 들린다. 다우니 사람들은 황당한 이데올로기적 발생 신화를 받아들였다는 사실을 보여 준 것이다. 상품화된 개인적 영역에서 일어나는 이데올로기적 캠페인이 의미 만들기를 너무 혼란스럽게 해서 맥도날드가 남부 캘리포니아에서 가장 소중한 역사적 유물로 간주된다는 말인가? 역사 말소의 과정은 캘리포니아 다우니에서뿐만 아니라 미국 전역 그리고 전 세계에서 일어난다. 한 세계를 창조하기 위해서 다른 세계가 망해야 하는 것이다. 로널드 맥도날드가 엉클 샘(Uncle Sam)을 밀어내면서 크락과 맥도날드 가게들은 많은 역사적 인물과 유물을 바꾸어 버렸다(Deetz, 1993; du Gay et al., 1997; Goldman & Papson, 1996; Kincheloe, 1999; Moser, 1994; Weinstein, 1993).

계급 불평등 숨기기

모든 것이 중개되는 전자 사회에서는 기업의 합법화 이데올로기에 항상 기표와 이미지의 조작이 포함된다. 기호학적 과정에서 보자면, 기업의 목표는 노동, 환경친화적 정치, 인종 및 성(gender)에 관련된 정의(justice), 아동 보호, 영양학 또는 비판적 교육학 등과 같은 영역에서 비판적 그룹으로부터 나오는 비판을, 무의식적으로가 아니라면 교묘하게 반박하거나 무시하는 것이다. 정치적 이미지들은 어떤 문제에 대한 공적인 대화를 자극하기 위해서가 아니라 반대로 논쟁을 침묵시키기 위해 디자인된다. 이런 이데올로기적 전술은 대중을 탈정치화시키고 그들이 정치적 관점에서 생각하지 않도록 가르친다. 기업의 이미지 활용 전략은 정치적/이데올로기적 문제들을 개인적/심미적 문제, 즉 공적인 것이 아닌 사적 영역의 문제로 축소하는 것이다. 역사를 다시 쓰는 광고들과 같이, 이런 이미지 활용 전략은 모든 저항적 선동가들—특히 인종과 성의 정의를 옹호하는 사람들—이 조용히 입을 다물고 있던 좋았던 시대의 "우리의 가치관"을 말해 준다.

이러한 합법화를 위한 기표들과 이미지 전략에 담긴 계급적 역학은 매우 복잡하고 때로는 모호한 것이다. 맥도날드의 운영 방식 속에는 사회경제적 계급성이 명백히 나타나며, 또한 나이, 인종, 성, 지역의 문제들로부터 절대 분리될 수 없다. 이런 계급적 문제의 복잡성은 맥도날드가 수백만 명의 사람들에게 민주주의와 박애주의의 화신인 것처럼 자신들을 표현하는 능력에 잘 나타난다. 맥도날드 가게가 베를린에 있든지, 방콕, 베이징 또는 테네시의 불스 갭(Bulls Gap)에 있든지 모든 사람은 똑같이 취급된다. 음식이 표준화되어 있기 때문에 메뉴 중에서 싼 음식을 주문할 때의 당혹감을 아무도 느낄 수 없다. 나는 고향인 테네시 동부에서 자라면서 이런 박애주의적 특징이 어떻게 작용하는지 보았다. 아주 가난한 남부 애팔라치아 산맥의 테네시 주 호킨스 지역의 시골 농장을 경영하는 집에서 1905년에 태어난 우리 아버지는 대공황으로 처절하게 희생되었다. 아버지와 어머니는 1930년대 초반에 일을 했는데 몇 달씩 월급 없이 지내곤 하셨다. 고용주들은 "직장에 계속 붙어 있고 싶으면 월급 없이 지내야 하는 달이 있어야 한다"라고 근로자들에게 말하곤 했다. 아버지는 돌아가실 때까지 이 경험에 대해 두려움을 느꼈고, 돈을 쓰는 것에 대해 심리적으로 어려워했다. 아버지와 어머니는 필요 없이 돈을 쓰는 것은 도덕적 결함이라고 믿게 되었다. 집에서 좀 더 경제적으로 음식을 준비할 수 있을 때 외식을 하는 것은 특히나 그런 경우였다.

1962년에 테네시 주 킹스포트(Kingsport)에 맥도날드가 개점했을 때, 아버지는 햄버거 하나에 15센트이며 감자튀김은 12센트라는 광고를 보았다. 그 광고에서 다른 식당의 음식값과 맥도날드의 가격 차이를 비교하는 것을 보고 아버지는 흥분했다. 스스로 노동자라고 생각하는 아버지에겐 맥도날드에서 먹는 것이 계급적인 저항의 행동이었다. 아버지는 음식에 대해 관심이 없었다. 어머니가 만든 햄과 옥수수 빵을 먹으면 그뿐이었다. 하지만 맥도날드에서 음식을 먹으면서 아버지는 장황하게 그리고 열정적으로 맥도날드가 그 동네에서 파는 다른 햄버거보다 50~60센트 더 싼 것에 대해 말씀하곤 했다. 그러한 지식은 아버지에게 커다란 만족을 주었다. 특정한 사회 영역 속에 사는 사람들과 마찬가지로 아버지는 민주적이며 박애적인 정신을 소비했던 것이다. 프랑스 식당의 부르주아적인 식사에 익숙한 프랑스 십대들이 지난 20여 년 동안 맥도날드의 일상적이고 자유로운 '미국적 분위기'를 마음껏 즐겨 왔던 것처럼, 그들 또한 내 아버지의 계급적 저항에 바탕을 둔 소비를 똑같이 하고 있었던 것이다(Leidner, 1993, p. 222). 사회에 관해 잘 알고 있는 프랑스 상인들은 이런 역학에 의거해 "미국인처럼 되려면 맥도날드를 먹어라"라는 구호를 내세웠다.

이와 비슷한 계급 역학은 모더니즘적 고급문화의 비싼 요리에 대한 맥도날드의 포스트모던한 공격에서도 엿볼 수 있다. 문화적 전위성을 가진 사람들은 어느 누구도 맥도날드 가게에서는 심심하지 않을 것인데, 이는 음식의 소비를 통해 문화자본(사회적 유동성과 지위를 위해 사용할 수 있는 지식)을 얻는 것이 가능하기 때문이다. 음식에 대한 취향에는 계급적 자존심이 담겨 있기 때문에 문화적 전위부대들은 맥도날드에서 먹는 것을 천한 것으로 본다. 크락은 맥도날드의 이런 점을 이용하는 데 명수였으며, 좌파 지식인의 엘리트주의와 사회적으로 잘난 체하는 사람들에 반대하는 입장을 견지했다. 내가 인터뷰한 사람들은 거듭해서 크락과 맥도날드의 반엘리트주의적 포퓰리즘을 칭찬했다. 내가 맥도날드에 관한 쓴 글이 포함된 책 《유치원 문화: 기업의 아동기 조작》이 출간된 뒤 이루어진 라디오 인터뷰를 통해 나에게는 좌파 엘리트라는 꼬리표가 신속하게 붙여졌으며 전화를 건 사람들은 내가 말하는 모든 것에 대해 격렬한 반응을 보였다.

크락과 맥도날드는 회사에 민주적 포퓰리스트라는 기표를 멋지게 새겨 놓은 것이다. 나의 비판은 청취자들에게 맥도날드에 대한 공격이 아니라 그들 자신들에 대한 공격으로 인식되었다. 라디오 시청자들의 대부분은 내가 그들과 그들의 정치성, 미학, 먹는 습관을 경멸한다고 생각했다. 그것이 만약 나의 의도였다면, 그들이 화를 내는 것도 당연하다. 학문적 속물이 자유롭고 평등한 시민으로서 맥도날드에서 먹는 민주적 기풍에 대해 감히 어떻게 도전한단 말인가? O. J. 심슨도 니콜이 살해된 그날 밤에 맥도날드에서 먹었다. 그와 케이토는 롤스로이스를 자동차 전용창구로 몰고 가 햄버거를 주문했다. 이제 방송매체가 주도하는 하이퍼리얼리티 안에는 맥도날드의 민주적 이미지가 있다.

연구자들은 전세계에 이와 비슷한 계급적 문제가 작동하고 있음을 발견한다. 예를 들어, 중국에서의 연회는 매우 경쟁적이며, 주연을 베푸는 사람은 가장 비싼 음식과 음료를 구매하여 뛰어나 보이려고 노력한다. 옆의 식탁에서 더 비싼 음식을 먹는다면 음식을 사는 사람은 모욕감을 느끼게 된다. 하지만 맥도날드에서는 가격이 상대적으로 표준화되어 있기 때문에, 맥도날드에서 식사를 사는 중국 사람은 그런 모욕에 대해 염려할 필요가 없다(Yan, 1997).

확실한 것은, 이런 민주적인 인식이 맥도날드와 사회경제적 계급관계에 대한 모든 것은 아니라는 사실이다. 예를 들어, 1980년대에 맥도날드가 사업을 크게 확장하면서, 미국인들의 체중이 늘어나기 시작했다. 특히 가난한 사람들은 그들의 음식이 보잘것없는 것에서 적당한 가격에 지방과 당분이 많이 든 빅맥, 감자튀김, 콜라로 바뀌면서 체중과 지방이 늘어나는 것을 감수해야 했다. 애팔래치아에 사는 내 아주머니와 아저씨의 손자 손녀들은 콩과 옥수수 빵을 더 이상 먹지 않는다. 따라서 민주화 과정은 모순으로 얼룩져 있다. 모든 사람이 같은 가격에 음식을 먹고 자신의 식탁을 치우게 되어 있는, 앨런 셀턴(Allen Shelton, 1995)이 맥도날드의 "민주 극장"이라고 말한 곳에서, 십대와 여성 종업원들이 겪는 계급갈등의 경험은 병치된다. 노조 결성을 방해하고, 최저임금보다 적게 주기 위해 싸우는 등 매우 적대적인 노동관행을 일삼으면서도 자신들을 민주주의의 성채로 묘사하는 능력(Kovel, 1997)은 맥도날드의 이데올로기적 속임수의 능수능란함을 보여 주는 완벽한 예다(Block, 1992; Caputo, 1998; Kovel, 1997; Yan, 1997).

인종적 부당함 감추기

인종과 관련한 맥도날드의 역사는 이러한 이데올로기적 맥락에서도 매우 신기한 것이다. 이 회사가 인종적으로 민감하다는 것을 보여 주려고 많은 대중적 이미지를 제시했음에도 불구하고, 1960년대에는 흑인에게 가맹점을 내주는 것을 꺼려 흑인 거주지역에서 많은 항의시위와 맥도날드 불매 운동을 촉발시켰다. 그 결과, 흑인 가맹점주와 매니저들이 생기고, 흑인사회를 달래려는 홍보 노력이 시작되었다. 이런 노력은 맥도날드의 제1회 국제회의에서 한 고위 경영자가 아무 일도 안 하면서 무언가를 원하며 거리에서 폭동을 일으키기 쉬운 게으른 사람들에 대해 신랄하게 비판하는 연설을 함으로써 다시 위축되었다. 흑인 거주지역의 새로운 맥도날드 가맹점 운영자들은 이 연설에 담긴 인종차별적 언급에 분노했고, 그에 대항하여 흑인종업원협회를 조직했다. 맥도날드의 유일한 여성 점주가 포함된 이 작은 집단은 크락과 고위 간부들에게 회사의 인종 문제를 자세히 설명하는 편지를 썼다. 불만이 많은 가맹점주들은 배제의 문제 이외에도, 흑인 점주들의 요구와 흑인사회에 대한 회사 측의 무감각에 대해 불평했다(Boas & Chain, 1976, pp. 151. 183-184; Kroc, 1977, pp. 126-127; Vidal, 1977, p. 40).

맥도날드의 홍보 전략은 조직 내에 있는 흑인들을 인정하고 힘을 실어 주기보다는 포용한다는 허울만 강조하는 듯하다. 흑인 거주지역에서 맥도날드의 이미지를 개선하기 위해 영입한 홍보 전문가들은, 흑인들이 로널드 맥도날드를 어떻게 생각하는가 등의 인식 문제와 관련된 역학에만 관심을 둔다. 매디슨 가의 한 전문가는 얼굴을 까맣게 칠하고 빨간 가발을 쓴 로널드 맥도날드가 흑인사회에서 수용가능한 모습이라고 주장했다(Love, 1986). 또 다른 조언자는 맥도날드 간부에게 장래 흑인 고용자들을 위한 훈련 프로그램을 통해 "인종적 적대감을 머릿속에서 완전히 지워 버리겠다"고 장담했다(Love, 1986, p. 375).

후에 맥도날드는 버렐(Burrell) 광고회사를 고용했는데 이들은 흑인 주민을 대상으로 한 특별광고를 만들어 냈다. 버렐은 가족관이라는 오랜 상징성에 의존하여 흑인 지역사회에 잘 어울리는 중산층 흑인 가정을 묘사하는 일련의 광고들을 만들어 냈다(Seiter, 1993). 그런 이미지들은 맥도날드가 흑인들의 요구에 매우 민감하다는 착각을 조장했다. 그런 전략의 후속으로, 맥도날드는 잡지 《블랙 엔터프라이즈(Black Enterprise)》에서 "황금아치의 사도"라고 일컬어진 흑인 로버트 비버스(Robert Beavers)를 고용했다. 인종과 관련된 회사의 역사를 다시 쓰라고 고용된 비버스는 다음과 같은 공식적인 성명서를 냈다. "나는 맥도날드의 유산과 흑인들이 맥도날드 역사의 한 부분으로서 수행한 역할을 자랑스럽게 여긴다. 나의 손주들이 자기의 자식들에게 할아버지가 햄버거 전쟁에서 한 역할에 대해 말할 수 있기를 바란다"(Black Enterprise, 1988, p. 86).

1980, 90년대에 맥도날드는 흑인 지역사회에 받아들여지기 위한 시도로서 새로운 전략을 들고 나왔다. 자신들이 공공복지와 일상의 선행을 베푸는 기관의 역할을 하는 것처럼 조작함으로써 맥도날드는 전통적인 작은 마을의 광고에서 벗어나 도시를 배경으로 흑인이 등장한 광고를 다시 만들었다. 1990년에 맥도날드는 한 흑인 십대 소년이 맥도날드에서 일함으로써 갱 집단에서 구원받는 "제2의 기회"라는 텔레비전 광고를 내보냈다. 맥도날드에서 일하는 것은 젊은이들에게 책임감, 기름때가 묻은 팔, 팀워크, 순종적인 미소 그리고 '좋은 태도'에 대한 미국인의 오랜 습관을 가르쳐 준다는 식이다. 그 광고를 자세히 분석해 보면 이 홍보 캠페인의 이데올로기적 역학이 드러난다.

맨 처음 시청자들은 흑인 십대 소년 캘빈이 많은 백인들이 '흑인의 모습'으로 연상하는 걸음걸이로 거리를 걸어 내려가는 것을 본다. 오늘날의 많은 백인에 의해 "밥맛없는 흑인 꼬마"로 여겨질 수밖에 없도록 모자는 거꾸로 쓰고 있다. 그가 걸어갈 때 그 동네의 두 흑인 아주머니들이 말하는 것을 시청자들은 듣는다.

아주머니 1 : 캘빈 아니에요?

아주머니 2 : 한동안 못 보았는데요. 어디를 가는 거죠?

아주머니 1 : 일을 한대요.

아주머니 2 : 그래요? 일을 할 때도 되었죠.

　다음 장면에서 캘빈은 운동장 입구에서 빈둥대는 한 무리의 덩치 크고 위협적으로 보이는 흑인들에게 다가간다. 시청자들이 보기에 위험한 갱 단원의 태도와 표정을 하고 있는 이들은 캘빈을 자기들 패거리에 들어오도록 상징적이며 물리적으로 잡아당긴다. 그러나 캘빈은 안정되고 위협의 의도가 없는 웃음을 지으며 그들을 물리친다. 그 후에 캘빈은 식료품을 가득 실은 카트 때문에 낑낑대는 노파 쪽으로 걸어간다. 노파는 처음에는 젊은 흑인이 다가오자 무서워하지만 캘빈이 카트를 밀며 도와주자 안도하며 기운을 낸다. 다시 카메라는 이런 거리의 장면을 보고 있는 두 아주머니를 보여 준다.

아주머니 1 : 말이 나왔으니 말인데, 그에게 뭔가 다른 것이 보이네요.

아주머니 2 : 겉만 보고 사람을 판단하면 안 된다는 것을 보여 주는 거
　　　　　　지요.

아주머니 1 : 그가 매우 책임감 있는 사람이 되었군요.

아주머니 2 : 그에게 사람이 되도록 다시 기회를 줄 정도로 그를 믿었다
　　　　　　는 것이 기쁘군요.

아주머니 1 : 그런데 그가 어디서 일하죠?

　다음 장면에서 캘빈이 맥도날드로 들어가는 장면이 나오고, 곧바로 그는 흑인식 거리 생활을 청산한다는 표시로 모자를 똑바로 쓴다. "공공복지의 제공자" 역할로 그려지는 맥도날드가 캘빈에게 "제2의 기회"를 제공한 것이다.

미국의 전통적 가치관을 가진 맥도날드 가족의 한 일원으로서, 캘빈은 거리의 흑인 갱들의 범죄 생활을 거부하는 강건함을 얻는다. 적은 월급 그리고 비인간적인 작업환경과는 관계없이, 맥도날드에서 일하는 것은 기적을 가져올 수 있다. 정말로 맥도날드는 "죄지은 자를 구원"할 수 있는 신비한 힘을 가졌으며, 무서운 거리의 흑인 전사를 말 잘 듣는 카운터의 점원으로 바꿀 수 있는 것처럼 그려진다.

> 미소를 띤 캘빈 : 맥도날드에 오신 것을 환영합니다. 무엇을 도와드릴까요?

따라서 인종과 관련한 맥도날드의 이데올로기적 메시지는, 단순히 자신들이 이런 문제들에 민감한 정도가 아니라 흑인사회에 대한 희망의 근거라는 것이다. "제2의 기회"와 여타의 광고를 상징적인 면에서 보면 인종에 대한 맥도날드의 입장에는 문제적인 요소가 있음이 드러난다. "제2의 기회"라는 광고는 흑인 젊은이들의 선천적인 범죄성향과 폭력을 맥도날드와 같은 문명화된 기관이 다루어야만 한다고 암시하면서, 흑인에 대한 백인의 불안을 보여 준다. 처음에 캘빈을 전형적인 미국의 도시 젊은이로 표현한 것은 그의 위험성을 강조하기 위한 것이다. 결국 사람을 외모로만 판단할 수 없다는 것은 캘빈의 "겉모습"이 나쁘고, 위협적이고, 불길하다는 뜻이다. 거리의 흑인 갱을 표상으로 사용한 것은 흑인사회의 젊은이들을 편견으로 본 것이다. 이것이 맥도날드의 교화적인 개입이 없었다면 캘빈이 가야 할 인생이다. 광고를 보는 일반 백인들은 흑인 젊은이들에 대한 두려움과 불안감 그리고 그들이 사회에서 담당하는 것으로 인식되는 폭력적인 역할에 대한 편견이 강화될 것이다(Goldman & Papson, 1996). "제2의 기회"는 맥도날드가 공공의 선에 대한 지지자라는 이데올로기를 주입하면서 백인들이 가지고 있는 인종에 대한 편견을 심화시킨다. 그러면서 이 광고는 흑인시민들에 대해 관심을 가지고 다시 기회를 제공하는 기관으로 맥도날드를 그려내면서 인종과 관련된 회사의 의심스러운 역사를 위장하는 데 기여한다.

맥도날드는 지난 20여 년간 텔레비전 광고에 어린이들을 출연시켜 흑인, 남미인, 아시아인을 상대적으로 드러나게 함으로써 공공연한 칭찬을 받았다. 그러나 이런 "다양성 광고"에 대한 상징적 의미를 살펴보면 보다 애매모호한 이데올로기적 문제가 내포해 있음이 드러난다. 다양한 민족이 출연하는 맥도날드 광고의 주연들은 여전히 "완전한 미국인(All-American)" 아이—백인 아이들을 말하는 광고의 은어—로 표현된다. 많은 광고에서 인종적 일관성이 드러나는데, 모든 광고가 유색인종 아이에 대해 '시각적 주변화' 방법을 쓰고 있다. 많은 광고에서 카메라는 흑인 아이들의 옆모습을 비추거나, 어깨너머에서 잡거나, 카메라 프레임의 가장자리에 배치하여 흐리게 나오도록 한다. 이렇게 초점이 안 맞는 촬영은 카메라를 좌우로 이동하며 흑인 아이들을 빠르게 스쳐 지나가는, 휴대용 카메라로 촬영하는 다큐스타일 장면에 종종 사용된다. 이런 시각적 주변화 외에도 맥도날드 광고에 나오는 젊은 흑인 연기자들은 그들이 자라서 무엇이 되기를 원하는지 묻는 집단토론에서 완전히 배제되어 있다. 의사, 변호사 그리고 공학자 등의 전문직은 백인 아이들만을 위한 것이라는 이데올로기적 메시지가 암시적으로 들어 있다. 이런 표현 형식의 일관성은 인종적 정의에 관심이 있는 사람들에게는 매우 걱정스러운 것이다.

맥도날드가 가장 오랜 기간 방영하는 광고 중의 하나는, 미국 역사의 특정한 순간을 묘사하는 옛날 영화 장면들을 사이사이에 배치하여 옛날 사진들을 통해 조작된 역사를 보여 주는 것이다. 그리스식 합창단이 가족관과 국가로서의 미국과의 이데올로기적 관계를 노래한다.

> 당신, 예 바로 당신입니다.
> 그토록 사랑스럽고, 강하며, 인내심 있는
> 당신의 가정과 같은 가정들이 모든 주들을 하나의 국가로 만듭니다.
> 우리의 가정들은 우리의 과거, 미래 그리고 자랑입니다.
> 우리가 어디 출신이든, 우리는 함께 성장합니다. (Goldman, 1992, p. 93
> 에서 인용)

이 노래는 가정은 민주 사회의 발전을 가능하게 뒷받침하는 품성을 만들어 낸다는 우파적 이데올로기를 반영한다. "당신, 당신입니다, 우리의" 같은 대명사는 맥도날드의 "우리"와 연관된다. "우리가 어디 출신이든"이라는 행에서 표명된 용광로(Melting Pot : 인종, 국적 등에 관계없이 미국의 문화와 시스템에 융해되어 미국인으로 거듭나기―역자) 이데올로기는 "당신"이라는 부분이 노래될 때마다 백인 중산층 가정을 보여 주는 시각적 표현에 의해 배신당한다. 겉으로는 출신에 관계없이 미국인이 될 수 있다는 용광로 이데올로기의 수용적인 개념을 나타내는 것 같지만 광고는 교묘하게 백인과 중산층으로서의 "당신"의 가정과 진정한 미국인 가정을 열렬히 지지하는 것이다. 따라서 황금아치의 인종정치학은 신비화된 것이며, 겉으로는 관용을 내세우지만, 모순적이며 불온하게 이데올로기적으로 암호화된 것이다.

전통적 도덕과 감상적 미국주의 옹호하기

이데올로기적인 세계 만들기와 공공의 동의 얻기 전술의 한 부분으로서 맥도날드 광고는 문화적 전통이 주는 의미를 이용하고 그것들을 황금아치와 연관지으려고 노력한다. 이런 광고를 통해 햄버거 판매량을 즉각적으로 증가시키려는 것은 아니다. 그들의 전략은 훨씬 더 복잡하다. 중요한 것은 대중들에게 회사의 도덕적 기반을 확신시켜 주는 것이고 사회의 신임을 얻는 것이다. 헤게모니화(hegemonization)된 손님들은 "이렇게 좋은 회사인 맥도날드가 어떻게 우리에게 나쁜 음식을 팔 수 있겠어?"라고 말할 것이다. 나와 인터뷰한 수십 명의 사람들이 이렇게 말했으며, 맥도날드는 로널드 맥도날드 주택, 자선사업, 운동경기 후원 등 많은 좋은 일들을 하기 때문에 아이들을 맥도날드에 데리고 가는 것이 행복하다고 주장했다. 맥도날드의 제품이 중요하다고 말할 뿐 아니라, 그 회사 자체 그리고 그들의 경제적·정치적 권력과 그 회사의 운영 방식을 허용하는 정치체제까지도 받아들인다. 내가 인터뷰 대상자들에게 좀 더 명백한 정치적 질문들을 하면, 그들은 거의 변함없이 속박 없는 자유기업에 바탕을 둔 자유시장과 정치경제학을 지지한다. 그들이 항상 자신들의 정치적 의견들에 대해 이런 식의 자의식을 드러내는 것은 아니지만, 이런 생각을 지지하는 것은 명백하다. 예를 들어, 맥도날드의 사회적 책임에 대해서 질문을 하면 몇몇 인터뷰 대상자들은 "회사는 사회적 책임이 없다"라고 주장했다. 반면에, 다른 사람들은 맥도날드와 같은 회사는 다른 어떤 사회기관보다 큰 사회적 이득을 제공한다고 선언한다. 한 젊은이는 다음과 같이 주장했다.

사회를 돕는 가장 좋은 방법은 돈을 많이 버는 것이다. 레이 크락처럼 말이다. 그리고 그 돈을 좋은 일에 쓰는 것이다. 맥도날드처럼 아동을 위한 후원회, 로널드 맥도날드 주택들, 운동선수 후원과 같은 일을 통해 사회를 돕는 기관은 어디에도 없다. 다른 사람들은 사회적 책임에 대해 말할 뿐이다. 맥도날드는 정말로 변화를 일으킬 수 있는 돈을 가지고 있다. 나는 가족관을 지니고 사람을 돕는 하나님을 믿는 맥도날드 같은 기업이 정부 관료보다 낫다고 생각한다. (Interview, 1998)

따라서, 인습과 현상유지를 찬양하는 맥도날드의 많은 광고들은 자신들의 합법화된 권력을 이런저런 방법으로 이용한다. 맥도날드는 자신들을 표준화되고 똑같아서 지루한 것으로 나타내기보다, 끊임없는 위험이 가득한 세상에서 안정(도덕적 안정)의 기반이 되는 것이야말로 자신들이라고 말한다 (Goldman & Papson, 1996; Kellner, 1992; Martin & Schumann, 1997).《포춘》지의 한 기자는 다음과 같이 말했다.

우리는 맥도날드의 획일성에 대해 지루해하기보다는 그것을 고마워하는 것을 배웠다. 내 조상들의 고향 중의 한 곳에는 일리노이 주 유료도로의 인터체인지 램프가 들어서고 또 한 곳에는 원자력 발전소가 들어서는 이 세상에서, 맥도날드는 안정의 상징이 되었다. 맥도날드의 음식은 어디서나 똑같다. 맥도날드는 고향에 대한 그리움을 치료해 줄 수 있으며, 낯선 곳을 덜 낯설게 한다. 올해 초에 괌에서 긴 하루를 보냈는데, 길모퉁이에서 황금아치가 나를 맞이했을 때 매우 기분이 좋아졌다. (Moser, 1994, p. 115)

광고들은 "맥도날드, 미국, 가족, 사유재산 그리고 당신"이라고 지난 수십 년간 은근하게 노래해 왔다. 이 상징성 주입 관행을 통한 이데올로기적 승리의 결과는, 예전의 소련에서 레닌의 동상이 그랬던 것처럼, 로널드 맥도날드가 우리 주변을 둘러싸고 있도록 만들었다. 그러나, 레닌 동상은 대부분 소련 국경 안에 세워진 반면, 로널드와 그의 황금아치는 어디에서나 우리를 부르며 이전에 이 지구상에 있었던 어느 것보다도 단조로운 시각적 영역을 창출해 낸다. 이 시각적 영역은 놀랄 만한 이데올로기적 힘을 발휘하며 도덕과 정치 영역에 연결되어 있으며, 개인의 내면적 의식과 이제껏 지구상에 존재했던 어느 것보다 큰 영토를 동시에 관통하고 있다.

맥도날드는 문화적 전용(轉用, appropriation)이라는 무기를 가지고 감상적인 미국주의, 즉 황금아치에 성조기를 드리우는 달콤한 애국주의를 배치한다. 존 캐푸토(1998)는 미국에 대한 사랑이 '열심히 일하는 것과 여가'라는 개념과 연관되어 전세계적으로 사용되고 있다고 주장한다. 말하자면, 미국은 열심히 일했기 때문에 좋은 것을 가질 수 있고 여가를 즐길 수 있다—"당신은 오늘 휴식을 취할 만하다"—는 것이다. 또한 캐푸토는 맥도날드의 미국은 회사를 미국의 꿈과 연관지으며, 심지어는 아메리칸 드림의 일부로 만든다—"결혼 상대, 직장, 아이, 집, 차, 자유, 자연성 그리고 자족감"을 외쳐대며—고 말한다(1998, p. 47). 맥도날드는 전세계의 많은 곳에서 그리고 미국 내에서 이런 의미들을 수용함으로써 자기 자신을 바라보는 관점, 목표, 성공에 대한 비전, 자신과 세계와의 관계에 대한 이해를 변화시킬 수 있는 강력한 기관으로 떠올랐다. 우리가 여기서 알 수 있는 것은 상징적으로 고양된 문화 교육인데, 이것은 맥도날드에 권위를 부여하는 한편, 세상 사람들이 미국이라는 국가를 보는 방식을 형성해 낸다. 개인이 미국의 이런 관점을 받아들이는 방법은 다양한데, 어떤 사람들에게는 그것이 부럽지만 복잡한 감정이 섞인 강한 분노의 대상인 것이다.

이런 맥락에서, 맥도날드 광고는 오랫동안 자기 회사를 단순히 미국의 한 기관으로서가 아니라 미국 그 자체로 표현해 왔다는 사실을 이해해야 한다. "우리가 사랑하는 땅"이라는 작은 글씨처럼, 맥도날드는 자신들을 여러 가지 수준에서 적색, 백색, 청색의 애국주의와 연계시킨다. 최근 20년간의 세계화 과정 이전에 크락은 자신이 단순히 햄버거를 파는 것이 아니라 미국의 비전을 판다는 것을 이미 알았다(Luxenberg, 1985). 그리고 자신의 기업적 신뢰에 맞게, 크락의 맥도날드는 자신들의 가게를 라이프스타일—구체적으로, 비치보이스(Beach Boys)의 〈나는 즐긴다(Get Around)〉라는 노래에서 미화된 것처럼, 1950년대 말과 1960년대 초 로스앤젤리스 교외지역에 사는 햇빛에 탄 멋진 중산층의 라이프스타일—과 연관시킴으로써 미국인들의 상상력을 사로잡았다. 우리는 융통성 있고 "진짜 거물이며" "진짜 좋은 빵을 만든다"는 것이다. '서핑하러 가자. 그리고 돌아오는 길에 맥도날드에 들리자'라는 식이다. 전미 응원단, 전미 농구팀과 미식축구팀에서부터 전미 소년소녀 대표가 서빙하는 전미 요리대회와 올해의 미국인에 이르기까지, 레이 크락은 미국의 기표들을 맥도날드에 성공적으로 연결시켰다.

크락은 베트남 전쟁 동안 미국 정책에 대한 자신의 지지를 보여 주기 위해 맥도날도 매장에서 성조기를 24시간 휘날리겠다고 선언했다. 크락은 변화하는 햄버거 장사의 배경으로 계속적으로 성조기를 사용했고, 미국의 경제적 건전성을 나타내는 상징적인 통계지수가 다우존스 주가지수를 밀어내고 햄버거로 바뀌는 것을 보았다. 크락에게 있어서는 계속 휘날리는 성조기가 반미 반전 운동가와 민권 "미치광이들"에 대해, 미국을 흔들려고 시도하는 그 누구도 맥도날드/미국이 용납하지 않겠다는 성명서였다(Kroc, 1977). 미국의 기표는 그 의미가 복수(複數)일 여지가 없다. 1960년대에 크락은 미국에 대한 존경심을 맥도날드로 이전시키려고 노력하는 데 어떤 비용도 아끼지 않았고, 모든 기표를 전부 이용하여 그냥 남아 있는 것이 없었다. 1960~70년대 맥도날드 가게는 소원을 들어주는 플라스틱 독수리를 나누어 주는 미국주의와 자유기업의 성전이었다. 미국의 상징인 대머리독수리의 부리에는 "맥도날드: 미국의 길"이라는 글이 적혀 있었다(Boas &Chain, 1976, p. 152).

미국식의 이데올로기는 너무나 효과적이어서, 미국인들(그리고 점점 더 많은 세계의 사람들)은 권력에 대해 얘기를 거의 하지 않는다. 맥도날드가 정치적 권력의 사용자로서 자신들에게 어떻게 영향을 주었는지 물어보면, 사람들은 멍한 표정으로 나를 쳐다보거나 분노의 기색을 보였다. 한편으로 나는 멍청한 질문이라고 생각하면서, 누구나 한마디 해야 할 정도의 감정적 반응을 불러일으키는 질문이라는 점에서 다음과 같은 질문에 매우 흥미를 느꼈다.

나 : 맥도날드 권력은 우리 일상생활의 여러 면에서 의미를 주입시키는 능력이 있다는 주장에는 어떤 의미가 있을까요?

인터뷰 대상자(뉴욕의 백인 남자) : 도대체 무슨 X 같은 소리요?

맥도날드는 1960~70년대의 미국 전역을 대상으로 하는 시리즈 광고에 광고 역사상 어떤 시리즈 광고보다도 훨씬 많은 돈을 썼다. 그 목적은 햄버거를 별이 빛나는 미국의 상징성으로 치환하는 것이었다. 미국인들 그리고 궁극적으로 전세계 사람들은 맥도날드가 원하던 연관성을 받아들이기 시작했다.

궁극적인 미국의 아이콘의 하나로서 맥도날드는 (디즈니처럼) 기업체라는 위치를 뛰어넘는다. 맥도날드나 디즈니가 말을 하면 그것은 우리 모두를 대변하는 것이다. 카리브해의 해적 또는 (이런 해적 테마에 지지 않기 위해) 맥도날드 왕국의 크룩(Crook) 선장이 우리를 어떻게 잘못 인도할 수 있단 말인가? 단지 그럴 가능성만을 제시해도 많은 인터뷰 대상자들은 깜짝 놀랐다. 비슷한 기표를 그려내고 비슷한 이데올로기를 만들어 내면서, 최근 맥도날드와 디즈니는 공동 판촉을 위한 협력관계로 발전되었다. 현상유지를 하기 위해 피 흘리는 것을 마다하지 않는 두 방어자의 이데올로기적, 역사적 연관성은 매우 흥미롭다. 1930년대에, 정치적으로 민감한 미국인들은 독립 50주년 기념일인 1826년 7월 4일에 죽은 토머스 제퍼슨과 존 아담스의 죽음에서 신비적인 암시를 경험했다. 하지만, 오늘날 문화적으로 민감한 미국인들은 레이 크락과 월트 디즈니가 미국 군대에서 같은 중대에 있었다는 사실에서 비슷한 암시를 경험한다. 자유기업, 전통적 도덕, 감상적인 미국을 대표하는 이두 예언자들은 둘 다 나이를 속여 입대했고, 미국식으로 정당한 전쟁을 한 것이다. 여자를 쫓아다니지 않는다는 이유로 크락이 디즈니를 "이상한 오리새끼"(도날드? 스쿠루지 영감? 데이지?)로 묘사한 사실을 안다고 해서 이런 신비한 연관성이 없어지겠는가(Kroc, 1977, p. 19)? 답이 무엇이든 간에 한 가지는 확실하다. 크락과 디즈니는 이데올로기적으로 햄버거와 쥐를 이용했고 어떤 햄버거나 쥐도 하지 못했던 새로운 세계를 창조했다는 것이다.

자본 논리에 대한 반추

맥도날드-디즈니 동맹의 또 다른 면모는 기업적 도덕의 두 수호자들이 최근에, 17살짜리 소녀들이 시간당 6센트에 하루 10시간씩 일을 하며 맥도날드 해피밀에 끼워 파는 디즈니 캐릭터 장난감을 만드는 합작 공장을 베트남에 세웠다는 것이다. 1997년 2월, 일주일에 4달러 20센트를 받고 70시간씩 일하던 200명의 젊은 여성들이 병이 났고, 25명은 쓰러졌으며, 3명은 유독화학물질에 노출되어 병원으로 실려 갔다(Emery, 1997). 내가 "자본 논리의 이데올로기"라는 말을 사용할 때, 베트남의 맥도날드-디즈니 합작공장은 여기에 딱 들어맞는 예이다. 해피밀에 끼워 주는 디즈니 인형, 예를 들어 〈101마리 달마시안(101 Dalmatians)〉에 나왔던 강아지 인형을 통해 거대한 이익을 챙기기 위해 이 기업들은 불결한 작업환경에서 일하도록 젊은 베트남 여인들을 고용했다. 간단히 말하면, 맥도날드는 이윤을 사람들의 복지보다 우선시하는 자본 논리에 따라 운영되는 것이다.

이런 자본의 논리는 단지 맥도날드의 광고뿐만 아니라 텔레비전을 통해 뉴스 프로그램, 드라마나 코미디 그리고 여러 광고를 비롯해 다양한 수준으로 홍보된다. 텔레비전 매체는 맥도날드의 파트너—예를 들어 ABC 방송을 소유하고 있는 디즈니처럼—에 의해 소유되고 운영되고 있으며, 이런 정치·경제적 역학은 텔레비전 프로그램의 모든 면에 지속적으로 반영되고 있다. 포스트모던한 상황에서 자본 논리는, 그 활동의 많은 것을 문화 영역에서 수행하면서 그 과정에서 예전에는 상상할 수도 없었던 수준으로 정치적으로나 경제적으로 충전된 문화를 창조해 낸다. 이렇게 정치화되고 이데올로기화된 문화는, 압제적 독재정치를 수반한 전통적 정치 영역에 비해 사람들의 욕구를 일정한 방향으로 조정하고 재조정하는 데 훨씬 더 효율적이다. 따라서, 텔레비전과 다른 형태의 연예산업이라는 문화 영역에서, 자본 논리는 맥도날드가 점점 더 소수의 사람들만이 알아챌 수 있는 새로운 형태의 권력을 갖는 것을 용이하게 만든다. 맥도날드의 권력이 확대됨에 따라 맥도날드는 전지구적 식품산업에 참여하는 몇 안 되는 거대기업 중의 하나가 되었다. 맥도날드를 비롯한 몇 개의 큰 회사들이 식품 생산에 대한 통제권을 획득해 가는 동안 전세계의 수백만 농부들이 파산했다. 이런 맥락에서, 맥도날드는 거대정부는 위험하기 때문에 정부의 기능을 민영화, 즉 기업형 정부로 만드는 것이 가장 낫다는 생각을 조장하는 자본 논리의 이데올로기를 전개한다(일반적인 민영화에 대한 글은 Best & Kellner, 1991; Kellner, 1990; Kovel, 1997; Vidal, 1997 참조).

그러므로, 자본의 이데올로기는 기업 권력을 정당화하는 데 사용된다. 맥도날드와 다른 다국적 기업은 국경에 제한을 받지 않고 무시하기 때문에, 이들은 기업형 정부를 만드는 것뿐 아니라 기업형 지구정부를 만드는 데에도 아무런 방해도 받지 않는다. 이러한 새로운 상황에서 맥도날드는 홍보 전문가, 시장 연구자, 여론 조사 전문가, 경영 상담가, 컴퓨터 회사 간부들, 유선 및 위성방송 소유주, 다른 기업형 연예 매니저(예를 들어 디즈니) 그리고 당연히 광고업자들을 동원하여 전례 없는 권력의 형태인 '테크노 권력'을 창조한다. 이런 과정에서, 자본은 이전의 노력들이 왜소해 보일 정도로 스스로를 합리화할, 자본과 자신에 대한 대중의 의식을 조작할 수 있는 권력을 일정하게 갖게 된다. 자본의 정당화에 의해 만들어진 세계에서 맥도날드와 다른 기업의 간부들은 놀라울 만큼 교묘한 방법으로 사람들의 선택에 영향을 주는 메시지를 퍼뜨릴 수 있는 것이다.

이런 과정의 가장 좋은 예는 앞서 언급했던 우파 재교육의 일환으로서, 전세계의 맥도날드 종업원들을 재교육하는 것과 관련이 있다. 이윤을 증대시키기 위하여, 맥도날드와 다른 기업들은 지구상의 경제적 건전성은 저임금, 사회복지의 축소, 종업원의 주당 근로시간 연장, 작업환경 개선 거부 등에 달려 있다고 대중들을 확신시켜야 한다. 맥도날드는 세계에서 가장 많이 종업원을 고용하고 있는 기업 중의 하나로서, 이런 의제를 선전하고 전통적인 도덕과 미국주의라는 기표 아래 소외된 노동을 숨기는 데 성공하고 있으며, 세계화된 경제체제에서 중요한 이데올로기적 역할을 맡고 있다(기업 일반론에 대해서는 Martin & Schumann, 1997 참조).

더그 켈너(1998)는 맥도날드에서 일하는 것은 "마지막으로 선택할 수 있는 아주 밑바닥 직업으로, 저임금을 받으며 소외된 일을 하는 지극히 뻔뻔하고 비열한 형태"(p. x)라고 말한다. 비숙련 종업원의 가장 좋은 예로, 맥도날드에서 하는 일은 너무나 판에 박힌 것이어서 종업원은 결코 어떤 결정도 내릴 필요가 없다. 거의 모든 일에 대해 규정이 마련되어 있다. 예기치 못한 일이 일어나면 종업원은 매니저와 상의하도록 훈련을 받으며, 맥도날드의 각 매장들은 "일을 하지 않도록" 되어 있다. 음료수 기계는 보통(regular), 중간(medium), 큰(large) 양의 음료수를 자동으로 따르게 만들어져 있으며, 현금등록기는 종업원이 그림이나 상품의 이름이 쓰여진 버튼을 누르면 되도록 단순하게 설계되어 있다. 현금등록기가 세금을 더하고 모든 계산을 하여 거스름돈을 얼마 주어야 하는지 말해 주기 때문에, 종업원은 어떤 계산도 할 필요가 없다. 손님이 디저트 없이 음식을 주문하면 현금등록기는 종업원에게 애플파이나 아이스크림 선디를 권하라고 상기시켜 준다. 요리에 대해 말하자면, 맥도날드 음식의 대부분은 자동화 기술로 이미 자르고, 채를 썰고, 저미고, 반죽되어 일정한 형태로 만들어져 각 매장에 공급된다. 종업원은 필요할 때 음식을 데워서 배고픈 맥도날드 애호가들에게 제공하면 된다(Leidneer, 1993; Ritzer, 1993; pp. 11, 105).

맥도날드는 "직장 없는 미래"를 예견하며 이처럼 별 기술도 없는 종업원들을 로봇으로 대체하고 있다. 많은 매장에서 맥도날드 로봇들은 사람의 도움 없이 감자튀김을 준비하고 음료수를 따른다. 로봇들이 사람들이 직업을 갖지 못하게 하지 않느냐는 질문에 맥도날드 매니저들은 완벽한 '자본 이데올로기'에 바탕을 둔 대답을 한다. "전혀 그렇지 않다"는 대답이다. (자동화된 종업원 도우미라고 불리는) 이 기계들은 맥도날드 종업원에게 불이익을 주기보다는 "기술들을 경험할 수 있는 엄청난 기회를 제공한다"고 주장한다. 이 외에도 간부들은 "종업원들이 이것을 더 좋아한다"고 은근히 고백한다(Lawren, 1993, p. 29). 이런 선언은, 미시건 주 플린트(Flint)에 있는 제너럴 모터스 (General Motors) 자동차 회사의 종업원들이 마지막 자동차가 생산라인에서 빠져나오는 것을 보고 환호하도록 유도된 장면을 찍은 마이클 무어(Michael Moore)의 영화 〈로저와 나(Roger and Me)〉의 한 장면과 같다. 이 종업원들은 자기 자신의 실업에 대해 환호하고 있는 것이다. 제너럴 모터스와 맥도날드의 종업원들이 자신들의 비인간화를 사랑하고 있는 것처럼 그려지는 것은 극적으로 이데올로기적 순간이다. 이런 순간에 이데올로기는 자본의 논리를 자연스러운 세상사로 받아들이도록 인간의 의식을 조장하는 것이다.

맥도날드에서 일하는 것은 좋고 충분한 보상을 받는 일이라고 선전하는 것은 이데올로기 관리에 대한 좋은 사례 연구가 된다. 한 선전물(1997)에는 다음과 같이 쓰여 있었다.

> 좋은 사람들을 위한 좋은 일
>
> 좋은 직장을 원하는가? 맥도날드 외의 다른 곳은 찾지도 말라.
>
> 아직 학교에 다닌다면 우리는 당신이 용돈을 버는 동안 미래를 위하여 중요한 기술을 배울 수 있는 기회를 제공해 줄 수 있다.
>
> 당신에게 어린아이가 있어서 파트타임만 하고 싶은 경우에는 가정에서 필요한 부수입을 벌 수 있도록 융통성 있는 근무시간을 만들어 줄 수 있다.
>
> 당신이 돈도 조금은 벌면서 사람들을 만나고 재미도 보려는 정년퇴직자라면 맥도날드는 그런 자리 또한 마련해 줄 수 있다.
>
> 맥도날드에서 일하는 것이 좋다고 생각한다면 망설이지 말라. 첨부된 지원서를 작성하고 오늘 우리 관리 직원에게 말하라.
>
> 당신은 내일 일자리를 가질 수 있다.

많은 인쇄매체와 텔레비전 언론 종사자들은 맥도날드 종업원들이 자신들의 일을 즐긴다고 동의한다. 맥도날드 성공의 비밀 중 하나는 "새로 고용된 종업원들이 맥도날드식의 재미를 갖도록 부추기는 것"이라고 《리더스 다이제스트》는 주장한다(Ola & d'Aulaire, 1988, p. 44). 맥도날드 경영은 종업원들로 하여금 "가족 되기"를 간청한다. 자본의 논리를 선전하는 것은 종업원들과 일반 시민들에게 맥도날드와 같은 기업이 항상 종업원들을 위해 최선의 이익을 추구한다고 확신시키는 것도 포함된다.

맥도날드는 특별광고 전략을 통해 종업원들이 노조에 가입하지 못하도록 큰 노력을 기울이며, 종업원을 칭찬하고, 복종하도록 애원한다. 즉 광고는 맥도날드에는 좋은 일꾼만 있기 때문에 회사는 그들을 존경하고 가족의 일원으로 대한다고 말한다. 따라서 맥도날드의 종업원들은 노조를 만들 아무런 이유가 없다는 것이다. 이런 이데올로기적 작전에 숨겨진 것은 노동자들을 직접 통제하려는 경영진의 집착이다. 현실적으로, 맥도날드 종업원들은 화장실에 가거나 물 한잔 마시기 위해서도 매니저의 허락을 받아야 한다. 매니저들은 근무시간에 대한 모든 통제권을 가지고 있으며, 종업원들의 근무시간을 어느 때고 바꿀 수 있다. 매니저들은 주법에 의해 보장된 종업원들의 권리를 자신들이 제한하는 것을 정당화하기 위해 근무시간의 융통성이라는 논리를 이용하는 것이다(Vidal, 1997, pp. 221-22).

맥도날드 매니저와 간부들은 맥도날드 가족 중에 소외되고 불행한 종업원이 있다는 것을 인정하지 않는다. 얼마나 많은 종업원이 반맥도날드 조직 또는 자생적 조직에 참여하든지 간에, 맥도날드 매니저들은—기린이라는 동물의 존재를 인정하기 거부했던 초기의 로마 신부들처럼—현실을 부정한다. 실로, 맥도날드 경영은 종업원을 교조화시키고 그들의 복종을 점검할 수 있는 감시 체제를 개발하는 훈련 프로그램을 계속 만들어 낸다(Leidner, 1993, pp. 8-9; McSpotlight, 2002 (www.mcspotlight.org/issues/employment/index.html); Ritzer, 1993, pp. 168-169). 사람들이 일을 절실히 찾고 기업에 우호적인 정치 상황이 지속되는 동안, 다른 패스트푸드 회사와 마찬가지로 맥도날드도 이데올로기적 경영전략이나 근무조건을 개선할 아무런 이유가 없다. 모든 패스트푸드 회사는 아주 끔찍이 낮은 임금을 지급한다. 패스트푸드 종업원들보다 돈을 덜 버는 유일한 사람들은 농장의 이주 노동자들뿐이다(Schlosser, 1998a, 2001). 자본 논리에 대한 충성과 그 결과로 인한 노동관행을 볼 때, 맥도날드는 많은 사람들이 생각하듯이 "포옹하고 싶은" 대상이 아닐지 모른다.

3 포스트모던 현상으로서의 맥도날드

현재의 사회정치적, 경제적, 문화적 삶이 문화 논리의 새로운 형태를 나타 낸다는 것에 모두가 동의하는 것은 아니다. 그러나, 나는 현재 삶의 특정한 모습은 과거의 것보다 매우 독특하고 분명한 것이라고 생각한다. 비록 이런 모습들이 이전에 존재했던 모더니즘의 경향들과 공존하는 것도 사실이지만 말이다. 이런 독특한 포스트모던적 면모는 지금도 존재하는 모더니즘적 역학 과 상호작용하는 것을 맥도날드에서 쉽게 찾아볼 수 있다. 많은 면에서, 맥도 날드는 이런 복잡한 문화적 과정들을 볼 수 있는 거울이 된다. 이 장에서 나 는 종종 간과되어 왔던 이 기업의 포스트모던한 면모에 대해 초점을 맞추고 자 한다.

기호의 중요성과 황금아치의 포스트모던한 모습

포스트모던한 맥락에서 개인은 이미지의 권력에 더욱더 약해져 버린다. 맥도날드를 비롯한 기업 광고주들은 기호의 힘을 빌릴 뿐 아니라 그 외에 많은 것을 동원한다. 정치에서 기호나 기표들은 압도적이고 전면적으로 영향을 미친다. 현대의 하이퍼얼리티에서 의미의 순간성을 이해하는 정치 미디어 전문가들은, 그것들이 의미하는 바를 잘 알지 못하는, 변하기 쉬운 다양한 시민들을 위해 공통의 가치를 부여하는 편안한 기호들을 만들어 낸다. 이것이 성공하면, 이런 정치적 작전들을 통해 시민들로 하여금 고객들(입후보자들)에 관해 기호학적으로 풍부한 이미지들을 떠올리도록 유도할 수 있다. 때로는 고객들이 주는 메시지에 담긴 이성적인 내용이 전문가들에 의해 선정된 상징들보다 덜 중요하다. 우익 운동은 유럽식 문화유산의 상징과, 방임주의적 경제의 '진정한 미국성', 전통적인 서구 규범에 대한 지식 그리고 정상적인 부부관계로 이루어진 핵가족의 생활 등을 자신들의 조직이나 정치 후보자들과 관련짓기 위해 이러한 포스트모던한 혼란과 훨씬 커진 기호의 힘을 이용한다. 맥도날드는 그런 기호를 이용하는 모범을 만들었고 대중에게 긍정적인 이미지를 부추기기 위해 우익의 기표들 대부분을 이용하고 있다.

기만의 분위기

　　　　새로운 미디어 기술은 개인의 의식을 식민화하기 위하여, 그리고 기만의 분위기를
　　　　　　　　더욱 심화시키기 위해 권력층이 지식을 사용하는 것을 확대한다.

　　개인을 정서와 감정의 수준에서 다루고 이를 불러일으키는 기표를 사용하여 사람들의 정체성 형성에 영향을 줌으로써 광고주와 정치인의 하이퍼얼리티 안에서 전달되는 메시지는, 예전에는 상상하지 못했던 영향력을 발휘한다. 실제로 광고와 정치적 선언문, 많은 전자 엔터테인먼트에서 우리는 포스트모던한 기만의 문화를 발견할 수 있다. 미 중앙정보부(CIA)가 "적"들을 교란시키기 위해 역정보를 만들어 내고 자신들의 이익을 위해 유리한 상황을

만들어 내듯이, 기업과 그들의 광고자들은 실제로는 새로운 수준의 혼란으로 사람들을 몰아가면서 외관상의 이해만을 만들어 내는 정보들을 제공하곤 한다. 제1장에서 이런 역학을 "문화 교육"—사람들에게 가장 중요한 정보를 학교 바깥에서 제공하고, 그들의 정체성과 가치관을 형성하는 데 영향을 주는 교육 형태—이라는 표현으로 기술했다. 이런 기만의 분위기 속에서 문화 교육의 과정은 정보를 제공받는 자가 아니라 정보생산자에게 이익을 주는 쪽으로 작용한다. 기만의 정보정치학은 너무나 만연해 있어서, 세상을 바라보는 방식에 미치는 기호의 영향과 위력에 대해 시민들의 각성을 촉구하는 운동이 필요한 정도다.

맥도날드는 이 기만의 정보정치학의 단적인 예이다. 아이들에게 자기 회사의 음식에 대해 가르치는 광고를 통해 식생활의 균형, 다양성, 좋은 영양섭취를 강조한다. 그러나 뉴욕 주와 캘리포니아 주 관리들뿐만 아니라 텍사스 주의 법무차관인 스티븐 가드너(Stephen Gardner)도 이 음식들은 영양이 풍부한 것으로 간주될 수 없다고 1985년에 대답했다. 그들은 맥도날드를 허위 광고 혐의로 기소하겠다고 경고했다(Consumer Reports, 1988, pp. 356-357).

1997년의 인터뷰에서 가드너는 맥도날드와 관련되어 텍사스에서 일어난 일에 대해 다음과 같이 말했다.

우리가 영양학적 정보를 조사하는 동안 맥도날드가 자신들의 제품이 영양이 풍부하고 건강한 것으로 광고한다는 사실을 알았다. 우리의 조사 결과 이 음식들은 일반적으로 많은 염분과 지방을 포함하고 있으며 좋은 성분은 거의 없고 영양이 풍부하지도 않다. 따라서 우리는 맥도날드에 편지를 써 광고를 중단하도록 했다. 이런 광고를 중지할 것이며 맥도날드가 영양이 풍부하다고 주장하지 않도록 했다. (McSpotlight, 1997)

맥도날드와 텍사스 주 법무부 사이에 수많은 편지가 오간 후에,

광고는 철회됐다. 맥도날드는 이런 결정은 자연스러운 것이라고 주장했
다. 하지만 기만적인 광고를 많이 다루어 본 내 경험에 의하면, 이들은 흥
미롭게도 늘 그 광고들이 기만적이라고 말하는 내 편지가 도착하기 바로
직전에 광고를 중지하는 결정을 내리는 듯하다. 따라서, 우리의 편지들이
그 광고들을 중지시켰는지 아닌지 추측하도록 연습을 시키는 것 같다. 하
지만 우리의 편지가 그 광고들이 이 지역에서 앞으로 더 심각해질 수도 있
던 일들을 막았다고 나는 믿고 있다. (McSpotlight, 1997)

영국 광고기준협회는 맥도날드가 1990년도와 1991년도에 낸 광고를 철회
하도록 만들었다(McSpotlight, 1997). 한 광고에서는 식품첨가제를 실제보다
덜 사용한다고 광고했다. 또 다른 광고는 포장지 재활용이 가능하다고 잘못
된 주장을 했다. 영국의 전국식품연맹을 비롯하여 수많은 소비자보호단체들
은 맥도날드의 기만 광고 횟수가 너무나 많아서 그 광고에 대한 감시를 산업
단체에 맡기는 것이 불합리하다고 결정했다(McSpotlight, 1997). 소비자단체
들이 볼 때, 맥도날드는 많은 광고 예산과 방송매체 등장을 통해 자기 스스로
를 지식의 생산자, 대중의식의 중요한 형성자 그리고 최고의 사기꾼으로 만
든다. 맥도날드가 튀김을 할 때 쇠고기 기름을 사용하는 것에 대해 오도하는
성명서를 몇 차례 낸 후에, 《소비자 보도(Consumer Reports)》라는 간행물은
맥도날드가 이런 기만적인 행동으로 비난받을 때 어떻게 대응하는지 다음과
같이 설명한다.

맥도날드는 불리한 언론 보도를 마케팅 기회로 전환하기 위해 힘쓴다.

회사는 "맥도날드의 좋은 음식을 값싸고 나쁜 음식이라고 하는 오해를 중화시키라"고 관리자들에게 말했다. 맥도날드는 영양상태가 좋은 소비자가 황금아치를 바라볼 수 있다고 칭찬하면서 규정식의 '균형'과 '다양성'을 강조하는 광고—'칼슘이 첨가된 빵'을 '칼슘빵'으로 표현하는 것처럼—에 수백만 달러를 쏟아 부었다. 이런 광고들은 맥도날드의 영양학적 가능성에 대해 너무나도 일방적으로 긍정적으로 말하기 때문에 광고를 중단하고 완전 철회하도록 요청받았다. (1988, p. 357)

사회적 혼란을 통한 탈정치화

지식의 폭발은 세상을 정보로 넘쳐나게 하고, 의미의 분열을 불러 왔으며, 사회적 혼돈과 사회적 기억상실증을 불러 왔다. 이런 전 과정이 탈정치화, 즉 권력과 정의에 대한 관심이나 지식의 결여를 조장한다.

현대사회의 분석가들은 변화하는 세계, 즉 사회적 혼돈으로 특징지어지는 하이퍼리얼리티를 관찰한다. 이 상황은 존 듀이(John Dewey)가 20세기 초반에 기록했던 근대적·산업적 변화와 여러 면에서 유사하다. 듀이가 막 일어나고 있는 여러 가지 사회현상을 잘 이해하기 위하여 새로운 사고방식과 신선한 분석 방법을 주장했을 때(1916), 그는 19세기 중반 미국과 20세기 초반에 떠오르는 세계에는 연속성이 없다고 주장하지 않았다. 민주주의에 도전하는 새로운 문제들에 대항할 필요성을 대중에게 확신시키기 위한 시도로서, 듀이가 전례 없던 사회현상에 초점을 맞춘 것은 이해할 만하다. 나의 분석도 듀이의 분석과 같다. 21세기 초반, 시간과 문화 공간의 구조는 지역에서, 국가에서 그리고 전세계의 사건 현장에서 우리를 겨냥해 쏟아지고 있는 전자적 이미지들과의 관계 속에서 변하고 있다. 결과적으로, 사회적 혼란이 일어났다. 이런 변화의 많은 부분을 정보의 관점에서 본다면 의미가 분열된 것이라고 할 수 있다. 너무나 많은 정보가 사람들의 감각을 공격하면서, 사람들은 어떤 것을 이해할 수 있다는 신념을 잃고 있다. 그 결과로 일어나는 사회적 혼란은 비판적 분석가의 주의를 끄는데, 이들은 정보 기술과 권력의 관계에 중점을 두면서 의미의 생산과정에 대해 탐구한다.

산업화가 진행되고 과학기술이 발전하면서, 권력을 감지하기가 점점 더 힘들어졌다. 권력은 끊임없이 위장하면서 영향력을 교묘하게 발휘하기 때문에, 대부분의 사람들은 자신의 삶에 작용하는 억압에 대해 깨닫지 못한다. 그리고, 그것을 알고 있는 많은 사람들도 어쩔 수 없다고 생각하게 되었다. 정보생산자들은 소비대중이 협조하도록 유혹해야 한다. 유혹적 이미지의 생산과 유포는 매우 거대한 기업이나 산업만이 사용할 수 있는 재정 자원을 필요로 한다. 정보의 생산·전달·수용의 속도가 빨라지면서 즉각적인 것과 일회용 가치들이 현재 생활의 모든 영역에 깊이 침투해 있다. 점점 가속화되는 포스트모던한 사회에서 패스트푸드는 '신속' 자본주의를 위한 기성품인 것이다. 이런 즉각성과 폐기성은, 가치·생활양식·유대관계들이 쓸모없어짐에 따라 패스트푸드와 맥도날드를 그 이상의 어떤 것으로 확대시킨다. 의미가 불안정해지고, 특정 시기에는 좀 더 불안정해짐에 따라 개개인들은 이런 순간적인 의미에 앞서 있었던 의미들을 쫓아갈 수 없게 되기 시작한다. 시간 관념의 혼란은 우리의 개인적·사회적 역사의 토대를 허물며, 그 과정에서 우리의 정체성과 제도는 전후관계가 해체된다. 이러한 기억력 감퇴 또는 사회적 기억상실증은 과거가 상실되면서 현재에 대한 영향력을 불분명하게 만드는 심각한 결과를 초래한다. 기억상실증은 '현재의 것'을 마치 '그렇게 되어 마땅한 것'으로 보이게 만든다.

기억 지우기가 새로운 기억을 창조하기 위해 고안된 정보 광고로 이어질 때 사회적 혼란은 더욱 심화된다. 많은 사람들은 빛 바래고 '고풍스러운' 영화 형태를 통해 한 회사의 탄생 신화에 대한 역사적 묘사를 보고 있다는 착각을 일으키는 딘 위터의 광고에 익숙하다. 안경을 쓴 1930년대풍의 '딘 위터'가 직원들에게 고객의 개인적 요구에 충실해야 할 신성한 의무에 대해 말하는 장면이다. 내가 인터뷰한 많은 사람들은 이 광고가 진짜가 아니라는 것을 알고 충격을 받았다. 최근(1990)의 한 맥도날드 광고는 향수를 부르는, 감상적이고 갈등 없는 미국 가정의 그림 같은 역사를 보여 줌으로써 기억을 창조해 낸다. 이 광고들은 역사적으로 존재하지 않았던 맥도날드에게 미국의 진정한 역사적 역할을 부여한다. 당신은 상상 속에서 다음과 같이 말하는 남성의 목소리를 들을 수 있다. "그 당시 우리는 존재하지 않았지만, 당신을 위하는 모든 것을 하기 위해 우리가 거기 있었다—과거에도 맥도날드, 지금도 맥도날드뿐!"

하이퍼리얼리티가 이런 모조 기억을 만들어 냄에 따라 의미를 찾아내고 신념에 필요한 정열을 만들어 내는 우리의 능력은 약화된다. 미국인들이 문화, 특히 대중문화에 대해 점점 더 민감해지는 동안 그들의 머릿속에서 정치는 점점 더 사라진다. 대부분의 21세기 미국인들은 권력, 정의, 수입 분배, 정보 통제에 대한 문제들을 무시한다. 사람들은 하이퍼리얼리티에서의 그러한 문제에 대해 제기하면 지루해하거나 또는 분노하는 반응을 보인다 (Grossberg, 1992, pp. 306-7). 한 라디오 프로그램에서 내가 맥도날드를 정치적 현상으로 봐야 한다고 말하자, 사람들은 그 발언이 불합리하며, 또 흥미롭게도 재미없다고 받아들였다. 내가 인터뷰한 한 사람은 맥도날드의 정치적 의미에 대한 질문에 다음과 같이 대답했다.

맥도날드의 정치적 의미? 맥도날드나 그들의 광고에 어떤 정치적 의미가 있는지 모르겠네요. 햄버거가 선거와 무슨 관계가 있죠? 맥도날드를 먹는 사람들은 특정 후보자들을 지지할 거란 말인가요? 그런 생각에는 동의하지 못하겠어요. 어리석은 얘기죠. 사람들은 맥도날드나 또 다른 누가 어떤 사람에게 투표하라고 한다고 해서 투표하지는 않아요. 맥도날드가 어떤 특정한 인물에 대해 투표하라고 하나요? 그런 말은 들어 본 적이 없어요. (Interview, 1988)

이 인터뷰 응답자처럼 현재 미국 사람들 대부분은 정치를 '선거 정치'와 동일시하며, 권력과 권력 분배의 문제를 관련짓지 못한다. 이 응답자가 생각하는 '권력'의 의미 구성을 받아들인다면, 나는 그녀의 혼란에 감정이입을 할 수 있다. 내가 질문을 다시 하면서 내가 말한 정치가 선거 정치보다는 권력과 그 분배의 문제라고 설명했을 때, 그녀는 '정치적'이라는 말의 의미에 대해 여전히 혼란스러워했다.

엘리트들이나 포스트모던한 정보생산자들은 자신들의 권력이 잘 위장되어 있을 때에만 관용을 보인다. 현대사회의 기업 권력 사용자들은 자신들의 영향력을 너무나 잘 위장하고 있어서, 점점 더 많은 탈정치화된 대중들이 그들에게 세상을 마음대로 좌지우지할 수 있는 백지위임장을 준다. 시민적 지식을 고양하고 정치 참여를 북돋워야 할 텔레비전은 권력자들에 의해 너무나 잘 조종되어서 실제로는 사람들의 정치 참여 욕구를 감소시킨다. 많은 사람들이 기업의 미디어 통제가 시민의 관심을 희생하여 사유화된 소비자사회를 만드는 데 기여했다고 주장한다. 뉴스 프로그램들은 현재의 문화 제도들에 대해 비판하는 단체나 개인들의 생각을 소홀히 취급하는 대신 주류 인물에 대해서는 상세하게 보도한다. 광고는 상품 소비를 통해서 사회적·정치적 문제들을 해결하는 세계를 구성해 내는데, 현대생활의 스트레스는 "당신은 오늘 휴식을 취할 만하다"로 기표화되며, 빅맥과 감자튀김으로 풀 수 있다는 식이다. 기업 광고에 나오는 "우리"는 소비자의 관심과 정체성을 비인간적인 권력의 사용자와 동일시하도록—(기업을) "우리" 지역사회에 유치하기 위해 법인세를 인하하고 주, 지방 및 중앙 정부에서 주는 각종 혜택을 제공함으로써 좋은 사업 환경을 만들도록 도와주는 정치적 지원을 포함하는 관심을 갖도록—한다. 맥도날드가 "나의 맥도날드"라는 기표를 선전할 때, 우리는 어디에나 존재하지만 실제로는 어디에도 존재하지 않는 기업의 기호 커뮤니티에 참여하도록 유혹받는다. 이 기호 커뮤니티는 매우 정치적이지만, 자신을 정치적 영역과는 전혀 관계없는 것으로 표현한다. 이 점 때문에 우리가 그 커뮤니티에 대해 개인적이고 위안과 친숙함을 느낄지 모르지만 이것은 정치적인 것과는 아무런 관련이 없다. 정치라는 것은 선거나 하고, 말도 안 되는 협상이 일어나는 불쾌한 영역으로 표현된다(Airakinsen, 1992; Kellner, 1990, p. 174).

최근 몇 십 년간 기업들은 정치에 대해 알려고 하는 사회적 관심을 성공적으로 약화시켜 왔다. "이데올로기적" "지배" "헤게모니적"이라는 용어들은 잘 알려지지 않았고, 현대사회에 적절하지 않은 것으로 간주되어 왔다. 기업의 광고들은 세계에는 두 가지 영역이 있다고 우리에게 말한다. 그것은 문화적인 영역과 물질적인(정치경제적) 영역이며, 이 영역들은 개인의 상품에 대한 선호나 혐오가 정치적 세계와는 아무 관련도 없기 때문에 결코 서로 교차되지 않을 것이라고 말이다.

마크 쿠퍼(Marc Cooper, 1998)는 현재 자유시장화되고 기업화된 칠레에서 일어나고 있는 탈정치화를 아주 좋은 예로서 보여 준다. 1970년대 초반에 살바도르 아옌데(Salvador Allende) 치하의 칠레에서 일을 한 쿠퍼는 사회적 정의와 공익이라는 문제에 대한 그 사회의 정치적 열정에 크게 매료되었다.

1998년 기업화되어 버린 칠레로 다시 돌아간 쿠퍼는 맥도날드 및 다양한 국내·다국적 기업들의 영향력 증대와 더불어 일어난 대중의식의 변화에 대해 고통스럽게 기록하고 있다. 쿠퍼는 사회적 기억상실증, 자유시장 가치의 수용, 모든 희생을 무릅쓰고 출세하고 부자가 되려는 집착, 개인화된 시민생활을 위한 지역사회의 연대감 파괴 등에 대해 기록하고 있다. 한때는 정치적으로 깨어 있던 칠레 사회가 그렇게도 짧은 사이에 기억을 상실했으며 시민들은 소위 소비 자본주의라는 탈정치화된 영역에서 생활하게 된 것이다. 미국 사람들은, 이런 사회·정치적 역학들이 해외에서 일어날 때 더 이해하기 쉬울 일이다.

냉소주의와 과대동기

의미의 분열은 사회적 담화에 대한 믿음을 파괴하는 새로운 형태의 냉소주의와
과대동기 현상을 만들어 낸다.

냉소주의는 21세기 초반에 위기의 수준에까지 이르렀다. 포스트모던의 아이콘으로서, 데이비드 레터맨(David Letterman)은 그의 인기 있는 유머에서 "나는 어리석고 정보에 어둡지만 적어도 엉터리 텔레비전 또는 광고에 사기를 당하지는 않을 것이다. 나의 팬과 나는 권력을 마구 휘두르는 당신들이 무엇을 하려는지 안다. 우리는 어떤 일도 할 수 없다는 것을 잘 알지만 당신들에게 속을 바보들은 아니다"라고 빗대어 말한다.

기업들이 믿음과 정서적인 투자들을 이용함으로써 기호의 가치를 높이고 있는 것을 보면 위와 같은 냉소주의를 쉽게 이해할 수 있다. 전형적으로 광고주들은 의미의 많은 것을 짜낼 때까지 이런 기표들을 사용한다. 예를 들어, 맥도날드와 다른 기업들은 가족관과 가족 간의 사랑을, 이런 류의 선전이 갖

는 정서적 효과가 어느 정도 상실될 때까지 이용해 왔다. 그 효과가 상실되면 맥도날드는 광고를 중단하고 가족이라는 기표가 다시 의미를 얻을 때까지 기다린다. 그럼에도 불구하고 이 과정은 지속적 효과를 가진다. 가족애가 빅맥을 팔아먹는 데 사용될 때 가족애의 신성함은 점점 사라지고 냉소주의가 자라난다.

냉소주의는 의미를 만드는 대안적인 방법을 제시하지 않고 믿음의 구조를 약화시킨다. 사람들이 믿을 수 있는 것이 거의 없어진다. 그 결과, 광적인 근본주의 종교 교파, 인종혐오 집단, 신비주의에 이르기까지, 이상한 방식으로 세상을 바라보는 집단이 나타나서 더 이상 잃을 것이 없다는 식으로 사람들을 유혹한다. 기업의 세계는, 더 적절하게 표현할 말이 달리 없지만 소위 과대동기라고 불릴 수 있는 문화적 현상을 만들어 냈다. 과대동기화된 사람들은 신경질적인 불안감을 나타내며 세상에 대한 편협한 관점을 갖는다. 출세와 소비적인 목적을 달성하기 위해 집착하는 일 중독자들이 그 예이다. 아마도 더 좋은 예로는, 암웨이(Amway)라는 이미지가 주는 것이 열정 그 자체를 빼고는 정말 아무것도 아닌 거친 열정뿐임에도 불구하고, 그 이미지를 진짜로 믿고 있는 암웨이 판매자들이다(Lash, 1990). 믿을 수 있고 정열을 발휘할 수 있는 무엇, 아니 아무것이나 달라는 것이다. 맥도날드의 고위 간부들은 맥도날드 가족 중에서 과대동기화되고자 하는 매니저 후보자들을 찾을 때 종종 이런 유형을 채택한다. 고액을 받는 동기부여 전문가가 각 매장 그리고 직원 회의를 순회한다. "내가 신호를 하면 일어나서 환호를 하라! 자신에게 동기부여를 하라, 당신은 할 수 있다, 오늘은 당신 나머지 인생의 첫날이다." 그들은 자유기업을 위해 과대동기화된 개종자들을 만들어 내면서 영혼을 구원한다. 의미가 없어지면 그때는 정서 자체가 그 보상이 되어 이유 없이도 재생이 일어난다.

소위 "맥도날드의 비전"이라고 일컬어지는 것은 최고의 포스트모던한 과대동기인 것이다. "당신은 성공하기 위해 무엇을 했습니까?"라고 맥도날드 간부는 반복적으로 묻는다. 또한 그들은 "맥도날드 비전"이라고 대답한다 (Salva-Ramirez, 1995-96, p. 30). 이런 대답 후에 종종 어색한 침묵이 생기는데, 이는 어느 누구도 그 비전이 무엇인지 명확하게 알지 못하기 때문이다. 레이 크락의 부활을 의미하는 것인가? 햄버거를 육체로 초실재화하는 것인가? 이 지점에서는 그 비전이 확실하지 않지만, 그게 무엇이든지 햄버거 대학에서는 가맹점주, 매니저와 부매니저들에게 반복하여 가르친다. 맥도날드 문헌들은, 그들이 말하는 소위 "햄버거주의자"들이 "기업에 대한 충성이라는 상표와 혈통" 그리고 황금아치를 "기업의 정수"로 과대동기화한 횃불을 높이 든다(Salva-Ramirez, 1995-96, p. 31)고 기록하고 있다. 전세계에 4개의 햄버거 대학—미국, 독일, 영국, 일본—을 가지고 있는 맥도날드는 뜬구름과 같은 비전으로 지구상에 과대동기를 부여하고 있다(Salva-Ramirez, 1995-96, p. 31).

자신의 매장으로 돌아간 햄버거주의자들은, 한 보도에서 나타나듯이 종업원들이 "말 그대로 샹들리에까지 뛰어오르는" 그런 광적인 집회를 열고, 과대동기화라는 성전을 만들어 낸다. 한 햄버거주의자에 의하면, 샹들리에까지 뛰어오르는 것은 "사람들에게 우리가 최고에 이르렀으며 여기에는 엄청난 기회가 있으며 우리는 진실로 사람을 보살피고 점원들이 자부심을 느낄 수 있는 조직"이라는 사실을 알리는 일이라고 말한다(Flynn, 1996, p. 55). 무엇을 보살핀다는 것인가? 무엇에 대해 자부심을 느낀다는 것인가? 무엇이 비전이라는 말인가? 햄버거주의자들은 이 과장을 믿으라고 그들의 양떼들에게 말한다. 질문을 하지 말고 힘을 느껴라. 아직도 우리는 냉소적으로 느끼고 있는 건가?

심오함에 대한 불안

지식의 생산자와 개인들이 심오함에 대해 점점 더 불편해하면서,
피상적인 의미들이 축복을 받는다.

부분적으로 포스트모던한 상황은 표면, 즉 '외관'이나 이미지에 중심을 두는 경향이 있다. 피터 맥라린(Peter McLaren, 1991)과 스탠리 아로노위츠(Stanley Aronowitz, 1983)는 "눈으로 보는 것만 이해하는 것"—개인들이 눈에 보이는 것 또는 미디어 이미지의 표면 아래를 보는 데 어려움을 겪는 현상—을 묘사한다. 결과적으로, 이 책에서 맥도날드와 연관하여 탐구되는 권력, 정체성, 세계화, 맥락 같은 개념들—이들 중 어느 것도 즉각적이고 감각적으로 알 수 있는 것은 아니지만—은 대중의 자각에서 지워지고 존재하지 않는다. 1980년대 로널드 레이건 대통령이 복잡한 정치과정을 피상적으로 설명한 것이 좋은 예이다. 21세기 초반에 조지 부시도 이런 피상의 횃불을 높이 들고 있다. 황금아치의 경우에는 이런 피상적인 과정이 여러 단계로 작용함을 볼 수 있다. 인사 담당자가 찾고 있는, 맥도날드에 딱 맞는 남성(맥도날드는 전통적으로 남성만 고용한다)의 경우처럼 뿌리 깊은 천박함은 매우 우려스러운 것이다.

레이 크락은 교육받은 사람을 맥도날드 종업원으로 채용하는 것을 단호하게 거부한다. 레이 크락의 고용 철학과 그의 주변에 있는 사람들을 살펴보면, 햄버거의 제왕은 미키 스필레인(Mickey Spillane : 탐정소설가)의 작품에 나오는 듯한 1차원적인 사람을 찾고 있는 것이 명백하다. 몇몇의 분석가가 말하듯이 "기괴하고, 인습타파적이고, 아주 이상한" 이들은 일관되게 피상적이고, 정보에 무지하고, 그들이 접하는 피상적 의미에 의문을 갖지 않는다. 크락의 핵심 멤버 중의 하나인 기술담당 책임자 제임스 쉰들러(James

Schindler)는 "저 인간의 완전도는 신의 64%밖에 안 된다"라는 논쟁을 몇 시간씩 하곤 했다고 존 러브(John Love)는 폭로한다(1986, p. 104). 실제로 햄버거주의자들은 거의 실체가 없는 포스트모던적 인간, 천박함의 신학을 신봉하는 전형적 인간들이다(Ellis, 1986). 그런 고용 방식 때문에 맥도날드는 계속 괴로운 문제를 안고 있다. 특히 1990년대부터 기업본부에서 많이 일어난 내부 갈등의 대부분은 이런 천박함의 전통에 대해 회사가 무엇을 해야 하는가의 문제와 연관이 있다(Machan, 1998).

크락은 회사의 간부들이 인간이 완벽함을 달성하는 정도에 대해 몇 시간이고 논쟁하는 그런 회의에 대해 전혀 신경을 쓰지 않은 듯하다. 고등학교 졸업장도 없는 크락은, 맥도날드에는 "깊이 생각하는 사람"은 필요 없다는 것을 증명하기로 단호히 결심한 듯하다(Ellis, 1986, p. 19). 크락은 종종 젊은이들에게 학교를 떠나 일을 하라고 요구하면서 "대학 출신자들이 너무 많은 데 비해, 고기 써는 일을 하는 사람은 부족하다"라고 공언한다(Vidal, 1997, p. 25). 회사 간부들은 자신들이 맥도날드 인간으로서 "핏줄에는 케첩이 흐르고 있다"고 기자들에게 말한다(Solomon, 1996, p. 50). 이런 포스트모던적 천박함을 상징화하기 위하여 회사가 사용하는 용어는 "기업 가치관"이다. 그들은 매장 주인들에게 관심이 없으며, 맥도날드의 기업 가치관을 수용하는 "사업가적 기질"이 있는 개인들에게 관심이 있다(Salva-Ramirez, 1995-96, p. 30). 이런 일꾼들은 꼬치꼬치 캐묻지 않으며, 앞만 보고 일하고, 모든 맥도날드 매니저와 간부들이 꼭 지켜야 하는 수많은 기업 규칙에 대해 의문을 제기하지도 않는다. 기업의 가치관을 수용하지 않는 개인들은 맥도날드의 과대동기화 논리에 대해 너무 깊게 생각할지도 모르며, 자신들의 목표를 위태롭게 만들고, 별로 환영할 만한 것이 못 되는 깊은 숙고의 시간을 가질지도 모른다.

맥도날드의 세계화된 문화에서 기업의 이러한 가치관은 종종 "미국의 가치관"으로 여겨진다. 새로운 나라에 사업을 확장하면서, 회사의 인사본부는 피 속에 케첩을 가진, 즉 "기업의 가치관을 보완하는 기술"을 가진 "외국인"을 찾는다(Personnel Journal, 1994, p. 12). 회사 홍보책자에 나온 개인 프로파일에서 맥도날드의 모범 매니저들은 흔히 자기 스스로를 미국주의와 데일 카네기(Dale Carnegie)식의 긍정적 사고와 연관지으면서 "기업 가치관"을 강조한다. 《포브스(Forbes)》지의 한 기자는 보스턴에 있는 맥도날드의 한 현장 컨설턴트에 대해 (1) 빅맥만큼이나 미국적이고, (2) 올림픽을 사랑하고, (3) 미식축구를 하며, (4) 항상 안전띠를 착용하며, (5) 항상 긍정적이기 때문에 "맞아요" 또는 "멋지군요"를 연발하며, (6) 아내와 자식을 사랑하며, 무엇보다도 맥도날드에서 일하는 것을 소중히 여기는 특징이 있다고 설명했다 (Machan, 1988). 이런 기름투성이의 데일 카네기들은 긍정적 사고방식을 위한 많은 형식을 배웠다. 항상 웃고, 사람들을 똑바로 쳐다보고, 함께 있는 사람이 관심 가진 화제에 대해 이야기하고 묻는 것 등이다. 맥도날드식 카네기가 다른 맥도날드식 카네기를 만날 때는 어떤 일이 일어날까? 도대체 무엇에 관해 얘기할까? 아마 맥도날드 대학이 그런 만남의 함정을 피하는 세미나를 열어 줄지 모르겠다.

기업 홍보자료에 나오는 프로파일은 일본 맥도날드의 영업본부장인 덴 후지타(Den Fujita)를 기업의 포스트모던적 천박함을 구현한 사람으로 제시한다. 일본에서 영업할 CEO를 구할 때, 맥도날드 이사들은 대기업의 행정경험을 비롯해 많은 인상적인 기업경력을 가진 수십 명의 후보자들을 자신들의 기준에 따라 골랐고 결국은 후지타를 지명했다. 이 괴팍한 후지타는 맥도날드을 운영하는 데 아주 적합한 재능이 있었다. 그는 생선만 먹는 일본인들은 "얼굴이 창백하고 위엄이 없다"고 주장했다. 후지타는 결론적으로 일본인들이 고기를 먹어야 한다고 말한다(Katayama, 1986, p. 116). 일본에서 경영권을 장악한 후 후지타는 자신을 포함한 오사카 출신 사업가들의 상업적 현명함에 대해 괴상한 인종 이론으로 설명하기 시작했다(이 회사의 역사에 익숙한 사람들은 제1회 국제회의에서 일어났던 게으른 사람들에 대한 연설을 기억할 것이다. 제2장 참조). 후지타는 모든 유대인들은 타고난 사업수완이 있다고 주장하면서, 시기는 확실하지 않지만 일단의 유대인들이 오사카에 정착했다는 이론을 편다. 그가 내놓은 증거는 오사카의 공식 상징이 어렴풋이나마 동방의 별과 비슷하다는 것이다. 실제로 이 상징은 일부 사람들이 세 줄기로 갈라진 와인 잔을 닮았다고 하는 해수로 표식이다(Katayama, 1986). 후지타는 자신의 이론을 널리 알리기 위해 유대인과 그들의 사업관행에 대한 황당한 일반화로 가득 찬 책《유대인식으로 사업하기(Jewish Way of Doing Business)》를 썼다(Katayama, 1986, p. 116).

1982년부터 1998년까지 맥도날드의 CEO였고 지금은 대표이사인 마이클 퀸란은 그가 기업문화의 천박함의 축제 속에서 일하는 것처럼 해피밀의 포장지로 싼 수수께끼 같은 인물이다. 퀸란이 크락이나 후지타처럼 더 특이하게 행동했다면 CEO라는 그의 직위는 더 안전하게 오래갔을지도 모른다. 그러나, 퀸란은 맥도날드라는 바다를 떠난 물고기 요리 같은 존재다. 퀸란은 크락과 그의 괴상함에 충분히 경의를 표하지 않았을 뿐 아니라(Deveny, 1988), 심리학과 철학 분야에 학사 학위가 있었으며, 시카고의 로욜라 대학에서 야간 MBA 과정을 이수하기도 했다. 사람들은 퀸란의 날카로운 지성에 대해 언급하기도 한다. 맥도날드의 전 부사장 한 명은 회사 간부들에게 시행했던 적성검사에 대해 언급을 했다. 그는 퀸란이 그 검사에서 아주 쉽게 높은 점수를 얻었지만, 기업 홍보지《비즈니스 위크(Business Week)》에서도 지적하듯이 경쟁이 그다지 치열한 것은 아니었다고 말했다(Deveny, 1988). 맥도날드가 국내에서 더 심한 경쟁상대를 만나고, 1990년대 중반과 후반에 미국인의 입맛이 변하면서, 일찍 출근해서 열심히 일하고 항상 심각한 표정을 짓는 퀸란은 점점 더 비난을 받게 되고, 허풍을 떠는 맥도날드의 이전 CEO들과 다른 부정적인 비교를 받았다(Horovitz, 1998a). 1998년 8월에 퀸란은 이사로 강등되고 학력이 더 높은 잭 그린버그가 새 CEO로 들어선다. 퀸란은 단지 원하는 대로 충분히 멍청하게 행동하지 않은 것뿐이다. 그는 포스트모던적 천박함의 틀에 맞지 않았으며, 맥도날드 사람들과 "맞는 성격이 아니었다"라고 기자들에게 털어놓았다(Horovitz, 1998a, p. 8B). 이런 이상한 기업문화 속에서 그린버그가 어떻게 받아들여질지 흥미롭다.

구경 문화

모든 일상에서 거대한 행사가 더 중요하게 되면서 의미(meaning) 대신 매력(fascination)이 자리를 잡았다.

1990년대 다이어트 콜라 광고는 현대사회와, 맥도날드가 현대사회에 미치는 영향과, 현대사회에 투영된 맥도날드의 그림자에 대한 우리의 이해를 확대시켜 준다. "어떤 사람들은 설명이 아니라 감탄으로 자신의 삶을 산다." 이 광고는 강력한 철학적, 인식론적 혁명을 대변한다. 세상에 대해 설명하는 철학자의 전통적 필요성이 도대체 무슨 도움이 되는가라고 묻는 것이다. 이성이나 분석은 집어던져라. 그러면 다이어트 콜라 광고가 말하듯이 "모든 것을 맛보게 된다." 심사숙고를 할 필요가 없다. "맥도날드가 다 알아서 해 주는데" 음식을 먹으면서 왜 사회적 · 문화적 · 정치적 · 경제적 · 환경적 · 영양학적 · 도덕적 측면들에 대해 생각해야 하는가? 먹는 것의 근원은 마음 끌림과 느낌이지, 식품 생산과 소비의 복잡한 과정을 깊이 생각한 다음 서로 연관시키는 그런 것이 아니라는 말이다. 맥도날드는 소비자의 주의를 "맥도날드를 경험"하는 것에 맞춤으로써 음식을 요리와 전시의 맥락으로부터 이동시킨다. 소비자들이 일상의 반복적 삶에서 벗어나도록 유도하며, 맥도날드는 음식을 로널드 맥도날드, 맥도날드랜드 캐릭터 인형, 실내외의 놀이시설 등이 완비된 극적인 구경거리(spectacle)로 만든다. 특히 아이들을 주요 대상으로 함으로써 맥도날드의 구경거리는 욕망/본능의 식민화와 엔터테인먼트에 대한 보다 포스트모던적인 집착을 경제 · 정치 권력을 얻는 가장 효과적 통로로서 제시한다. 물론 이런 것들이 새로운 방식은 전혀 아니지만, 전자통신 기술로 인해 지구의 가장 먼 구석구석과 개인의 가장 사적인 마음의 영역까지 침투할 수 있게 된 것이다.

엔터테인먼트를 권력에 이르는 통로로 이용함으로써 이 시대의 문화와 정치적 풍경은 바뀌었다. 정치적 거물이 거짓말하고, 속이고, 훔치면서도 그(흔히 그녀, 여성은 이렇지 않다)가 '엔터테인'하는 한 여전히 살아남을 수 있다. 많은 면에서 음식도 비슷하다. 많은 영양학자와 소아과 의사들이 맥도날드가 아이들을 겨냥한 광고에서처럼 음식을 엔터테인먼트로 묘사함으로써 영양을 엔터테인먼트로 대체하여 건강을 위험에 빠뜨린다고 주장한다(McSpotlight, 1997).

엔터테인먼트에 대한 미국 기업의 관심은 냉전시대 미국의 (희생을 많이 치른) 승리를 이해하는 데 아주 중요하다. 니키타 후르시초프나 로널드 레이건이 아닌 로널드 맥도날드가 텍사스식 죽음의 결투와 같은 거대한 이데올로기 전쟁에서 승리한 것이다. 즐겁게 만들 수 있는 능력이 건강에 좋지 않은 음식과 최저임금을 주는 맥도날드식 고용으로부터 사람들의 관심을 영원히 돌려놓을 수는 없으므로 로널드의 승리는 순간적인 것으로 보일지도 모른다. 그럼에도 불구하고, 이런 짧은 승리 속에서 (넓은 의미로) 미국의 전지구적 엔터테인먼트 산업의 지도자들은 미국 시스템이 지닌 어떤 제한도 받지 않는 창조적 자유 때문에 전세계 사람들의 필요를 충족시켜 줄 능력이 있다고 자랑한다. 그들은 맥도날드, 디즈니, 나이키가 세상 어느 곳에서도 찾을 수 없는 자유를 제공한다고 주장한다(Martin & Schumann, 1997). 맥도날드가 충족시켜 주는 필요에는 미국식 구경거리로서 팔리는 정서와 욕망이 포함된다. 맥도날드의 마케팅은 "먹는 경험"을 "감탄으로서의 삶"에 연관시키며 세계를 대상으로 미국식 자유라는 고감도 입맛으로 기호학적으로 포장된다. 즉 사람들은 미식축구식의 감자튀김과 프로레슬링식 햄버거를 먹는다.

맥도날드 매장은 구경거리 제공을 염두에 두고 만들어진다. 주방은, 화려한 유니폼을 입고 반짝거리는 스테인레스로 된 조리기기들 앞에서 분주하게 일하는 깨끗한 종업원들을 소비자들이 잘 볼 수 있도록 만든다. 햄버거는 크리스마스 장난감처럼 포장되어 그것을 푸는 것이 마치 명절에 선물을 받는 행복의 기표와 연결될 수 있도록 담겨 나온다. 감자튀김은 조그만 봉지에 넘치도록 담아 많이 준다는 느낌이 들도록 하여 이것이 즐거움이 넘치는 풍요의 선물인 것처럼 느끼게 한다. 맥도날드와 디즈니가 계속해서 공동 마케팅을 하는 것은 하나도 이상한 일이 아니다. 둘 다 할리우드식 마술을 사용하는 전략에 의존하는 것이다. 아이들은 이런 것을 금방 배운다. 집에서 만들어 주는 음식은 재미가 없지만 맥도날드는 즐겁다.

1992년 4월에 천안문 근처에 최초의 맥도날드 매장이 생겼을 때 중국인들은 이런 점을 쉽게 배웠다. 700개의 좌석과 29개의 현금등록기를 갖추고, 수만 명의 손님을 맞이하는 이 매장은 중국인들 사이에서 하나의 관광명소로 빠르게 자리 잡았다. 세계 전역의 명소 근처에 매장을 여는 것을 목표로 하는 맥도날드는 중국인이나 미국인이 아닌 사람들이 보기에 특별히 이국적인 상품이나 경연을 통해 축제적인 분위기를 조성한다. 이런 구경거리의 중요성을 잘 아는 맥도날드의 광고 담당자들은 지난 30여 년간 음식이 아니라 경험을 강조해 왔다(Boas & Chain, 1976).

아주 많은 칭찬과 포상을 받은 한 매장 소유자는 맥도날드에서의 구경거리를 경험하는 것이 무엇인지 잘 이해하고 있었다. 그는 계속적으로 신속하게 일련의 구경거리를 만들어 냈다. "한 지방 라디오 방송국 1470채널과의 협상을 통해 광고 방송이 나간 후에 '14'분 '70'초 안에 오는 모든 사람에게 햄버거를 공짜로 주고, 추첨을 통해 매장의 주차장에서 BMW 한 대를 주고, 주차장에서 20톤짜리 얼음이 녹는 데 얼마나 걸리는지 알아맞추기 대회를 하고, 30개의 흔들리는 목마가 버려진 것을 생각해 내 목마에서 오래 버티기 행사 등을 했다. 차는 마지막까지 자리를 지킨 사람에게 주었다(Luxenburg, 1985). 사실 이 모든 것은 음식에 관한 행사가 아니다. 이것은 사람들을 계속 모으기 위한 작지만 거대한 드라마인 것이다. 1/4파운드짜리 햄버거가 호놀룰루에서 처음 소개되었을 때 맥도날드는 새로운 조리기기와 작은 햄버거파이 캐릭터의 모습을 그려내는 브로드웨이식 노래와 춤을 만들었다.

그리고 크락은 이 모든 것을 좋아했다. 그는 이 구경거리와 관심 끌기를 즐겼다. 그는 대중들이 이것을 받아들이고 인식하도록 만드려는 욕구가 강렬해서 맥도날드에서 먹는 것을 구경거리로 만드는 완벽한 흥행사가 되었다. 크락이 자신이 소유한 샌디에이고 파드레스 야구단의 홈경기에서 연설했을 때 권위에 가득 찬 그의 목소리에서 사람들은 그의 자아 만족감을 느낄 수 있었을 것이다. "시장이 나에게 상을 주었고 …… 스포츠 기자들도 상을 주었고, 미해군 및 해병대 밴드가 연주를 하며, 내가 서서 양팔을 높이 들고 승리의 V자를 만들고 여러분들의 환호를 대통령 선거 후보자처럼 받고 있는 동안 카메라가 나를 비추고 있다"(Kroc, 1977, p. 184). 크락의 맥도날드식 구경거리뿐 아니라 크락 자신이, 볼 거리를 찾는 포스트모던적 '유명인 숭배' 속에서 하나의 우상이 된 것이다.

크락에 대해 알면 알수록 그는 더 흥미로우며 문화적으로 중요하다. 구경거리의 시대에 엔터테인먼트로서의 음식 사업에서, 흥행사로서의 크락의 중요성은 1984년 1월 14일 그의 죽음에 의해 더욱 두드러진다(Toy Zone, 1999). 프레드 터너(Fred Turner), 마이클 퀸란, 잭 그린버그 등 어느 후계자도 크락처럼 포스트모던적 대용품으로써 구현할 능력을 지니지 못했다. 자신의 친구였던 로널드 레이건과 마찬가지로 크락은, 피상적인 것만 보여 주고 의미는 상실된, 미디어용 짧은 멘트의 시대에 잘 먹혀든 화려한 과대단순화의 재능이 있었다(Boas & Chain, 1976, p. 160; Horovitz, 1998a, p. 8B; Love, 1955, p. 44). 크락은 맥도날드를 가족관의 스트립쇼처럼 운영했으며 자신의 죽음 이후에도 계속해서 추종 세력을 만들었다. 크락만큼 사후에 신문에서 추앙된 기업가는 거의 없다. 예를 들어 1997년 6월에 〈뉴욕 타임즈〉는 다음과 같이 물었다. "크락, 당신은 어디로 갔나요"(Feder, 1997). 햄버거계의 조 디마지오며, 패스트푸드의 레이건인 크락은 구경거리를 만들어야 하는 시대의 사업방식에 자신의 족적을 남겼다. 크락처럼 되고 싶었던 웬디스 햄버거의 데이브 토머스(Dave Thomas)는 그를 흉내 내려고 했지만 결국 자신이 재미없는 인물이라는 사실만을 선전하는 것으로 끝났다. 크락의 후광 속에서 영원히 일해야 하는 마이클 퀸란과 잭 그린버그는 자신들에 대해서가 아니라 맥도날드를 하나의 이야기로 만들려고 노력한다. 물론 이것이 바로 크락의 공식과는 정반대인 것이다. 사이먼과 가펑클의 노래 〈로빈슨 부인(Mrs. Robinson)〉에 나오는 쿠 쿠카 주브(Koo Kooka Jube)라는 후렴과 함께 시끄러운 레이(Ray)는 영원히 떠난 것이다.

신속 자본주의

신고전주의적 시장 가치를 바탕으로 한 테크노 자본주의 또는 신속 자본주의(fast

capitalism)는 전지구적 경제질서인 신사회진화론(neo-Social Darwinism)을 만들기 위해 작용한다(Alfino, 1998; Best & Kellner, 1991; Goldman & Papson, 1996; Ritzer, 1993).

20세기 후반과 21세기 초반에 기업 활동과 사업운영에서 나타난 변화들은 모던한 것과 포스트모던한 것의 상호작용을 반영하는 대조와 연속성을 통해 연구된다. 새로운 기술과 지식의 생산형태 및 기호체계가 개발되었지만, 현재의 자유기업제도는 여전히 다음과 같은 19세기 이륙기 국면의 몇 가지 특성을 아직도 반영한다.

1. 성장지향적이다. 성장만이 이윤을 보장한다. 성장제일주의 아래 관리자들은 인간적 · 사회적 · 지정학적 · 환경적 결과에 개의치 않고 사업 확대를 추구한다. 사업 평론가들은 맥도날드가 사업 확대라는 과제에 사로잡힌 기업이라고 쓰고 있다(Love, 1995, pp. 113-114; Luxenburg, 1985, p. 8).

2. 성장은 옛날부터 노동자의 착취를 가져왔다. 이 말은 노동이 아무것도 얻지 못한다는 것을 의미하지는 않는다. 이것은 성장이란 것이 노동자가 창출해 낸 것과 그들이 얻는 것 사이의 차이에 기반을 둔다는 것을 의미한다. 맥도날드의 저임금과 단순작업 관행은 너무나 악명이 높아서 "맥잡(McJob)"이라는 용어가 서비스 산업에서 최하의 일을 상징하는 것이 되어 버렸다(Vidal, 1997, p. 215. 맥도날드 스스로는 이 용어를 정신적으로 육체적으로 장애를 가진 사람을 위한 직업훈련 프로그램 이름으로 사용한다; McSpotlight, 1997).

3. 자유기업체제는 기술과 조직의 혁신을 매우 강조한다. 경쟁은 기업가로 하여금 자신의 경쟁사를 누르기 위해 강점을 찾도록 요구한다(Harvey, 1989). 맥도날드는 혁신적인 조직 관행—조지 리처가 말하는 맥도날드화의

개념—을 통해 다시 한번 그 이름을 나타낸다(Ritzer, 1993). 많은 경제 전문가들이 불도저식으로 경쟁사를 깔아뭉갤 준비가 되어 있는 회사로 여기는 맥도날드는 현 시대 다국적 기업의 전형이다(Kovel, 1997, pp. 30-31 맥도날드가 "맥 트럭(Mack truck)으로 상대방을 깔아 버리길 원한다"라고 언급한《월 스트리트 저널》기사 제목에서 인용).

자본 축적의 변화는 서구문화를 변화시켰고 지금도 계속 변화시키고 있는 야만적인 새 경제질서를 가져왔다. 더그 켈너(1989)가 말하는 소위 테크노 자본주의는 위성 TV나 컴퓨터 같은 과학기술들이 세계에 대량소비 문화를 전달하면서 점점 더 다국적으로 되어 예전에는 개인적이었던 공간을 식민화하는 것을 가리킨다. 테크노 자본주의는 이런 과학기술들을 이용하면서 자금 · 생각 · 정보 · 이미지 · 과학기술 · 상품과 서비스를 한 국가에서 다른 국가로 빠르게 전달한다. 어느 한 곳에서 "사업 분위기"가 좋지 않으면 기업은 떠나거나 적어도 더 많은 이윤을 얻을 수 있는 곳으로 철수하겠다고 위협한다. 그런 위협은 기업에 법인세를 부과하거나 복지나 임금을 더 얻으려는 노동자의 노력을 약화시킨다. 21세기의 기업의 문화권력는 바로 이런 금전적인 공격에 의해 이루어진 것이다.

앞에서 말한 것처럼, 테크노 자본주의는 소비재, 영화, 텔레비전, 대중 이미지, 컴퓨터 정보를 이용해 선진국과 개발도상국 양쪽에서 욕망과 의식을 형성해 낸다. 맥도날드를 다루는 책 속에서 다국적 테크노 자본주의가 유목 기업들(nomadic corporations)의 통치와 연계된 것들의 힘을 극적으로 증진시키는 전세계적인 문화적 변화를 만들어 내고 있는 것에 주목하는 것은 중요한 일이다. 개인들이 점점 커지는 이 권력의 본질을 알아내기는 점점 더 어려워진다. 이 힘은 외견상으로는 부드러우나 강하게 통제된다. 포스트모던한 권력은 스스로를 끊임없이 위장하며 그 영향력을 아주 교묘하게 확장해서 대부분의 사람들은 그들의 삶 속에 작용하는 교활한 억압을 잘 깨닫지 못한다.

나는 맥도날드에 관한 인터뷰를 통해서 몇몇 대학 졸업자들에게 기업이 정치적 권력을 가지는 것이 무엇을 의미하는가를 물어본 적이 있다. 거의 모든 인터뷰 대상자들은 기업이 그런 권력을 통해 특정한 후보가 선출되도록 도울 것이라고 대답했다. 그런 권력이 또 어떻게 쓰일 수 있는지 다른 예를 들어 보라고 했을 때, 어느 누구도 더 이상 생각을 할 수가 없었다. 대중들이 권력의 작용에 대해 감지하지 못함으로써 기업과 기업을 후원하는 우파들은 지배를 즐길 수 있다. 이런 이상한 포스트모던한 상황에서 테크노 자본가들은 권력이 정보생산자와 정보소비자에 의해 동시에 만들어진다는 것을 깨달았다. 정보생산자들은 다양한 소비대중들이 협조하도록 유혹해야만 한다(Luke, 1991).

정보와 이미지의 지배라는 이 새로운 권력을 행사하는 과정에서 테크노 자본주의는 아주 많은 사회적, 정치적 교훈을 가르쳐 준다. 이 새로운 세계화된 문화에서 "성공하는" 사람들은 자신의 이익을 바탕으로 행동하는 사람들이다. 보다 큰 사회적 공익—기업이, 실제로는 냉소적이지만 이미지 구축을 위해 연출한 사회적 관심과는 반대되는 개념으로서—이라는 개념은 대중의 관심사에서 사라져 가기 시작한다. 개인의 선택, 사적인 삶의 방식, 상업적 관심사로 유혹하는 상업화된 이미지들은 집단적인 요구와는 거의 공통된 점이 없다.

심지어 기업들이 사회적 공익에 대해 말할 때 부각시키는 것은 사람들을 현혹시키기 쉬운 것이다. 예를 들어, 맥도날드는 자신들을 세계에서 재활용을 가장 많이 하는 기업으로 공표하면서 환경에 관심이 있는 듯 선전한다. 그러나 이런 과정에서 언급되지 않는 것은 이 회사가 세계의 어느 기업보다 많은 쓰레기를 만들어 낸다는 사실이다(Manning & Cullum-Swan, 1994, p. 265). 맥도날드 선전물과 학교 교재에서는 음식의 영양학적 가치에 대해 강조하지만, 의학계에서 경고하고 있는 고지방과 고열량에 대해서는 경고조차 하지 않는다(Manning & Cullum-Swan, 1994). 맥도날드는 종업원들이 행복해하고 만족해하는 기업모델로서 자신을 선전한다. 임금, 이직률, 노조 파괴 활동에 관한 통계 등을 제시하지 않는 것은 물론이다(Deetz, 1993).

맥도날드의 문화와 크락의 성격은 잘 융합되어 있다. 맥도날드가 야만적 자본주의의 새로운 전지구적 체현(體現)을 통해 연극적으로 위장된 대표기업으로서 자리 잡은 것은 1950~60년대 크락이 만든 기업문화에서 발단한 것이다. 우리는 신속 자본주의에서, 〈월 스트리트(Wall Street)〉, 〈보일러 룸(Boiler Room)〉, 〈글렌게리, 글렌로스(Glengarry, Glenross)〉와 같은 영화에서 다루어졌고, 또 아주 고귀한 것으로 해석되었던 기업의 남성주의와 신가부장주의의 등장을 볼 수 있다. 크락은 이 모든 것에 앞서 갔다. 크락의 지휘 아래 창립 후 처음 10년 동안 맥도날드는 어떤 직위에나, 심지어 비서직에도 여성들을 채용하기를 거부했다. 크락은 다음과 같이 말했다.

클라크(Clark)라는 친구가 나에게 비서를 고용해야 한다고 했다.
나는 "당신 말이 맞을지 모른다. 하지만 나는 남자 비서를 원한다. ……남성 말이다. 그는 처음에는 약간 돈을 많이 주어야 하지만 그가 조금이라도 능력이 있다면 행정적인 일 이외에도 판매 일을 하도록 시킬 수 있다. 예쁜 여자를 주변에 두는 것에 아무런 반대를 하지는 않지만 내가 생각하는 일은 남자가 하는 편이 훨씬 나을 것이다"라고 말했다. …… 남자 비서를 고용하기로 한 것은 내가 담낭수술과 그 후에 갑상선 수술로 인해 입원했을 때 그 진가가 드러났다. (남자 비서는) 우리 사무실과 입원실을 오가며

일했고, 우리는 내가 매일 아침 사무실에 있을 때처럼 모든 일을 유쾌하게 잘 처리했다. (Kroc, 1977, pp. 48-49)

크락은 한때, 맥도날드가 매장에서 일하도록 여성을 고용해야 한다면, 매장에서 죽치며 사고나 칠 사내 아이들이 오지 못하도록 "가슴이 납작한 여자"들을 원한다고 소리친 적이 있다(Ellis, 1986, p. 19). 초창기 크락의 성 배제(gender-exclusion) 정책에서 예외적인 경우는 준 마티노(June Martino)였다. 그녀를 아는 사람들은 그녀가 회사가 때때로 어려울 때마다 잘 돌아가도록 만드는 전문성을 타고난 여성사업가로 보았다. 그러나 크락의 남성적 문화 속에서 그녀는 직원들 중 남성과는 다르게 취급받을 수밖에 없었다. 크락이 그녀에 대해 말한 것을 보면 이 점이 드러난다.

나는 운 좋은 사람을 옆에 두는 것은 좋은 일이라 생각했고 아마도 그 운이 나에게도 작용될지 모른다고 생각했다. 그랬을 것이다. 맥도날드를 잘 운영하게 되고 직원들은 점점 늘어나고 그녀는 "대모 마티노"로 불리기 시작했다. 그녀는 모든 사람의 가족 길흉사에 대해 알고 있었으며, 누구의 부인이 애를 낳고, 누구의 결혼생활이 어려운지, 그리고 사람들의 생일이 언제인지도 알고 있었다. 그녀는 사무실을 행복한 장소로 만드는 데 기여했다. (Kroc, 1977, pp. 84)

크락의 태도는 맥도날드의 조직문화 곳곳에 스며들어 있다. 1980년대까지 경영자들은 성희롱 같은 문제에 대해 놀라울 만큼 무관심했다. 내가 여성 매니저들과 한 인터뷰에서는 심지어 18~19세의 여성 직원이 나이 많은 남성 매니저와 데이트를 하도록 강요받은 사례도 드러났다(interviews, 1994). 내가 인터뷰한 사람들은 회사가 성희롱에 대한 보고를 금지했으며, 불평을 하는 여성들은 때로는 처벌을 받거나 사표를 내도록 강요받았다고 말했다. 한 성공한 매니저는 자신이 성희롱에 대해 보고하자 회사의 고위 간부들이 근무 중이나 근무 후에도 감시했다고 털어놓았다. 그녀는 결국 회사를 강제로 떠났다(interview, 1994). 맥도날드의 성 정책은 크락의 개인적 삶에 잘 드러나 있다. 1960년대 후반에 자신과 자신의 두 번째 부인 제인을 위해 마련된 파티에서 크락은 문자 그대로 모두가 놀랄 정도로, 한 맥도날드 가맹점주의 아내와 결혼하기 위해 제인과 별거 중이라고 발표했다. 크락은 그런 개인적 사건에 대해 당황하지도 않는 듯하다(Love, 1995, p. 271). 그의 공식적인 발표나 글들은 사회적·문화적·심리적으로 주의력이 부족한 단순함이 드러내는데, 이를 통해 사람들은 그와 그의 회사를 만든 원동력—또한 현대 미국문화에 대해서도—에 대해 깊게 살펴볼 수가 있다.

이처럼 아주 개인적인 자화상 속에서 크락은 조직의 표준화에 대한 열정을 드러낸다. 흑인이건 라틴계이건 여성이건, '타자'들을 이해하는 능력의 부족, 자신과 문화적으로 또는 인종적으로 다른 사람들을 불쾌하게 만들 정도의 무감각, 고위 사회지도층으로부터 인정을 받으려는 평생에 걸친 갈망, 그리고 근본적인 자유기업체제 방어를 위한 집착적인 헌신 등을 드러낸다. 이런 모든 사실은 신사회진화론적 정치경제학의 등장을 촉진했던 태도들에 대해 보다 깊은 통찰을 제공한다. 크락이 캘리포니아 샌버나디노에 최초의 맥도날드 가게를 낸 딕과 맥 맥도날드와 상호작용을 한 일화를 잘 살펴보면, 그가 매우 혼란스러운 인물임이 드러난다. 크락은 맥도날드의 전체 사업을 사기를 원했으나 딕과 맥은 샌버나디노의 가게를 계속 갖고 있고 싶어 했다. 그들은 가게를 가지고 있는 것을 즐겼으며 자신들과 오래 일한 두 종업원들이 그 가게를 운영하도록 하여 보상을 해 주기를 원했다. 크락은 매우 화를 냈다. 크락은 자신의 자서전 《애쓰며 갈아내기(Grinding it out)》에서 "저주받을 더러운 수작"이라고 썼다. 크락은 복수하기로 작정하고 원래 가게의 맞은편에 매장을 열어 그 두 형제가 망하도록 만들었는데, 이런 방식은 맥도날드에서 흔히 쓰는 전략으로 전세계의 지역 기업을 멸종시키기 위해 쓰였다(Luxenberg, 1985, pp. 8-9). 오로지 미국을 대표하는 맥도날드의 성공기만 떠들어대는 미디어의 과장 보도는 이런 수천 명의 소규모 자영업자들이 망한 이야기를 전혀 다루지 않는다.

야만적 자본주의 시대에, 맥도날드는 "맥 트럭으로 경쟁 상대를 짓밟길 원한다"라는 《월스트리트 저널》의 기사 제목처럼 보도되기 위해서는 기업은 특별히 잔인한 방법으로 사업을 해야 한다(Kovel, 1997, p. 31). 공격성에 대한 맥도날드의 선언은 전설적이다. 《이코노미스트》는 맥도날드의 지배에 대한 병적인 집착을 거의 "광적인(fanatic)" 수준에 이르렀다고 규정했다(1996, p. 61). 문화학자 데이비드 벨(David Bell)과 길 발렌틴(Gill Valentine)은 이 사업에 "핵심에서부터 썩은" 무엇인가가 있다고 주장한다(1997, p. 135). 그러나 맥도날드는 자신들에 대한 정보를 통제하고 전통적인 가족관, 아동에 대한 우호성, 시민적 책임이라는 대중적 이미지를 창조해 내는 방법에 전략적으로 기표를 활용할 만큼 충분히 힘이 있다.

제프 웨인스타인(Jeff Weinstein)은 《빌리지 보이스(Village Voice)》에서 맥도날드는 "어린 아이의 얼굴을 하고 있지만 성인의 탐욕"을 가졌다고 주장한다(1993, p. 42). 몇 년 전에 버거 셰프(Burger Chef)의 한 매니저가 그 지역에 새로 문을 연 맥도날드 매장의 새 매니저로 생각되는 한 남자와 만나 농담을 주고받았다. 두 매장이 쇠고기나 빵 그리고 기타 패스트푸드 용품이 급하게 필요할 때 서로 공급해 줄 수 있는 우호적인 관계를 맺자고 제안했을 때, 버거 셰프의 매니저는 랄프 랜퍼(Ralph Lanphar)라는 맥도날드 직원의 대답에 깜짝 놀랐다. 랜퍼는 자신이 매니저가 아니라 지역 감독관이라고 밝히면서 "당신을 망하게 할 것이다"라고 말했다(Love, 1986, p. 113). 실제로 맥도날드는 직원연수시 간부들 사이에 이런 태도를 조장한다(The Economist, 1996; Kovel, 1997; Love, 1995).

1955년 봄에 크락이 맥도날드 형제들로부터 기업을 막 매입하여 시카고 본부를 설립했을 때, 시카고 경제학파가 그 지역에 형성되고 있었다. 이 동시적 사건은 매우 중요한데, 이는 맥도날드의 공격적 정책이 바로 이 자유시장에 대한 시카고 예언자들에 의해 정당화되었기 때문이다. 노벨상을 탄 밀턴 프리드먼(Milton Friedman), 테오도르 슐츠(Theodore Schultz), 조지 스티글러(George Stigler) 등을 포함해 시카고 경제학자들은 전세계에서 온 학생들에게 규제받지 않는 사업과 정부의 공공 부문에서 기업의 사적 부문으로 권력을 이동하는 것의 장점에 대해 가르치고 있었다. 시카고에 근거를 둔 이 두 조직은, 경제학자들의 이론이 맥도날드의 거대하고 전세계적인 사업 확대를 용이하게 할 세계화 경제체제를 만들어 내는 것을 돕고, 맥도날드가 자유시장의 성공을 상징하게 되어 가면서 서로 영원한 관계를 맺게 되었다.

20세기 말경에 전세계에서 오직 두 나라 정도만 시카고 학파식 전지구적 경제와는 반대로 행동했고, 맥도날드는 100개가 넘는 나라에서 사업을 하고 있다. 세계의 은행, 국제적 금융기관, 세계적 조직의 대부분은 신고전주의 경제를 신봉하고 있으며, 맥도날드는 매일 3천 5백만 명을 대상으로 장사를 하고 있다. 이로 인해, 다국적 기업의 권력은 너무 강력해져서 정부가 더 이상 통제를 할 수가 없다. 새천년의 여명과 함께 세계가 운영되는 방식이 엄청나게 변화할 것이다.

그들 자신의 기준에 따르면 시카고 학파와 맥도날드는 정확했다. 프리드먼과 시카고 경제학자들은 자유시장 정책은 재정 증가, 수출 증대, 부채 상환을 자극할 것이라고 정확하게 주장했다. 또한 크락이 그의 표준화 · 청결 · 효율성의 공식과 미국 사랑, 전통적 가치관, 어린이를 대상으로 한 광고들이 맥도날드를 가족의 이름처럼 만들 것이라고 주장한 것도 옳았다. 하지만 시카고 학파는 어떤 나라에서는 골칫거리가 될 세계화 경제의 취약성, 미국식 소비 행태가 늘어나면서 야기되는 환경 파괴, 그리고 모두의 안전을 위협하는 빈부의 격차 등에는 관심을 두지 않았다. 크락과 맥도날드의 남자들은 맥도날드화가 아이들의 다이어트에 미치는 영양학적 · 보건적 영향과 증가되는 쇠고기 생산이 생태계에 미치는 영향, 또는 저임금과 발전성 없고 단순반복적이며 비인간적인 일자리가 점증하면서 사회에 끼치는 영향에 대해 전혀 생각하지 않았다. 시카고에서 일어난 이 두 승리의 결과는 이제야 서서히 드러나기 시작한다. 재정적 · 정치적 · 사회적 · 생태학적 · 정신적 대가는 충격적으로 엄청날 것이다.

기호를 위한 전쟁

맥도날드의 기호화 과정의 성공과 정치 토론에 대한 미국인들의 불안 때문에, 맥도날드는 수년간 자신들에 대한 비판을 대부분 피할 수 있었다. 그러나, 규제가 줄어들면서 맥도날드가 더 많은 권력을 가지게 됨에 따라 비판에 대한 인내심도 점점 없어졌다. 이 회사가 자신들에게 불리한 언론보도와 싸우기 위해 법률 담당 부서를 배치하기 시작한다는 것은 의미심장한 일이다 (Vidal, 1997). 맥도날드는 최근 특정한 사업에 대한 노조의 비판에 대해 이 법률 담당 부서를 통해 "공갈"로 대응하고, 공갈협박 및 부패단체방지법 (RICO)에 의거해 기소하겠다는 위협으로 맞섰다. 많은 수의 변호사와 강력한 로비스트를 동원해 맥도날드는 비판자들에게 엄청난 위협을 가한다 (Kincheloe, 1999). 항상 그러했듯이, 크락은 자신이 맥도날드에 대한 비판을 참지 못하는 것을 공공연히 드러냈다. "나는 정말 화가 나거나 어떤 놈이 맥도날드 또는 나에 대해 글로써 별 것 아닌 공격을 할 때는 저주를 한다" (Vidal, 1997, p. 39에서 인용). 이런 태도는 이 기업문화에도 잘 자리 잡고 있다. 파괴분자나 국제 범죄자를 조사하는 영국 경찰의 한 부서인 특수과 사람들이 런던에 있는 그린피스 회원들이 회사를 비난하고 있다고 연락을 해 주자 맥도날드 경영진은 조치를 취했다.

고전적인 과민증과 과잉반응을 보여 가며 맥도날드는 런던의 그린피스 조직에 침투하여 비밀 첩보활동을 하도록 두 사립 탐정소를 고용했다. 이 두 탐정소는 다른 한쪽도 동시에 조사하고 있다고 통보를 받지 못했고, 이에 따른 완벽한 혼란은 영화 〈핑크 팬더(Pink Panther)〉에 나오는 사건이나 《매드 매거진(Mad Magazine)》에 나오는 '스파이 대 스파이'에 못지않은 것이었다. 그린피스 회의에는 종종 회원들보다 스파이들이 더 많이 참석했고, 이 스파이들은 종종 반맥도날드 선전물 편지를 넣어야 했고, 사람들에게 '맥도날드는 무엇이 잘못되었는가?'라는 내용이 들어 있는 유인물을 나누어 주었다. 맥도날드 간부들은 자기 회사의 도매업자들에게 이 별 중요성도 없는 유인물에 대해 명예훼손으로 제소하도록 부추켰다. 맥도날드는 거의 2백만 달러나 써 가면서 돈도 없고 직업도 없는 두 명의 운동가 헬렌 스틸(Helen Steel)과 데이비드 모리스(David Morris)를 6년 동안 법정에서 사냥했다(Vidal, 1997). 맥도날드 명예훼손 재판은 다국적 기업이 권력에 굶주려 있으며, 비판을 초월하고자 하는 욕망을 품고 있다는 사실을 가장 잘 보여 준다. 분명하게 드러나는 기업 질서의 상징으로서, 맥도날드식 명예훼손 재판은 우리로 하여금 시민의 자유의 미래가 어떻게 될 것인지 곰곰이 생각하게 한다.

맥도날드 명예훼손 재판은 1년에 20억 달러에 이르는 광고예산으로 운영되는 회사와 4년간 2만 5천 달러 정도의 기금을 모금하여 일시적으로 수행되는 운동 사이에서 기호의 가치를 둘러싸고 벌어진 전쟁이었다. 유인물에 쓰여 있는 문장 하나하나를 가지고 싸우면서 맥도날드는 자신과 피고들을 거의 전설적이라 할 만큼 법의 수렁으로 몰아넣었다. 맥도날드 경영진들은 감히 누가 그 재판에 맞설 것이냐라고 생각한 듯하다. 스틸과 모리스가 맥도날드의 사회적 무책임의 역사를 바탕으로 변호를 시작했을 때, 맥도날드가 소집한 값비싼 법률팀들은 준비가 되어 있지 않았다. 다윗(데이비드 모리스)은 거대한 골리앗을 이긴 것이다. 그 재판은 포스트모던 자본주의의 서커스였으며, 이 시대에 가치 있는 구경거리였다. 그 재판은 1990년대까지 질질 끌었고, 사실에는 반대 사실로, 주장에는 반대 주장으로 팽팽히 맞섰다(Vidal, 1997). 재판의 흥미진진한 역동성, 미 프로레슬링식의 다윗 대 골리앗의 대결 분위기 그리고 모리스와 스틸의 반기업적 지지자들의 힘은 사람들의 주의를 끌었다. 이데올로기와 문화에 관해 말로 치루어진 전쟁을 볼 때, 이 법적 무용담은 금주의 명화가 될 만도 했다. 그러나, 맥도날드는 실로 너무나 강력해서 그런 홍보적 불행이 일어나게끔 하지 않는다.

4 맥도날드와 문화 교육

우리는 맥도날드가 새로운 지역으로 조사관을 보내고, 지역주민과의 충돌을 피하기 위해 사람을 보내고, 황금아치에 대한 공격을 피하기 위해 간부를 보내는 것을 안다. 맥도날드의 홍보 대변인 테리 캐퍼토스토(Terri Capatosto)는 회사의 국제적 사업 확장 시도에 대해 언급하면서 "선구자들은 모든 화살을 맞는다"라고 말했다(CQ Researcher, 1991, p. 831). 기업 리더들의 언어는 새로운 식민주의의 한 부분으로서 다국적 기업의 아이디어를 강조한다. 신 세계 질서(New World Order)에서는 무자비한 정치적·경제적 힘이 필요하기는 하지만 충분하지는 않다. 기업의 식민지 경영이 효과를 발휘하려면 식민지 사람들의 마음과 생각을 달래고 사로잡아야 한다. 바로 이것이 문화 교육이 중요한 이유이다. 사람들이 기업의 존재를 받아들일 뿐 아니라, 기업 권력을 지지하는 시카고 학파의 신고전주의 경제학과 같은 이데올로기도 받아들이도록 교묘하고 노련하게 가르쳐야 하기 때문이다. 거의 모든 산업국가에서, 기업의 문화 교육의 영향은 시민들을 전통적 정치로부터 기업이 지원하는 우파 포퓰리즘으로 몰아가는 데 도움을 주었다.

낡은 정치 제도가 무너지면서 로널드 맥도날드—레이 크락이 만든 애덤 스미스의 아들—는 지난 150년간의 이데올로기 투쟁의 승리자들 중에서 하나의 상징이 되었다. 전세계의 잡지와 신문들은 크렘린에 있는 로널드, 천안문 광장의 로널드, 폴란드 학생들과 함께 있는 로널드, 키에프에서 빅맥을 먹는 우크라이나 여성과 함께 있는 로널드 등의 사진들을 통해서 계속해서 이런 상징을 보여 주고 있다. 사진 한 장 한 장에서 사회주의를 누른 기업의 승리라는 이 기호적 주입을 살펴볼 수 있다. 저널리스트들은《이코노미스트》의 빅맥 지수—33개 국가의 햄버거 가격을 나타내는 지수—를 인용해 가면서 맥도날드를 "세계적인 힘"이라고 떠벌린다. 많은 경영 전문 언론인들과 경제 분석가들은 이 지수가 그 나라의 통화가 세계 시장에서 평가절상 또는 절하되었는지 알 수 있는 아주 놀랍도록 정확한 지표라고 말한다(Hamilton, 1997; Hundley, 1997; Martin & Schumann, 1997).

현대의 일부 분석가들은 식민화된 사람들에 대한 맥도날드의 영향을 지난 몇 세기 동안 유럽 탐험가들이 가졌던 "문명화"의 사명과 동일시하며, 위대한 백인의 책무(White Man's Burden : 유색인종의 미개발국을 지도해야 할 책무—역자)라는 식민주의의 유령을 다시 언급하곤 한다. 인류학자 존 왓슨(1997c)은 홍콩에서의 맥도날드의 임무에 대해 다음과 같이 쓴다.

> 1960년대에는 남을 위한 배려라는 것은 거의 알려지지 않았다. 출퇴근 시간에 버스를 타는 것은 거의 악몽이었고 은행 창구에서 일을 처리하려면 엄청난 체력이 필요했다. 많은 사람들이 맥도날드가 홍콩에서 줄을 서게 하고 좀 더 "문명화"된 사회 질서를 만들도록 도움을 준 최초의 공공기관이라고 평가한다. (p. 94)

왓슨의 설명에 나타난 기업 권력의 무비판적 수용은 서구 식민주의자들과 중국인—그리고 다른 많은 아시아인—들 사이의 역사적 관계를 고려할 때 참으로 놀라운 것이다. 1990년대 초(1992)에 한국과 맥도날드는 미국 무역 대표부의 지원을 받아 가며 무역 협상을 하였다. 이 기간 동안에 한국 농림수산부와 다른 금융기관(농협중앙회)은 국산품을 사용하도록 하는 포스터를 만들었다. 엄청난 양의 쌀이 지방이 많은 햄버거를 정복하는 그림과 함께 "건강한 식생활, 바로 우리 쌀을 먹는 것입니다"라는 문구가 쓰여 있었다. 맥도날드 대표와 미국 무역대표단은 식민주의적 권력을 휘두르면서 이런 표현은 모욕적이며 한국과 미국 사이의 자유무역에 방해가 된다고 한국인들에게 말했다. 확고한 자유시장의 요구—의심할 여지 없는 자유무역의 명령—라는 담론에 안전하게 의지한 다국적 기업의 권력에 한국인들이 굴복하면서 그 포스터는 다시 걸리지 않았다(Bak, 1997).

동해를 건너서 일본의 맥도날드 왕국으로 가면, 이 회사는 모든 것을 똑바로 만들기 위해 크락의 동양인 친구인 덴 후지타에 항상 의지할 수 있다. 그의 미국 지도자처럼, 후지타도 결코 점잖게 말하지 않는다. 자신의 임무는 일본 아이들의 입맛을 서구화하는 것이며, 아이들이 햄버거에 평생 중독되도록 하는 것이라고 언론에 떠들어댄다. 맥도날드의 문화 교육은 후지타가 있는 일본에서 너무 잘 이루어져서 1인당 쇠고기 소비량이 극적으로 증가되었고, 일본 문부성 장관이 일본 아이들이 젓가락질하는 법을 잊어 가고 있다고 한탄할 정도였다. 이런 역학 때문에 일본 국민의 체중은 불어나고 있다. 그러나 "그건 좋은 현상이다"라고 후지타는 외친다. "일본인은 더 살찌고 더 커져야 한다"(Katayama, 1986, p. 116에서 인용).

맥도날드의 기업적 식민주의가 가장 예기치 못하게 드러난 예는 훌륭한 요리의 전통을 가진 프랑스에서의 승리였다. 맥도날드 햄버거는 프랑스인의 입맛에 혐오스러울 것이라고 분석가들은 주장했다. 그들은 맥도날드가 강력하긴 하지만 프랑스 시장은 공략하지 못할 것이라고 예상했다. 현재의 프랑스를 여행하면 그런 예견이 아주 단견이었음이 드러난다. 샹젤리제 거리를 조금 걸어 내려가다 보면 서로 얼마 떨어져 있지 않은 다섯 개의 맥도날드 가게가 나타날 것이다. 한 매장은 베르사유 궁전 가까이에 있고, 깨끗해야 할 그 거리와 보도에는 햄버거 포장지가 휘날리고 있다. 그 매장 안의 벽에는 나폴레옹과 로널드 맥도날드, 햄버거 모양의 햄버글러(Hamburglar)와 다른 맥도날드 캐릭터들이 포함된 군대가 그려져 있는 그림이 걸려 있다. 프랑스인들마저도 맥도날드의 문화 교육이라는 식민화 권력에 항복했다.

정부의 규제와 사회적 책임에서 자유로운 유목 기업의 식민지 경영을 옹호하는 자유경제의 도사(guru)들은 세미나를 통해 맥도날드의 성공 비결을 전세계에 가르친다. 이 경제학자들은 현재의 사회문화적 환경에서 국가나 정부의 통제는 더 이상 필요 없을지 모른다고 이해하고 있다. 이 말은 기업이 국가를 소유하고 싶어 하지 않는다는 의미는 아니다. 그들은 실제로는 원하고 있다. 핵심은 하이퍼리얼리티에서 이루어지는 기업의 일 중 대부분은 일상생활의 영역에서 작용하는 문화 교육을 통해 성취할 수 있다는 것이다. 이 수준에서의 승리는 사람들의 지적, 정서적 방향이 이미 식민화되었기 때문에, 정부 권력의 사회적 타당성을 선점해 버린다. 미디어를 사용하여 권력이 사람들의 정신내적(intrapsychic) 수준까지 미칠 때 우리는 이미 문화생활의 새로운 차원에 들어간 것이다.

이런 역학은 중국에서 잘 드러나는데, 중국에서는 대중적 문화 교육의 힘이 국가 권력보다 우선하게 되었다. 중국 공산당 간부들은 맥도날드에 대항하여 정부에서 소유한 언론을 통해 조직적이고 이성적인 반대 운동을 벌였다. 정부 당국자들은 맥도날드를 중국에서 내쫓겠다고 위협하면서, 음식은 먹을 수 없고 비싸다고 주장했다(Kaye, 1992; Tefft, 1994). 그러는 동안에도 베이징 주민들은 맥도날드를 사먹기 위해 장사진을 쳤다. 기업의 교육이 훨씬 더 효과적이었다. 초창기에 중국 맥도날드에서 겪은 가장 큰 어려움은 매장 주변을 둘러싸는 사람들과 교통이었다. 결국 중국 정부는 자신들이 졌다는 것을 인정하고 맥도날드가 계속 영업을 할 수 있도록 허용하는 묵계에 타협을 했다. 감정과 정서의 문화 교육이 세계를 만들어 가는 힘을 다시 한번 보여 주었다.

기업주의의 합법화: 대중의 재교육

20세기에 미국의 기업들은 자신들의 활동을 합리화하기 위해 교육/광고 캠페인을 전개했다. 1930년대부터 1950년대까지, 이 캠페인은 사유재산과 자유기업제도의 좋은 점에 대해 대대적으로 선전했다. 1930년대에 기업들은 자본주의를 약화시키려고 작정한 국내의 "급진적 요소"들에 대항하기 위하여 광고들을 만들었다(Neilson, 1999). 1960년대 후반, 대중의 비판이 날카롭다는 것을 깨달은 기업들은 1970년대 초반부터 자신들의 대중적 이미지를 개선하기 위해 일련의 합법화 광고들을 만들어 내기 시작했다. 1930년대부터 1970년대까지 이 광고들의 대부분은 맥도날드에 대한 중국 정부의 공격과 비슷한 것이었다. 이 광고들은 이성적 논쟁거리를 제공했는데, 이 경우에는 자유기업경제의 이익에 대한 것이다. 후에 광고회사와 로널드 레이건의 정치 경력을 관리하는 사람들로부터 새로운 형태의 대중 설득 방법에 대해 한 수 배운 기업들은 대중의 지지를 얻기 위한 호소를 덜 이성적인 대신 더 정서적이며 기호학적으로 표현하기 시작했다. 실제로 레이건 시대의 정치적 호소와 제너럴 모터스, 모바일 석유, 밀러 맥주, 베아트리스 회사, 맥도날드의 광고들 사이의 차이점을 말하기가 점점 더 어려워졌다. 레이건이 일출, 말, 곡식의 황금물결 이미지에 둘러싸여 있는 것처럼 광고하듯이, 맥도날드는 사랑스러운 가족, 동네 야구장, 20세기 초반의 소박한 미국을 배경으로 삼는다.

레이건이 그의 선거광고에서 구체적인 정치적 입장을 말할 필요가 없었듯이, 기업과 광고 전문가들은 그들이 전하고자 하는 설득력 있는 메시지를 감정에 호소하는 대사로 기호화할 수 있다는 것을 깨달았다. 회사의 광고에는 교육적 언어가 사용되었다. 기업의 지도자들은 대중들이 사기업의 장점에 대해 "교육받아야" 할 필요가 있다고 주장했다. 1970년대 초반부터 합법화 광고를 위한 지출은 매년 증가했다. 1971년에 1억 5,760만 달러였고, 1977년에는 3억 2,930만 달러였던 것이 1989년에는 14억 달러로 증가했다. 텔레비전 광고가 차지하는 비중 역시 지속적으로 늘어났고, 이 광고들을 통해 감정을 더 조장하고 단순한 메시지를 대중의 의식에 심어 준다고 기업 지도자들은 고백했다(Goldman & Papson, 1996).

1990년대에 텔레비전 광고 비중이 늘어남에 따라 기업의 광고 예산도 계속 증가했다. 마이클 애플(Michael Apple, 1996)이 말하듯이 기업의 교육과정은 미국 역사상 가장 규모가 큰 대중 재교육 운동을 창출하기 위해 고안되고 개발되어 왔다. 맥도날드는, 자신들이 가르치려 하는 바람직한 시민상과 100% 미국주의의 고취, 전통적인 도덕적 가치관과 모순이 되는 개인적·집단적 의미의 약화를 위한 광고를 통해 대중 재교육 운동에서 중요한 역할을 수행해 왔다. 맥도날드를 비롯한 기업들의 세계화 노력이 확대됨에 따라 기업 합법화를 위한 문화 교육은 새로운 차원으로 전개되었다. 맥도날드의 해외시장 공략의 중요한 목표 중 하나는 기업의 가치관과 문화를 선전하는 것이다. 그리고 이런 특정 정치적 입장을 선전하고 대중들이 그것들을 받아들이도록 교육하는 것은 전지구적 차원에서 일어난다.

합법화 광고의 성공은 정치의 수준이나 도덕적 수준에서 매우 걱정스러운 것이다. 점점 더 많은 시민이 기업의 행태를 합법적이라고 동의함에 따라 시민들은 "좋은 사업 환경"을 만들도록 도와주는 것이 사회의 책임이라고 믿게 된다. 예전과는 달리 더 많은 사람들이 경제적 불평등을 경제 자체의 당연한 특성이라고 받아들이면서 불평등은 더욱 확대된다. 가난한 사람들의 수입은 줄어드는 반면 부자들의 수입은 증가한다. 1950년대에 미국 기업들은 지방세, 주정부세, 연방정부세 전체의 26% 정도를 냈으나 1990년대에는 단 8%만을 낸다(Kincheloe, 1999). (맥도날드가 앞장서는) 기업의 노조에 대한 공격, 최저임금 인상에 대한 규제, 비정규직이나 (대개 여성이거나 미성년자인) 제3세계 노동력을 이용하는 착취적 기업관행, 가부장적으로 노동을 착취하는 공장의 재설립 등은 일상적인 것이 되었다. 이런 개발은 새 일자리에서 저임금 분야(맥잡)가 차지하는 비율이 계속 증가하기 때문에 중산층의 안정을 위협한다(Associated Press, 1998; Affleck, 1998; Yakabuski, 1997). 노동력의 한계선상에 있는 점점 더 많은 사람들이 복지 혜택도 없고 신분 보장도 없는 "임시 고용"을 받아들인다(Goldman & Papson, 1996; Manning & Cullum-Swan, 1994; Personnel Journal, 1994).

새로운 과학기술·전산화·자동화로 인해 노동자들은 공업 분야에서 일자리를 빼앗겨 버렸다. 변화하는 경제가 공업과 농업 분야의 일에서 노동자들을 내몰아 서비스와 정보 분야에서 일을 찾도록 만들면서, 많은 남성과 여성들은 중산층이라는 자신들의 지위가 사라지는 것을 목격했다. 맥도날드와 다른 패스트푸드 회사들은 이미 낮을 대로 낮은 임금을 더 줄이기 위하여 자동화 전략을 지속한다. 이런 축소화 전략은 중간 수준 및 약간의 기술이 필요한 일자리(특히 시간당 12달러 정도의 정규직)에 영향을 주었고, 더욱 심각한 경제적 양극화의 결과를 가져왔으나, 이제는 국가와 세계의 건전성에 필수적이라고 기업의 문화 교육이 주장하는 좋은 사업 환경을 강화시켰다(Block, 1990; Grossberg, 1992; Kellner, 1989).

자세히 들여다본다면, 신자유주의가 주장하는 좋은 사업 환경의 구성요소들이 모두에게 좋은 것은 아닐지도 모른다. 저임금, 비노조화, 정부의 노동자 보호 축소는 정확히 누구에게 이익이 되는 것일까(Kincheloe, 1995, 1999)? 많은 면에서 기업의 교육과정은 놀랍게도 전세계의 개인들로 하여금 자신에게 전혀 이익이 되지 않는 정책을 기꺼이 받아들이게 할 정도로 성공적이었다. 기업들은 감정적 호소를 이용해 점점 더 많은 세계시민들이 자신들을 신뢰하도록 설득했다. 광고에 따르면, 우리와 우리가 사랑하는 사람들 그리고 우리 아이들에게 만족, 인생의 좋은 것, 행복한 식사(Happy Meals)를 제공해 주는 것은 바로 기업이다. 이런 신성한 기업에 누가 감히 돌을 던질 수 있다는 것인가? 내가 질문을 했을 때 화를 낸 인터뷰 응답자들이 바로 기업의 재교육 프로그램이 성공하고 있다는 증거다. 맥도날드가 광고를 통해 아이들을 오도했다는 맥도날드 명예훼손 재판에 대한 의견을 말하도록 요구했을 때, 뉴욕에서 온 두 아이의 어머니인 25세의 한 여성은 다음과 같이 폭발했다.

나는 자유주의의 선행자인 척하며 기업을 욕하는 자들에게 신물이 난다. 맥도날드는 아이들을 오도하지 않는다. 당신은 모를지도 모르겠는데, 이것이 바로 자유기업제도이다. 당신과 같은 공산주의자들은 이해하지 못할 것이다. 맥도날드가 이윤을 남기는 것을 당신과 같은 사람은 참지 못하는 것이다. 당신은 정부가 이것도 저것도 다 운영하길 바라는 것이다. 맥도날드가 아이들한테 통하니까, 당신은 정부를 더 크게 만들어서 이런 광고를 검열하기 바란다. 맥도날드 광고에 대해선 내게 말도 꺼내지 말라. 소련에나 가서 직업을 알아보라—아이구 어쩌나! 그 나라는 더 이상 존재하지가 않으니. 교수님, 당신 같은 사람들은 원래 재수가 없는 것 같아요. (Interview, 1998)

냉전에서의 승리: 맥도날드의 공산당 재교육

기업의 교육과정은 인간의 모든 문제는 상품화로 해결된다고 가르친다. 당신은 현대 생활의 속도 때문에 괴롭고 스트레스를 받습니까? 오늘 휴식을 가져야 합니다. 자 일어나서 맥도날드로 오십시오. 우리가 어떻게 즐거움과 행복을 제공하는 사람들을 특별히 대접하지 않을 수 있습니까? "이게 바로 자유기업제도라는 겁니다." 좋은 사업 환경을 원하면, 다 들어 주세요. 그들은 결국 우리가 원하는 것을 모두 주니까요.

이런 역학은 세계의 가장 예기치 못한 곳에서도 표현되고 있다. 윤시앙 얀 (Yunxiang Yan; 1997)에 따르면, 중국의 한 신문은 70대 초반의 부부가 중국에서 중요한 명절을 즐기기 위해 베이징의 맥도날드 매장에 간 얘기를 실었다. 신문기사를 읽으면서, 사람들은 이 기사가 옛 중국(낡고 오래된 것)과 새로운 중국(멋있고 진보적이며 서양과 연관된 이국적인 것)에 관한 평범한 공산당식 선전이라고 생각할지 모른다. 신문에는 그 부부를 찍은 두 장의 사진이 게재되어 있다. 첫 번째 사진은 1949년에 찍은 것으로 마르고 영양실조인 부부를 보여 준다. 두 번째 사진은 베이징 맥도날드 매장 앞에서 찍은 것으로, 멋있게 차려입은 건강한 부부를 보여 준다(Yan, 1997, p. 41). 이 기사는 결코 흔한 중국의 선전 기사가 아니다. 그 기사는 맥도날드가 중국 현대 생활의 진보적 성격을 상징한다는 것을 보여 준다. 1990년대 중국에서 일상의 삶을 가치 있게 만드는 것은 바로 자본가이며, 미국 회사인 맥도날드라는 뜻이다. '상품화를 통한 해결책'이라는 교육은 시장 이데올로기가 마음에 들지 않는 국가에서조차도 성공적이다. 중국의 이데올로기 장벽을 넘기 위해서는 좀 더 강력한 교육을 필요로 할 뿐이다.

맥도날드는 자신의 대중적 이미지에 기쁨, 미국성, 현대성 등의 기표를 덧붙임으로써 이러한 문화 교육에서 예기치 않은 이익을 얻는다. 아주 적은 임금을 지불함에도 불구하고, 자신들이 세계화된 경제와 관련된 현대적 일을 하는 준비를 시켜 주기 때문에 중국이나 다른 나라에서 많은 젊은이들이 맥도날드 매장에서 일을 하려고 지원할 것이라고 기대한다. 근대화라는 기표가 다시 떠오른다. 부모가 자식의 교육에 집착하는 사회에서, 기호화를 통한 맥도날드의 문화 교육은 아이들을 맥도날드 매장에 데려와서 맥도날드가 대표하는 근대화에 대한 가르침을 받도록 유혹한다.

이런 경향을 더욱 촉진하기 위하여 중국의 맥도날드는 아이들이 매장에 올 때 종이와 펜을 제공하는 학습 환경을 조성하고, 백일장을 후원하고, 매장에서 아동 프로그램을 운영하고, 스승의 날에는 교사들에게 선물이나 감사 증서를 준다(Yan, 1997). 대만에서는 많은 학교들이 학부모와 아이들이 점심시간에 맥도날드를 학교에 배달시킬 수 있도록 허용하고 있다. 많은 대만 학교 당국자들은 이런 관행을 교육적이며, 학생들에게 미래의 세계화된 사회에서 살아가는 데 도움이 될 "위생적인 행동과 알맞은 예절"을 배우도록 가르친다고 생각한다(Wu, 1997, p. 133). 맥도날드는, 대중의 마음속에서 맥도날드가 패스트푸드 매장이 아니라, 자식들을 성공시키려는 부모들의 욕망을 지원하는 "공공" 교육기관으로 생각하도록 성공적으로 변신한 것이다(Deetz, 1993; Goldman & Papson, 1996).

우리는 여기서 신고전주의 경제학의 정치를 성공적으로 전파하는 것을 목격할 수 있다. 시카고 커넥션이 다시 떠오른다. 시카고 학파의 경제학은 맥도날드가 세계적으로 성장하는 것을 가능케 했고, 맥도날드는 새로운 국가에 발판을 마련하면서 시카고 이데올로기를 전파한다. 많은 국가들은, 좋은 시대에 만들어진 부의 불평등과 노동에 대한 비친화적인 태도 이외에도, 전세계적인 "자유시장의 침체"가 항상 존재하고 있기 때문에, 과장되어 온 자유시장 이데올로기의 효과가 그대로 이루어지지 않을 것이라는 사실을 깨닫기 시작했다. 맥도날드의 미래는 매정하게도 세계화된 신고전주의 경제학의 성공 여부에 달려 있다. 내가 했던 많은 인터뷰를 통해 맥도날드의 상습적이고 광적인 단골 만들기와 무제한의 시장 자본주의와 현재의 기업 행태에 대한 긍정적인 관점 사이에 상관관계가 있음이 드러났다. 일부 맥도날드 광신자들은 신이 자유기업제도를 만들었고, 맥도날드는 신의 일을 하고 있다고 주장하기도 한다.

> 나는 예수님이 자유기업제도를 믿었다는 것을 안다. 성경에 이에 대한 언급이 많다. 레이 크락은 신의 사람이고, 그는 맥도날드를 통해서 주의 일을 수행하고 있다. 나는 그와 같은 사람을 보면 신에게 감사하고 자유기업제도를 통해 예수를 찬양한다. 나는 맥도날드에서 먹는 것이 자랑스럽다.
> (Interview, 1992)

따라서, 일부 고객들에게 있어 크락 왕국(맥도날드)의 유리문을 드나드는 일은 자유기업제도에 대한 그들의 신념을 선포하는 것이나 마찬가지다. 맥도날드 교육의 호소력, 크락을 자본가의 우상으로 만드는 가맹점에 관한 계획의 단순성, "크락이 할 수 있다면 나도 할 수 있다"라는 생각의 유혹을 이해하기는 어렵지 않다. 황금아치 아래에서 내가 관찰한 몇몇 고객들은 진정 이데올로기적 영적 교제를 하고 있었다. 그들은 애덤 스미스를 먹고 있었다.

맥도날드의 이러한 차원은 북미의 언론들이 예전 공산국가들에 있는 맥도 날드의 존재에 대해 기사를 쓸 때 최고로 자명하게 드러난다.《마드모아젤 (Mademoiselle)》의 한 저널리스트는 "레닌의 무덤이 별 볼일 없어진" 이후로 모스크바 사람들이 새 맥도날드 매장에서만큼 긴 줄을 본 적은 없다고 주장 했다. 그는 그 줄에 서 있던 모든 사람들은 단 한 가지, 즉 "깨가 뿌려진 빵 속에 들어 있는 자본주의의 맛"을 보고 싶어한다고 결론지었다(Bastable, 1993, p. 98). 유력 언론사의 다른 기자들은 "배고픈 공산당을 위한 자본주의 의 맛"이라는 주제를 받아들여, "철의 장막"에 갇혀 있던 러시아인, 헝가리 인, 유고인, 중국인 그리고 다른 나라 사람들이 빅맥에 대해 갖고 있는 열정 에 대해 썼다(예를 들면, Wood & Willson-Smith, 1988, p. 30). 이런 상황에서, 미국 방송매체들은 로널드 맥도날드가 공산당을 물리쳤으며, 냉전에서 승리 하는 데 선봉을 담당했다는 생각을 보여 준다.

로널드 맥도날드가 어디서 끝나고 레이 크락이 어디서 시작되는지 불분명 하기 때문에, 냉전 시대의 로널드의 역할은 자본주의 기업가 천재 크락에 대 한 기억으로 남는다. 언론인들은 냉전을 승리로 이끈 사람은 로널드 레이건 대통령과 그의 군사적 해법과 함께 바로 크락과 그가 대표하고 있는 열렬한 기업 혁신가들이라고 썼다(Feder, 1997). 그러므로, 미국주의와의 기호학적 커넥션은 크락만이 꿈꿀 수 있었던 방식으로 확대되었다. 크락과 그의 맥도 날드는 미국 우파의 꿈 같은 우상들인 존 웨인, 레이건, 올리버 노스 중령과 해병대, 찰턴 헤스턴, 미국총기협회(NRA)와 결합되었다. 햄버거는 햄버거 이상의 무엇이다. 깨를 뿌린 빵에 두 개의 쇠고기 패티, 특별한 양념소스, 상 추, 치즈, 양파, 피클 그리고 이데올로기가 얹혀 있는 것이다.

맥도날드식 가르침은 대부분의 교육 시스템에서처럼 거시적 이데올로기와 미시적 훈육의 모든 수준에서 일어난다. 미국 학교들은 학생 개인들이 질서를 지키도록 훈련시키는 통제 방법을 개발하면서, 미국식 민주주의와 자본주의라는 거시적 이데올로기를 오랫동안 제공해 왔다. 모두를 위한 물질적 안정이라는 사회민주주의 개념을 포기하고, 시장 근본주의를 가르치면서 맥도날드와 그의 기업 동지들 그리고 정치적 지지자들은 특히 효과적인 훈육을 위한 권력을 개발해야 한다. 그러나 착각하지 마라. 시장 위주의 세계화 경제에서 미국과 전세계의 많은 실패자들은 결국 매우 분노할 것이다.

그러나, 지금까지 맥도날드는 텔레비전과 또 다른 판촉 방법을 통해 사람들로 하여금 낯선 음식을 먹고 심지어 예전에 먹던 음식도 바꾸도록 하는 등의 다양한 문화를 가르치는 믿기 어려운 능력을 보여 주었다. 이것은 대단한 업적이다. 맥도날드는 사람들에게 패스트푸드 매장에서 어떻게 주문하고 먹는지 성공적으로 가르쳤으며, 이는 유인물, 그림을 이용한 강의 그리고 말로 안내하기 등을 통해 달성한 아주 큰 교육적 과업이다(Watson, 1997c). 많은 회사의 간부들은 맥도날드가 종업원 훈련에서도 군대가 하던 사회적 역할을 대신하고 있다고 주장하기 시작했다. 젊은이들에게 "훈육, 팀워크, 반복"을 가르친다는 것이다(Vidal, 1997, p. 38). 10명 중 1명의 미국인과 점점 더 많은 세계시민들이 맥도날드에서 첫 일자리를 얻을 때, 기업 교육의 힘은 더욱 더 커지는 것이다(Vidal, 1997).

맥도날드 권력에 저항하기: 왜 알아야 하는가?

맥도날드의 권력 그리고 우파 문화 교육의 다양한 형태에 대해 알아야 거기에 대항하는 방법을 개발할 수 있다는 사실은 매우 중요하다. 오늘날 너무나 많은 사람들이 이런 강력한 이데올로기적 메시지에 대해 깨닫지 못하거나 대항하는 방법을 모른다. 민주적인 사회에서는 스스로 지식의 생산과 수용의 과정을 이해함으로써 시민적 삶을 만들어 갈 수 있는 힘을 가진 비판적 시민을 길러내는 사회적 공간을 마련하는 것이 필요하다. 맥도날드 명예훼손 재판으로 인하여 맥도날드 교육에 반대하는, 예를 들어 '맥도날드에 반대하는 아이들의 모임(Kids Against McDornald's)'과 같은 저항그룹들이 전세계에 생겨났지만, 기업가의 교육에 전반적으로 대항하기 위한 조직적 노력은 거의 찾아볼 수 없다. 탈정치화된 하이퍼리얼리티로 인해 무기력에 이른 것이다.

힘 있는 기업들이 펜실베이니아에서 말레이시아에 이르기까지 사람들의 삶에 대변동을 일으키는 것을 고려하면, 이런 무기력감은 포스트모던한 현상으로 바라볼 때만 이해가 가능하다. 약간의 분석으로도 맥도날드가 많은 사회문화적 · 정치적 · 경제적 · 교육적 문제들, 즉 영양, 공중보건, 민족주의, 사회적 윤리, 세계 무역, 정치의식, 이데올로기 그리고 많은 다양한 문제들과 연관이 있음이 드러난다. 현대의 정치 세계에서는 기업의 정보 생산이 곧 행동으로 연결된다. 행동이 있는 곳에도 기업의 정보 생산도 있다. 우파의 자유 시장 경제 권력에 대해 정치적 저항을 할 때, 새로운 권력 작동 방식의 복잡성에 대해 시민들이 이해할 수 있게 하려면 새로운 정치적 상황에 초점을 맞추어야 한다. 이런 이해를 통해 시민들은 감독을 받지 않고 있는 사회정치적 관행이나 제도에 대한 비판이 가능할 것이다. 관심 있는 시민들은 기업의 문화권력을 꿰뚫어 봐야 한다.

맥도날드식 정보 네트워크(McSpotlingt, 1997)는 다국적 기업의 압도적인 교육적 힘에 대항하기 위해 우리가 조직화할 수 있는 방법이 무엇인지 좋은 예를 보여 준다. 또한 재정적으로 풍부한 맥도날드의 합법적 자원들을 공익을 위해 쓰도록 전복시키는 방법도 보여 준다. 우리의 중요한 비전은 맥도날드와 다른 기업들이 식민화한 본능적 에너지/욕망을 취해서 그것을 사회와 개인의 진보적 변화를 위해 배치하는 저항과 관련이 있다. 새로운 기업질서 속에서는, 저항의 정치를 위한 새로운 형태의 의사소통과 공동체가 필요하다. 21세기 초반에 기업이 정보정치를 쥐락펴락하는 것에 비추어 보면, 대안적이며 진보적인 정치 활동의 가능성을 개인들에게 제시해 주는 시민단체가 거의 없다는 사실은 매우 놀라운 것이다. 기업이 주는 역정보의 장막에서 벗어나 세상을 읽을 수 있다는 것은 우리가 저항의 근거를 마련할 수 있도록 해 준다. 이런 비판적 읽기는, 자유시장 근본주의가 자유라는 미명하에 마음대로 민주주의의 문맹을 만들어 내기 위해 고안된 자본가들의 성전(聖戰)이라는 사실을 분명히 깨닫게 한다. 이런 현실에 비추어 볼 때, 저항은 미디어, 기호학 그리고 권력에 대한 문해능력(literacy)의 계발과 분리될 수 없는 것이다 (Bell & Valentine, 1997; Best & Kellner, 1991; McLaren, 1997; Vidal, 1997; Wartenberg, 1992).

문해능력이 있는 저항가들은 기업이나 기업을 옹호하는 자료로부터 나오는 정보를 '점유'하고 약화시킨다. 이 책에서 시도하는 것처럼, 이 저항가들은 다양한 해석을 통해 기업의 정보를 사회적·이데올로기적 맥락에서 읽을 수 있는 해석가가 되는 것이다. 실천가들은 정보 통제의 정치에 비추어 또는 현대의 탈정치화 맥락에서 맥도날드를 연구할 수 있다. 미디어/기호/권력의 문해능력은 서로 다른 배경을 가진 사람들이라도 자신들의 역사·사회·정치의식이 하이퍼리얼리티를 만들어 내는 정보생산자들에 의해 재편될 수도 있다는 사실을 깨닫게 해 준다. 맥도날드의 허위역사, 즉 행복한 19세기 말과 20세기 초의 갈등 없는 백인들의 작은 마을과 같은 미국을 보여 주는 고풍스러운 필름은, 맥도날드 기업이 조지 워싱턴이나 아브라함 링컨과 같은 미국의 역사적 영웅들이 있는 신전의 일부라는 것을 우리에게 가르치려 한다. 또한 주목해야 하는 것은, 이런 낭만화되고 거짓스러운 1960년대 이전의 공화국, 즉 보다 단순하고, 보다 자연적이며, 범죄가 없고, 열심히 일하고, 도덕적으로 고결한 공화국이 기업 공동체에 의해서 가능하게 되었다고 암시하는 것이다. 기업에 의해 재교육받은 자들은 "시민적 책임감이나 무감각한 '거대정부'의 세금과 규제에서 기업들을 풀어 주고 보다 가치 있는 일을 하게 할 수는 없을까?"라고 묻는다.

한 인터뷰 대상자는 이런 교훈을 나에게 반복했다.

> 기업의 사회적 책임에 대해 말하는 것을 우리가 왜 들어야 하는가? 미국에서 기업은 단 한 가지 이유, 이윤을 얻기 위해 존재한다. 맥도날드와 같은 회사들은 이윤을 낼 수 있는 어떤 행동이라도 할 수 있도록 자유로워야한다. 사실 회사의 사회적 책무는 이윤을 내서 더 많은 노동자를 고용하고 더 많은 자본을 창출하는 것이다. 그 밖에는 지역사회에 어떤 책임도 없는 것이다. 임무를 완성한 것이다. (Interview, 1992)

현명한 저항: 권력에 대한 문해능력 계발하기

그렇다! 버거는 단순히 버거가 아니다. 포스트모던한 상황에서 일반적으로 음식은 단순히 영양이나 생명유지에만 관계되는 것이 아니다. 맥도날드는 다진 쇠고기와 감자를 초월하여 정치적·교육적·문화적 의미를 갖는다. 우리의 식습관과 음식에 대한 욕망은 권력의 사회적 서열 속에서 우리가 누구인지, 출신이 어디인지, 어디에 서 있는지(또는 어디에 위치해 있는지)를 말해준다. 중요한 주제가 다시 떠오른다. 기업 정치의 압도적인 영향력에 저항하

144

기 위해서, 공정하고 민주적인 사회의 발전에 관심이 있는 개인은 권력이 어떻게 작용하는지 이해해야 한다. 그들은 권력에 대한 문해능력을 키워야 한다. 우리는 종종 권력에 대해 토론을 하지만 대부분의 사람들은 이 용어가 무엇을 의미하는지 잘 모른다.

권력이 인간 존재양식의 기본요소라는 개념에는 사회적 합의가 이루어지는 듯하다. 그러나 이 지점에서 분석가들은 여러 이론적 방향으로 메추라기처럼 흩어지며, 따라서 사회적 합의도 사라진다(Kincheloe & Steinberg, 1997). 권력은 인간 조건의 억압적인 면과 생산적인 면을 형성하는 현실의 기본적 구성요소이다. 문화 연구의 전통적인 방식을 따르는 학자들은 권력이 현실의 기본적 구성요소라는 명제를 수용하는 경향이 있는데, 여기서 권력은 인종, 계급, 성, 상업, 직업, 의사소통 그리고 일상의 상호작용이라는 사회적 기본틀에 내재된 것이다. 이 관점에서는 권력이 모든 인간관계에 존재하는 것으로, 고객과 사업가의 상호작용, 연인들의 성생활 그리고 독자와 작가의 관계에도 존재한다(Bell & Valentine, 1997).

권력은 어디에나 존재하기에, 쉽게 분배되거나 뒤집어엎을 수 없는 것이다. 나는 맥도날드나 기업의 권력을 "쓸어버리자"고 제안하는 것이 아니다. 권력관계에 종지부를 찍자고 제안하는 단순한 정치학은 권력이 사회적·문화적 생활을 구성하는 데 관계가 있다는 사실을 이해하지 못한 것이다(Cooper, 1994; McCarthy, 1992; Musolf, 1992). 권력은, A가 B에게 권력을 행사하고 B는 A에 대항하여 반항적인 행동으로 응답한다는 식의 일방적이고 변함없는 행사를 말하는 것이 아니다. 그것은 아주 복잡하고 애매모호해서, 지배하고 지배당하는 개인(집단)들 쌍방 모두 권력을 사용한다. 한 집단의 영역이 아니고, 상대방 집단의 영역도 아니다. 실제로 우리 모두는 능력을 가지고 있으며, 그 능력을 사용하는 데 한계를 느낀다는 점에서 권력을 가지고 있기도 하며 아무런 권력이 없기도 하다. 따라서, 권력을 똑같은 결과를 가져오는 일차원적이고 통일된 힘으로 기술하는 것은 권력의 중요한 특징을 놓치는 것이다. 예를 들어, 맥도날드의 경영진과 자유시장 자본주의의 옹호자들이, 시장은 욕구를 충족시켜 주기 위해 작동한다—즉 소비자의 권력이 생산에 대한 결정을 내리게끔 상품의 생산자 쪽으로 일방적으로 작동한다—고 주장할 때 이는 실제의 삶에서 권력이 다차원적으로 흐른다는 사실을 이해하지 못한 것이다. 반기업적인 '맥인포메이션 네트워크(McInformation Network)'는 권력을 사용한다. 그 권력은 맥도날드만큼 강력하진 않지만 그럼에서 불구하고 중요한 것이다.

소비자 권력은 옛날부터 맥도날드가 영양, 생산의 환경적 측면, 문화적 무감각 그리고 노동 착취 등에 관련된 자료를 주저 없이 공표하도록 만들 만큼 충분하지 못했다. 맥인포메이션 네트워크나 다른 기관에서 이런 정보들을 찾아내고 수집하고 공표하는데, 이런 정보는 많은 패스트푸드 소비자들의 의식과 행동을 변화시켰다. 대항 헤게모니적인 힘이 곳곳의 미디어 투고란을 통해 순환되고, 여러 가지 맥락에 따라 해석되며 연관되어지고, 사회정치적 세계를 이해하는 여러 방법으로 통합된다. 따라서 권력은, 때로는 보이지 않지만 한 방향으로만 흐르는 것은 아니다(Bizzell, 1991; Cooper, 1994; Keat, 1994; Rorty, 1992). 만약 복잡하지 않고, 애매모호하지 않고, 당황스러운 것이 아니라면 권력은 아무것도 아니다. 실제로 이런 점들이 바로 권력의 한 부분인 것이다. 권력의 정보 침투, 정치적 차원의 효과적 위장, 전지구적 미디어 네트워크를 통해, 권력은 하이퍼리얼리티의 모든 곳에 존재하지만 어느 곳에서도 뚜렷하지 않다. 클링온(Klingon : 〈스타트랙〉 시리즈에 나오는 악한 사람들로 자신을 감추기 위해 보이지 않는 옷을 입는다—역자) 종족과 같이 은밀한 곳에 깊이 숨어 있기 때문에, 권력은 개인의 의식이나 대중의 대화 속에는 없게 되었다.

존 피스크(John Fiske, 1993)는 현대 사회에서 권력 정치가 작용하는 사회적 형태를 설명하기 위하여 "권력 블록(power bloc)"이라는 용어를 사용한다. 피스크는 권력을 휘두르는 자들이 특정 계급이나 정의가 명확한 사회적 범주를 구성하는 것이 아니며, 권력 블록은 항상 변화하는 전략적이고 전술적인 사회 연합이라고 설명한다. 자신들의 지위를 위협하는 사회적 상황이 발생할 때나, 서로의 입장을 지지하여 연합하고 있는 사람들에게 이익이 될 때는 언제든지 비체계적으로 그런 연합이 이루어진다. 권력 블록은 역사적으로 특정하며, 사회적으로 특정하고, 이슈적으로 특정하다. 권력 블록은 변화하는 문화적 형태에 따라 오고 간다. 맥도날드, 웬디스, 버거킹, 타코 벨, 피자헛 그리고 다른 패스트푸드 회사들은 시장 부문에서 경쟁자들로서 인식되고 있다. 물론 이것은 사실이다. 그들은 종종 서로를 공격하며 자사 제품을 타사 제품과 비교하여 사도록 광고를 한다. 그러나, 피스크가 말한 권력 블록의 관점에서 보면, 거시경제적 정책에서는 이 경쟁자들은 "좋은 사업 환경"을 확보하기 위해 하나의 권력 블록으로 제휴한다. 그들은 집단적인 정치 권력과 정보 생산 능력을 공유함으로써 정치경제적 정책에 엄청난 영향을 끼친다.

피스크에 따르면, 권력은 "사회적 질서 유지와 …… 그 유연한 운영을 확보하기 위해 사람들에게 작용하는 하나의 체계적 작동 세트이다"(1993, p. 11). 이런 사회 질서를 유지함으로써 가장 이익을 보는 개인들과 집단들이 자신들의 이익을 지배 권력 체제와 연계시키고 그 체제가 잘 돌아가도록 힘쓰는 것은 당연한 이치다. 이런 맥락에서 피스크는 권력 블록은 "그 자체보다는 그들이 무엇을 하는가"(1993, p. 11)에 의해 잘 설명될 수 있다고 결론을 내린다. 이런 상황에서 "사람들"이라는 개념은 권력 블록 밖으로 밀려나서 권력에 의해 "훈육"되어야 하는 사람들을 의미한다. 권력 블록 밖으로 밀려났다는 말이 개인은 권력이 없다는 것을 의미하지는 않는다. 아웃사이더들은 단지 보다 약한 권력을 가지고 있을 뿐이다(피스크는 그것을 "지역화된 권력 localizing power"이라 부른다). 실제로, 앞에서 살펴본 바와 같이 그것은 배양되고, 강화되고, 종종 성공적으로 배치될 수 있는 권력이다. 지역화된 권력의 기초는 권력 문해의 개념에 근거한다. 민주주의와 정의의 수호자들은 은폐된 권력이 세상을 바꾸기 위해 어떻게 작동하고 있는지 조리 있게 표현할 수 있는 능력을 획득해야 한다.

현대의 세계화된 사회에서, 많은 관찰자들은 맥도날드라는 기업문화가 다양한 사회문화적·정치적·경제적 집단과 결합한 하나의 권력 블록이 되어 항상 변화하고, 재연합하고, 진화하기 때문에 고민한다. 이 권력 블록에는 기업의 특권과 보다 높은 수익성을 확보하려는 경제·정치적 지배 엘리트들이 포함된다. 또 신고전주의적 경제관을 가진 사회진화론적 보수주의자들과, 학교를 "상향 표준화"시켜 고급기술을 가진 일꾼을 키우는 것을 옹호하는 소위 전통적인 미국의 문화적 가치의 수호자들도 있다. 그런데, 이들은 노동자들의 나이가 어리고, 주로 여성이며, 교육을 받지 않았고, 문맹이며, 임금이 싼 제3세계로 산업체와 일자리를 옮긴다. 권력 블록에 속한 일부 사람들을 불편하게 느끼지만, 승진을 위해서 기업 경영의 절차와 비논쟁적이고 순응하는 정체성을 받아들이는 것이 필요하다고 믿으며 전문직으로서의 출세를 추구하기 위해 이런 연합에 동참한 새로운 과학-기술-관리 계층의 신분상승자들도 있다. 또 이들 중에는 백인의 특권이 소수자 우대 정책 같은 정부 정책과 "주제넘게 나서는 소수 집단들"에 의해 침해당하고 있다고 믿거나, 부도덕한 흑인과 라틴계 사회보장제도 수혜자, 동성애자 그리고 여성운동가들을 전통적 가치관을 침해하는 사람이라고 매도하는 보수주의자들을 추종하는 백인 노동자층이 있다. 이 집단의 보수주의 수용은, 이 집단 자체가 종종 신고전주의 경제학과 우파 정치 정책의 희생자라는 점에서 특히 걱정스러운 것이다(Apple, 1996; Fiske, 1993; Hinchey, 1998; Macedo, 1994).

항상 변화하는 권력 블록들에 대한 이해를 통해 권력 문해능력이 향상되면 개인들은 그러한 올바른 인식만으로 충분하지 않다는 것을 깨닫게 된다. 이런 권력의 거시적 역학을 이해하는 것 이외에도, 우리는 집단과 개인 차원에서 권력의 미시적 수용과 생산에 대해 이해할 필요가 있다. 보수적 권력 블록이 현재의 사회경제적, 정치적 삶에 심각한 영향을 발휘하지만 개인들은 그것에 동조하거나 저항할 힘(agency)이 있다. 이 개인들의 선택은 자신들이 접하는 정보에 따라 제한적일지 모르지만 그럼에도 불구하고 선택은 존재한다. 조지 리처가 쓴《맥도날드 그리고 맥도날드화》에 대한 답으로 마틴 파커(Martin Parker, 1998)는 다음과 같이 썼다. "빅맥은 자본의 체계화된 상품일 뿐만 아니라 수백만 개인들의 각기 고유한 삶 속에서 한 요소로서 소비되고 있다"(p. 11). 권력의 생산과 수용을 중심으로 그 양 측면으로부터의 거시적, 미시적 수준의 교차점에 대한 분석은 비판적 권력 문해에 매우 필요하다. 이런 교차점을 조사하는 데에서 특히 중요한 것은 전통적인 사회학 담론에서 흔히 무시되어 온 본능적이고, 감각적이고, 상상적인 면에 대한 이해이다. 전통적 이성주의 담론은 권력의 사회적이고 심리적인 차원을 무시함으로써, 권력이 의식을 구조화하며 개인들이 권력 블록에 대한 관계를 형성해 가는 바로 그 방법들을 이해하지 못했다.

권력이 현상유지를 지지하는 이성적인 의미를 구성해 내기 위해 이데올로기를 사용하고 감정과 욕망을 식민화한다는 사실을 인식하는 것은, 개인적 의식이라는 미시적 영역을 식민화하려는 거시적 권력의 이중목적적 시도라는 느낌을 준다. 이런 역학은 처음에는 복잡한 것처럼 보이지만, 대부분의 사람들이 그것들을 파악하여 자신들의 시민의식 형성과 정치 활동에 이용하지 못할 이유가 없는 것이다. 그러면, 현재의 전지구적 삶에서 맥도날드의 역할은 점점 더 명확하게 될 것이다. 이런 모든 일은 단순한 것은 아니다. "어떻게 저항할 것인가"라는 문제에 대한 답이 차에 붙이는 스티커 문구처럼 나오지는 않을 것이다. 저항이 그렇게 단순했다면 정의와 민주주의를 위한 투쟁은 훨씬 쉬웠을 것이다. 하이퍼리얼리티란 단편적이고 신비화되고 분리되고 모순적이기 때문에, 우리는 이것을 이해하고 정당하고 박애주의적인 방식으로 행동하려는 노력을 포기해서는 안 된다(Peace, 1990). 맥도날드는 2000년도 광고에서 모든 기호학적 요소를 동원하여 "저항은 쓸모없다"라고 선언했다. 그럼에도 불구하고, 비판적 권력 문해는 사회 변화를 가져올 것이다.

복잡성을 인정하고 굴복을 부정하기

권력, 권력관계, 권력에 대한 신비화가 더 복잡하면 할수록 더 많은 사람들이 사회정의를 위해 싸우는 것을 포기할 것이다. 전통적으로, 어떤 운동도 복잡성을 바탕으로 이루어진 것은 없다. 맥도날드 이데올로기와 이 기업의 본능 그리고 욕망의 식민화에 대한 대중의 수용은 많은 권력 분석가들이 예전에 생각했던 것보다 훨씬 더 복잡하다는 사실을 우리가 인식한다면 이 때문에 의기소침해지기보다는 힘을 내야 한다. 강력한 사회기관이 이데올로기적 지식의 생산을 통제한다고 해서 그 자료를 받아 보는 사람들이 자동적으로 그 권력 아래 엎드리는 것은 아니다(Gottdiener, 1995). 동아시아에서의 맥도날드의 역할에 관한 책 《동양의 황금아치》에서 인류학자 왓슨(1997c)은 권력 수용의 복잡성 때문에 맥도날드 권력에 대한 비판적 분석을 포기해 버리는 함정에 빠졌다.

왓슨은 1년에 거의 20억 달러의 이익을 내고, 매일 3천 5백만 명의 고객이 방문하며, 세계에서 가장 큰 소매상, 쇠고기 소비자, 닭고기 구매자라는 지위를 가진 맥도날드 제국의 크기를 무시했다. 이러한 묘사들은 우리가 이런 다국적 기업이라는 거대한 괴물이 가진 권력을 탈신비화할 때 출발점이 되는 것인지도 모른다. 어떤 글들은 전세계에 걸친 맥도날드의 마케팅 비용이나, 맥도날드와 국가 권력 구조 사이의 관계의 본질에 대해 전혀 언급하지 않는다. 맥도날드가 광고를 하면서 이용하는 이미지에 대해 설명할 때 텔레비전, 라디오, 신문들의 상업적 관심과 연결시키지도 못한다. 이런 결탁에 관련된 이데올로기적 역학과 정치적 효과에 대한 문제는 전혀 제기되지 않는다 (Kellner, 1990).

왓슨과 그의 공동 연구자들은 아시아에서 황금아치의 역할에 대해 분석하면서, 소비자 관점의 '지역성'에 중점을 두어 맥도날드 권력의 거시사회적 관계는 조금도 다루지 못하고 있다. 그들은 다국적 체제와 세계화된 자본주의의 문제에 대한 일반적 분석은 현재의 정치 경제에서 무의미하다고 주장한다. (아시아에서 맥도날드의 운영과 같은) 기업 활동의 의미에 대한 지역적이고 개인적으로 표현되는 명백한 반응들만이 이런 맥락에서 유효한 자료로 간주된다. 실제로, 맥도날드의 정보 생산과 관련하여 보다 깊이 있는 사회적 · 정치적 · 심리적 효과를 구분하려는 어떤 시도도 이상하게 오도된다. 동아시아에서 맥도날드의 영향력을 객관화하려는 경향에 대해 경고하고 있지만, 왓슨은 홍콩에 대한 자신의 글을 다음과 같이 결론짓는다.

거의 30여 년 동안 문화적 변화가 일어나는 과정을 살펴 본 결과 홍콩의 평범한 사람들은 자신들의 문화유산을 빼앗기지 않았으며, 다국적 기업에 대해 이해하지 못하는 멍청이들이 되지 않았다는 것이 나에게는 명백했다.

(Watson, 1997c, pp. 107-8)

왓슨 같은 학자가 권력 효과의 복잡성 때문에 비판적 분석을 포기하도록 요구할 때, 그는 다음과 같은 명백한 문제에 대해 망각한 것이다. 기업의 합법화 광고가 효과가 없다면, 왜 맥도날드나 다른 기업들은 수십 억 달러를 들여 가면서 계속 광고방송을 하는가? 광고회사들은, 수많은 기업 고객들이 기업의 이익과 관련된 정치적 문제들이 대중의 대화 속에서 구성되고 이해되고 수용되는 방법을 조정하도록 그들에게 돈을 지불한다는 사실을 인정한다. 예를 들어, 환경 문제와 관련하여 웨이어하우저(Weyerhaeuser : 제지회사), 듀폰(Dupont), 다우(Dow), 필립스 원유(Phillips Petroleum), 엑슨(Exxon) 등이 내보낸 광고를 생각해 보라. 우리가 권력과 지배에 대해서 말하지 않을 수 있는가? 정보를 통제하는 기업 교육에 대해 말하지 않을 수 있는가? 성명서나 글에 대해서 그러하듯이 이러한 광고들에 대해서도 사람들은 서로 다른 방식으로 받아들이고 의미를 만드는 것은 틀림없다. 하지만 집단적 효과가 발생하는 것 역시 부정할 수는 없다. 보통 사람들은 하루에 4~6시간 동안 미디어 메시지를 받는데, 우리가 직장에서 일하면서 기업이 만들어 낸 메시지를 받는 것까지 계산에 넣는다면 훨씬 더 많아진다(Deetz, 1993). 지난 20여 년간, 사람들이 이데올로기로 새겨진 기업의 자료를 받는 데 소비하는 시간은 수만 시간이나 된다. 많은 사람들은 이러한 광고를 통해 전파되는 감정/정서의 의도된 식민화 또는 이데올로기 주입에 반대하는 관점에 대해 거의 혹은 전혀 듣지 못하고 있다.

1998년에 가장 큰 담배회사들이 지원한 일련의 광고는, 담배 판매를 규제하거나 흡연으로 인한 사회 비용과 보건 비용을 담배회사와 흡연자들에게 부담시키거나 나누게 하려는 시도는 잘못된 것이라고 텔레비전 시청자들에게 말했다. 몇 단계로 나누어 행해진 인터뷰에서, 주로 노동자 계급의 미국인들은 흡연을 줄이고 기업으로 하여금 인간에게 질병을 준 것에 대해 비용을 부담하게 하려는 법률적 시도는 "거대정부"가 자유 기업을 방해하는 한층 더한 사례라고 반복적으로 주장했다. 이 광고들 자체는 그리 뛰어난 것은 아니었으나, 대중들은 이것을 너무나 긍정적으로 받아들여서 금연 법률안은 의회에서 통과되지 못했다. 거대정부라는 '구성된' 위협—"당신은 정부가 모든 것을 마음대로 하기를 원합니까?"라는 구절에서 잘 표현되었듯이—을 가지고 시청자들을 이데올로기적이고 감정적으로 식민화함으로써 권력이 발휘된 것이다. 시청자들마다 담배회사의 메시지를 서로 다르게 받아들인다는 것은 자명하며, 민속학적 인터뷰를 통해 서로 대립적으로 갈등하는 해석을 밝혀 낼 수 있다는 것도 자명하다. 실제로 담배 광고의 수용은 매우 복잡한 것이다. 그러나 이런 수용의 복잡함에도 불구하고 이 광고들은 담배를 만들어 파는 회사들의 권력과 그들에게 부여된 의무—이윤의 보호—를 완성한 것이다. 담배회사들은 맥도날드와 다른 기업이 지난 수년간에 걸쳐 완성한 이데올로기적·감정적 교육을 이용해 효과를 본 것이다.

자신들의 확대되는 권력을 대중의 시선으로부터 돌려놓기 위해, 기업들은 '정부가 대중의 적'이라는 이데올로기적이며 감정적인 재교육 운동에 돌입했다. 베트남 전쟁 및 워터게이트 사건과 관련된 미국 정부의 실패에 대한 불만이 고조되어 가는 상황에 의존하여, 기업들과 그들의 정치적 동지들은 정부를 우리의 자유, 특히 우리의 가장 기본적인 자유인 자유기업에 대한 권리를 삼켜 버리는 빅 브라더로 표현한다. 사회적 책임 없이 경제정책을 추구할 수 있는 자유는 이데올로기적으로, 의미적으로 그리고 감정적으로 언론과 집회의 자유와 동등하게 여겨진다. 권력에 대한 두려움은 기업의 사적 영역에 존재하는 것이 아니라 정부라는 공적 영역에 있는 것으로 오도되었고 이것은 사회적, 문화적, 교육적, 경제적, 정치적 역사의 방향을 바꾼 강력한 이데올로기적 마술이다.

맥도날드와 다른 기업들이 처음에는 미국 대중을, 그리고 지금은 세계시민들을 재교육시키는 데 성공한 복잡한 방법들에 대한 연구는 물론 이 책의 주요한 관심사이다. 이런 재교육 과정은 소비자들을 특정한 상품을 사는 특정한 생활방식을 가진 특정한 형태의 사람으로 분류하고, 직장 일을 끝내고 맥도날드로 차를 몰고 가 아이들을 위해 빅맥을 사 준다는 식이다. 하지만, 이런 과정이 너무 어려운 복잡한 방식으로 일어나기 때문에—또는 어떤 다른 이유에서든—우리가 이런 광고에 굴복하여 그들이 원하는 식으로 된다고는 생각조차 할 수 없는 일이다. 인간의 존엄성을 위해서 우리는 저항해야 되고, 우리의 삶을 그려 나가는 힘을 점점 더 많이 획득해 가는 과정에서 우리는 시민정신이 가득 찬, 민주적이고 진보적인 사람들이 되어야 한다.

5 자본을 위한 동의 구하기

햄버거와 감자튀김을 팔기 위해, 맥도날드는 판매자로서뿐만 아니라 문화 중개자의 역할도 해야 한다. 소비자들을 빅맥, 1/4파운드짜리 버거 그리고 최신 아치 디럭스에 담긴 의미들과 연관시키고, 소비자들이 이런 의미들이 제공하는 즐거움의 단계에 따라 특정한 정체성을 갖고 감정적으로 결합하도록 설득시키려고 시도할 때 맥도날드는 문화 영역으로 진입한 것이다. 맥도날드가 주는 특별한 의미와의 감정적인 결합은 소비자들의 새로운 정체성, 즉 '자신'에 대한 새로운 사고방식의 생산과 관련이 있다. 이 생산과정은 헤게모니가 지배적 기표와 이데올로기에 대한 동의를 조장하기 위해 작동하는 방식을 반영한다.

간단하게 정의하면, '헤게모니'는 현대 민주주의 사회에서 물리적인 힘의 사용이 아니라 사람들의 동의를 얻음으로써 지배를 유지하는 과정이다. 만약 헤게모니가 다양한 시민의 지지를 받으려는 권력 행사자들의 보다 큰 노력이라면, 지배적 또는 헤게모니적 이데올로기는 현상유지에 대한 동의와 그 안에서 개인이 차지하는 특정한 위치에 대한 동의를 생산해 내는 문화적 형태, 의미 부여, 의식, 표현을 포함하고 있다.

헤게모니의 과정을 이해하기 위해서는 우리는 맥도날드를 비롯한 권력 행위자들(agents)을 좀 더 짜임새 있고 복잡한 방법으로 살펴보아야 한다. "아랫사람들"에게 하향식의 명확한 지배를 행사하는 일차원적인 지배 계급은 없다. 맥도날드는 전통적인 가족관, 애국심, 아늑한 작은 마을에 대한 향수 등 사람들이 흔히 갖고 있는 믿음에 자신들의 기표를 덧붙임으로써 합의를 만들어 가는 과정을 항상 거치며 시민들과 타협한다. 이 '헤게모니적 타협'에서, 맥도날드는 소비자가 누구인지 이해하고, 그들의 가치관의 구조를 알고, 그래서 하나의 문화적(그리고 정치경제적) 기관인 자신들에게 충성을 하도록 해야 한다. 따라서, 맥도날드는 사람들이 이미 믿고 있는 많은 것들을 주며, 이런 정서적인 투자를 회사의 의제에 덧붙인다. 헤게모니 과정이 21세기에 주체성, 즉 세상을 바라보는 인간적인 방식의 생산에 있어 중요한 구성요소가 되어 감에 따라, 맥도날드는 이런 방식으로 사람들의 의식구성의 구석진 곳에까지 들어가는 길을 확보한다(Kellner, 1990; Goldman & Papson, 1996; Gottdiener, 1995). 그리고 잘 살펴봐야 하는 것은, 이 과정이 결코 단순하거나 일직선이 아니며 아무런 저항 없이 일어나는 것도 아니라는 점이다. 분석가들이 이런 과정을 한결같고 명확한 것처럼 설명하는 것은 실수이다. 이 책에서 나는 맥도날드의 헤게모니 논리와 그것이 전지구적 문화에 끼치는 심오한 영향에 대해 설명하고자 노력하지만, 살아 움직이는 세계의 혼돈 속에서 일어나는 이 과정의 작용에 대해 결코 과장해서 말하자는 것은 아니다.

맥도날드라는 뱀파이어는 지역의 민속적 관행과 습관을 빨아서 기업의 핏줄에 수혈한다. 베르사유 맥도날드 매장 안에 있는 나폴레옹과 로널드 맥도날드, 햄버글러와 다른 맥도날드 캐릭터 인형들이 가득한 군대를 그려 놓은 벽화를 생각해 보라. 이와 똑같은 헤게모니적 전용을 중국에서도 찾아볼 수 있는데. 천안문 광장 맥도날드 매장 앞에 중국 국기가 매일 게양되도록 의무화한 것이다. 특별한 행사가 있을 때는 국기 계양식에 인민해방군 병사들이 참석한다(Yan, 1997).

사회문화적 · 정치적 가치관을 헤게모니적으로 전용할 때 사회에 따라서 극적으로 서로 다른 형태가 나타난다. 미국인과 중국인으로부터 정서적 반응을 끌어내기 위해서 맥도날드는 자신들을 서로 상반된 사회적 · 정치적 체계—즉 중국에서는 공산주의 혁명과 전체주의 국가라는 겉모습, 미국에서는 자유기업경제와 핵가족화된 가족 중심의 문화 이미지들—에 연관시킨다. 맥도날드는 전세계의 소비자들에게 이런 명백한 모순들을 숨기려고 시도한다. 미국에서 소비를 겨냥해 만들어 내는 어떠한 맥도날드 선전물도 베이징 매장에서 중국 국기를 찬양하는 걸 언급하지 않는다. 그런 사실은 좀 더 보수적인 미국시민, 즉 맥도날드 회사를 빨갛고 하얗고 파란 것으로(미국 국기 색깔로, 미국적 기업이라는 의미—역자) 생각하는 사람들로 하여금 맥도날드의 노랗고 빨간 상표의 색깔에 대해 새로운 관점을 갖게 할지도 모른다.

기업의 헤게모니라는 이름으로 말해지는 문화권력은 논쟁의 여지가 큰 개념이다. 《동양의 황금아치》의 서문에서 왓슨(1997a)은, 비판적 지식인이 맥도날드를 문화적 균질화의 주범으로 비난한다면서, 맥도날드가 문화적 균질화를 만들지 않는다고 주장한다. 또한, 문화 제국주의 권력을 휘두르지도 않는다고 한다. 그는 서론(1997b)에서, 비판적 학자들은 맥도날드 고객들이 다음과 같다고 가정한다고 주장한다.

맥도날드 고객들은 자신들에게 기대되는 것이 무엇인지 알며, 근대 경제 속에서 "적절한" 고객으로 행동하기 위하여 교육되거나 훈련되어야 한다는 것을 안다. 문화 제국주의 가설을 지지하는 학자들은, 그 목표가 소련인, 중국인, 사우디아라비아 사람들을 미국인으로 바꾸는 것이라고 주장할

것이다. 그러나 우리가 알듯이 소비자의 행동을 변형시키려는 기업의 전략
이 항상 계획한 대로 되는 것은 아니다. (p. 27)

왓슨의 관점에서 보면, 세계화된 세상에서 기업의 헤게모니를 설명하려는
연구자는 존재하지 않는 무엇인가를 찾고 있는 것이다. 문화적 균질화에 대
한 관심이 그로 하여금 맥도날드의 미묘한 영향과 다른 문화적 상황에서 동
의를 얻어 내는 방법들을 보지 못하게 만들었다. 실제로, 그가 문화적 균질화
가 없는 것으로 보았다는 것은, 그만큼 외국에서 맥도날드의 헤게모니적 활
동이 성공했기 때문으로 읽을 수 있다. 간단히 말해, 왓슨은 헤게모니에 대해
이해하지 못하고 있다.

내가 여기서 제시하는 관점은, 맥도날드가 소련인, 중국인, 사우디아라비
아인을 미국인으로 바꾸려고 시도하지 않음으로써 정확하게 자신들의 권력
을 얻는다는 것이다. 그 대신에 맥도날드는 자신들이 영업을 하고 있는 사회
의 문화적 믿음을 이용함으로써 동의를 얻기 위해 노력한다. 중국에서는 (성
조기가 아니라) 오성기가 게양될 뿐만 아니라, 치킨 맥너겟은 시추안
(Sichuan) 소스와 함께 나온다. 《이의 제기(Dissent)》라는 책을 쓴 제프리 와
서스트롬(Jeffrey Wasserstrom, 1998)은 맥도날드와 미국 기업들이 중국의
균질화와 미국화를 수행한다고 주장하는 학자들에 대한 자신의 비난을 정당
화하기 위해 왓슨의 "멋진 새 책"을 이용했다. 와서스트롬의 글에서는 문화
적 균질화를 위해 중국이나 다른 어떤 사회에 이데올로기적으로 영향을 주는
맥도날드와 미국 다국적 기업의 권력에 대해서 단 한 번도 언급되지 않았다.

또한 왓슨과 와서스트롬은 사회정치적 · 경제적 관행과 특정한 관점에 대
한 동의를 얻기 위해 헤게모니의 과정에서 쾌락과 욕망을 이용하는 것에 대
해 전혀 의문을 제기하지 않는다. 맥도날드가 쾌락을 생산하고 욕망을 식민

화하는 문제에 관한 예전의 분석은 이런 개념들을 어떻게 다루어야 하는지 정확히 제시하지 못했다. 예를 들어, 조지 리처는 맥도날드의 저급한 미적 감각에 대하여 쓸 때 고급문화 그리고 고급요리의 관점으로 봄으로써 개인들이 맥도날드에서 얻는 "재미에 관한 환상"에 보다 관심을 두었다(Parker, 1998). 헤게모니와 욕망의 관계를 무시함으로써 리처, 왓슨 그리고 다른 여러 사람들은, 한편으로는 거시 사회정치학적·경제적인 구조에 대해, 다른 한편으로는 스스로 방향을 설정할 수 있는 능력인 인간의 행동력과 주체성의 생산 사이에 일어나는 복잡한 상호작용에 대해 보지 못하고 있다(Miles, 1998). 그래서 왓슨(1997c)은, 맥도날드를 이방의 기업으로 인식하지 않고 자신들의 재미를 위한 장소로 만들었기 때문에 문화 제국주의에 홍콩의 아이들이 성공적으로 저항한 것이라고 주장한다. 만약 홍콩의 젊은이들이 맥도날드를 이방의 존재로 간주한다면, 맥도날드 매장을 비롯해 맥도날드가 대표하는 모든 것들은 어떤 수준에서도 성공하지 못할 것이다. 왓슨은 맥도날드가 30년 이상 존재한 후에도 홍콩 사람들은 "자신들의 문화적 유산을 다 뺏긴 것이 확실히 아니다(pp. 107-8)"라고 말하며, 다시 한번 비판적 권력 분석이 맥도날드와 전혀 관계가 없음을 "증명"한 것이라고 결론짓는다.

이런 해석에서는 사회정치적 현상에 개인주의적인 초점을 들이대기 때문에 권력을 존재하지 않는 것으로 지워 버린다. 다국적 유목 기업들은 이 나라 저 나라 돌아다니며 자신들의 제품과 이를 둘러싼 의미를 소비하는 사람들에게 좀 더 나은 삶이라는 장식을 제공하기 때문에, 세계화된 경제에서 지배란 이제는 부적절한 것이 된다. 개인들이 자신의 삶에 기표들이 작용하는 방식을 정확한 용어로 설명할 수 없을지도 모른다는 것이 가능한가? 권력과 지배에 대해 관심이 없는 민속학자들이 이런 헤게모니적 역학이 욕망과 쾌락이라는 맥락 안에서 작용하는 모호하고 미묘한 방법을 파악하는 도구를 개발할 수 있을까? 욕망을 가진 소비자와 미국 기업들 그리고 그 기업들을 둘러싸고 있는 자유기업 이데올로기의 후광이 개인의 욕망과 밀접하게 관계가 있다는 개념 사이에는 어떤 관계가 있을까? 이런 맥락에서 헤게모니적 이데올로기는 (전통적으로 가정되어 온 것처럼) 이성적인 설득이라는 명백한 선을 따라 주입되는 것이 아니라, 쾌락과 욕망과의 불분명하고 엷은 관계 주위에서 주입되는 것이다(Best & Kellner, 1991). 전통적인 민속학에서의 인터뷰는 이성적인 과정을 가정하여 "빅맥의 이데올로기가 당신에게 어떤 영향을 주었습니까?"라는 식으로 묻지만, 이는 종종 불분명하고 무의식적으로 작용하는 헤게모니적 과정을 밝혀 내지 못한다. 문화권력에 대한 민속학적 연구는 훨씬 더 섬세하고 엄밀한 수준에서 이루어져야 한다.

맥도날드에 대한 많은 전통적 분석은 무의식적인 것들에 대한 중요성과, 무의식과 정체성을 쾌락과 욕망의 역학과 연관짓는 복잡한 관계성이 중요하다는 사실을 무시하기 때문에 종종 실패한다. 미국적인 것의 기표들, 자유시장경제의 합법화, 모더니티의 유혹은 중국인들이 맥도날드와 상호작용할 때 다 작동되는 것들이다. 욕망은 세상의 물질성과 동떨어져 존재하지 않는다. 햄버거는 결국 햄버거 이상의 것이며, 베이징에서조차도 그렇다. 그리고, 모든 사람이 동일한 방식으로 의미를 여과하지 않는다 할지라도 이 점은 중요하다. 다양한 수준에서 이루어지는 욕망과 맥도날드의 모더니티 사이의 헤게모니적 연계는 기업화 이전의 삶의 방식에 의문을 제기하는 문화적 과정을 출발시킨다. 전세계 사람들과 인터뷰를 하면서, 나는 많은 응답자들이 맥도날드의 황금아치라는 황금 렌즈를 통해 자신들이 겪어 온 세계를 바라볼 때 그 세계는 자신들에게조차 아주 원시적인 것으로 보인다는 사실을 계속해서 발견했다. 실제로, 그러한 틀에 박힌 세계는 현대인들에게 시골뜨기나 촌사람으로 불리는 두려움과 당혹감을 느끼도록 만들었다. 그러한 역학은 권력의 복잡한 작용 속에서 느낌과 정서의 중요성, 즉 욕망의 중심성을 반영한다.

맥도날드에서의 경험은, 특히 서구의 중산층 또는 중상류층의 모더니티 범주 밖에서 문화화된 개인들이 새로운 물질적·심리적 경험을 창조하도록 도와준다. 이런 사람들에게는 욕망을 입력해 새로운 물질적·심리적 경험을 창조하는 맥도날드의 힘이 너무나 강력하게 작용해서, 많은 중국인 부모들은 이 회사가 버거에 비밀스러운 재료를 넣는다고 믿는다(Yan, 1997). 이런 말을 듣는 미국인 부모들은 중국인 부모들의 느낌—부모 자신들이 아는 그 어떤 것도 아이들에게 그렇게 강력한 반응을 불러일으킬 수 없다—을 정확히 이해하기 때문에 종종 소리내서 웃는다. 맥도날드에 대한 이런 반응을 보며, 우리는 포스트모더니티의 정치학이 작동하는 방식에 대한 통찰력을 얻게 된다. 실제로 이성화에 대한 리처의 분석, 정형화된 왓슨의 민속학적 인터뷰, 또는 기업에 대한 인식의 다양성에 대한 와서스트롬의 이해 등이 암시하는 것보다 더 강력한 무엇인가가 새로운 차원으로 맥도날드와 다른 영역에서 진행되고 있는 것이다.

이것이 맥도날드를 담당하는 광고회사들이 말하는, 햄버거에 마술적 품질이 있는 것으로 생각하도록 유도하는 음악을 만들어 내는 이유이다. 그들은 "일상에서 벗어나고자 하는 충동 …… 느낌"을 고취시키려고 시도해 왔다고 고백한다(Boas & Chain, 1976, p. 127). 많은 관찰자들이 매우 유혹적이라고 묘사하는 이런 노래들은 감정과 욕망의 정치, 즉 어린 중국 소년들이 매일 먹을 수 있는 거대한 햄버거 상자의 꿈을 꾸도록 하고 다른 아이들은 자라서 맥도날드 매장을 여는 환상을 갖도록 유인하는, 정서에 기반한 헤게모니 형성에 기여한다(Yan, 1997). 이런 아이들의 정치적 관점, 세계관, 성공에 대한 비전 그리고 자아상(自我像)들이 결코 모두 같을 수는 없을 것이다.

기업 교배: 쾌락의 헤게모니

쾌락의 이데올로기를 통해 헤게모니적 권력을 확대하기 위해, 1997년 1월 맥도날드는 자사의 판촉활동을 위해 10년간 디즈니 제품을 독점 이용하는 계약에 서명했다(Hamilton, 1997). 이 계약은 버거킹이 디즈니가 제작한 〈포카혼타스(Pocahontas)〉의 캐릭터 상품으로 성공하는 일이 반복되지 않게 미리 차단하는 방식으로 쾌락을 제조하는 두 우상이 연합하는 것이다(The Economist, 1996, 〈포카혼타스〉의 장난감과 그 부대용품을 제공해 버거킹 매장의 매출이 10% 증가했다; Benezra, 1995). 맥도날드 권력의 열쇠가 쾌락을 생산하여 감정과 정서를 식민화하는 것이라면, 쾌락을 생산하는 회사들과의 협력관계를 확실히 해야 한다. 디즈니 이외에도 맥도날드는 햄버거와 감자튀김 구매시 컨트리 가수 가스 부룩스(Garth Brooks), 티나 터너, 엘튼 존의 특별판 편집 앨범을 살 수 있도록 EMI 레코드사와 협조했다(Moris, 1994). 이런 앨범들과 라틴음악과 힙합이라는 두 지역성 있는 편집 앨범을 묶어, 맥도날드는 1990년대 중반에 판촉행사 기간 한 달 동안 9백만 장 이상을 팔았다(Newman, 1994). 그리고 여러 시기에 걸쳐 이 회사는 빅맥처럼 생긴 큰 샌드위치, 감자튀김, 콜라를 사면 값싼 비디오를 끼워 주기 위해 영화 배급사들과 동업을 했다(Bessman, 1989).

맥도날드의 가장 성공적인 판촉 중의 하나는 티니 비니 베이비(Teenie Beanie Baby)였다. 이것은 의도적으로 적게 생산했기 때문에 구매가 힘들었던, 동물 모양의 콩을 넣어 만든 인형인 비니 베이비를 작게 본 뜬 인형이다. 몇 차례의 판촉행사 기간에 고객들은 해피밀을 사면 공짜로 주는 인형을 받기 위해 매장으로 달려갔다. 맥도날드는 판매를 늘리기 위해 일주일에 오직 한 쌍의 인형—예를 들어 패티 프래티퍼스(Patti Platypus), 빠른 거북

(Speedy Turtle), 혀를 낼름거리는 도마뱀(Lizzy Lizard) 등—만을 내놓았다. 이 인형들은 너무나 인기가 있어서 일주일을 못 채우고 물건이 떨어지곤 했다. 엄마, 아빠들은 새로 나온 티니 비니 베이비를 얻기 위해 몇 시간이고 줄을 섰고, 그 늘어선 줄이 매장 밖까지 이어져 평일 오후에 교통이 마비되는 것을 나는 보았다. 내가 대화를 나누며 관찰한 부모들은 아이들만큼이나 인형에 대해 흥분한 듯했다. 이 비니 베이비에 의해 생긴 감정은 매우 깊은 것이고, 인형들을 주제로 한 하위문화와 사이버 모임이 잇달아 생겨났다. 이 판촉 기간 동안에 맥도날드가 겪은 유일한 문제는 부모들이 이 인형을 얻기 위해 해피밀을 산 후 정작 음식은 버렸다는 보도였다.

　다양한 고객들의 감정과 정서를 이용할 수 있는 능력 때문에, 맥도날드는 재정적 성공과 사회정치적 권력을 얻는 비즈니스 스쿨의 모델이 되었다. 헤게모니가 개인으로 하여금 권력에 대해 동의하도록 만드는 것을 의미한다면, 맥도날드는 헤게모니화의 거장이다. 쾌락의 생산을 통해 아이들의 동의를 얻는 데 가장 성공적인 전략의 하나는 맥도날드랜드 캐릭터들과 관련된다. 만화영화나 텔레비전 광고에 나오면서, 맥도날드 놀이터에 세워진 동상들로, 과자상자나 플라스틱 음료수 컵에 그려진 그림으로서 맥도날드랜드의 캐릭터들은 아이들의 일상생활에 침투했다. 이 맥도날드랜드의 선전은 세계화된 포스트모던 세계에서 헤게모니의 신화 역할을 한다. 그리고 불온하게도, 이 신화들은 주로 아이들을 대상을 하고 있다. 맥도날드랜드의 헤게모니 신화의 면모를 깊이 이해하려면, 이 캐릭터들의 "아버지"인 레이 크락의 사회심리학적 복잡성을 이해해야 한다.

　1902년에 시카고 서부 지구의 노동자 계급이 사는 동네에서, "동유럽 이민 노동자(bohunk)"라고 불리는 (보헤미안) 가정에서 태어난 크락은, 한 인간으로서 그리고 사업가로서 자신의 가치를 증명하려고 평생 동안 집착했다

(Boas & Chain, 1976). 20~30대에 몇 가지 사업에 실패하고 나서, 크락은 52살이라는 나이에 맥도날드라는 기회를 잡을 때까지 많은 것을 경험해야만 했다(Kroc, 1977, ch. 4). 맥도날드랜드에 대해 크락은 자신이 스스로를 정의하는 방식, 즉 소비를 통하여 정의한다. 좋은 것을 소유하려는 열망에 이끌려, 크락은 자신의 자서전에 소비에 대한 언급을 여기저기 써 놓았다. "나는 교외 부자촌의 주택 세일 정보를 보기 위해 지역신문의 광고를 샅샅이 뒤지곤 했다. …… 나는 세일하는 주택에 자주 들러 우아한 가구들을 골라냈다"(Kroc, 1977, p. 27). 메시아 같은 로널드 맥도날드가 굽어 살피는 맥도날드랜드는, 소비가 주요 임무일 뿐 아니라 그곳에 온 사람들이 정체성—소비라는 쾌락에 바탕을 둔 헤게모니적 이데올로기—을 얻는 장소(당신이 원하는 장소)이기도 하다.

맥도날드랜드는, 체제를 팔고, 소비를 생활의 한 방식으로서 정당화하고, 맥도날드 문화권력에 대한 아이들의 동의를 얻기 위한 노력에 의해 드러나는 크락의 심리가 가득 찬, 아이들을 위한 교과서이다. 맥도날드랜드의 중심 인물로서, 로널드 맥도날드는 다차원적인 광대적 신성(神性)이자 애덤 스미스라는 동정녀의 아들이며, 자유기업 자본주의의 이데올로기를 위한 언론 담당 비서로 등장한다. 로널드 맥도날드는 레이 크락 자신의 투영물이자 자아의 창조물이며, 맥도날드 세계에서 일어나는 이상적인 소비를 위한 가장 사랑스러운 예언자인 것이다.

로널드의 삶은 〈투데이 쇼〉의 기상 예보가였던 윌러드 스코트(Willard Scott)와 함께 워싱턴 DC에서 시작된다. 1960년대 초 워싱턴의 WRC-TV에서 성공하려고 발버둥치는 신입 아나운서였던 스코트는 그 방송국의 어린이 프로에서 바보 광대(Bozo the Clown) 역을 맡기로 한다. 스코트가 광대 옷을 입었을 때, 클라크 켄트가 슈퍼맨으로 변신한 것처럼, 더듬거리는 윌러드에서 위대한 광대로 변신했다. 그 지역의 맥도날드 매장주들이 스코트의 재능을 알아보았고, 이 바보 광대를 맥도날드의 대변인으로 고용했다. 이 바보 광대 프로그램이 방송국에 의해 취소되자 맥도날드는 매우 효과적인 광고수단을 잃었다. 그 지역의 맥도날드 점주들은 스코트와 함께 노력해 (스코트의 아이디어로) 로널드 맥도날드를 창조해 냈고, 로널드는 1963년 10월에 데뷔한다. 로널드는 매우 성공적이었는데, 그가 대중에게 모습을 드러낼 때마다 교통 혼잡이 빚어지자 그 지역 관리자들은 로널드를 전국적으로 선전할 것을 시카고 본부에 제안했다(Love, 1986).

로널드 맥도날드를 광대, 카우보이 또는 우주인 중 어느 것으로 만들어야 하는가에 대한 오랜 논쟁 끝에, 기업의 수뇌부와 광고회사는 광대 로널드로 결정했다. 그들이 선전하기 원했던 이미지보다 너무 뚱뚱하다는 이유로 스코트는 버림을 받고(Love, 1986), 1965년에 맥도날드는 링글링 형제 서커스단(Ringling Brothers)과 바넘과 베일리 서커스단(Barnum & Bailey Circus)에서 일하던 유명한 광대 코코(Coco)를 고용했다. 1966년 11월 25일 메이시(Macy) 백화점이 주최하는 추수감사절 퍼레이드에서 처음으로 미국 전역에 모습을 드러내면서 로널드의 신성화가 시작되었다. 맥도날드 고객관리센터에서 배포한 보도자료는 매우 과장된 자랑으로 가득 찬 시성(諡聖 : 가톨릭에서 성인으로 추대하는 것) 문서였다. "1963년부터 로널드 맥도날드는 아주 친숙한 이름이 되었고 래시, 부활절 토끼보다 더 유명하며, 산타클로스 다음으로 잘 알려졌다"(McDonald's Customer Relations Center, 1994). 20세기 미국을 대표하는 "래시보다 유명한" 로널드 맥도날드는, 시간여행을 하는 것처럼 꾸민 WWF 레슬링에서 19세기 미국을 대표하는 "회오리 바람을 잡은" 페코스 빌(Pecos Bill : 미국 서부의 전설적인 카우보이로, 민담에 많이 등장한다. ―역자)과 만난다.

맥도날드의 선전책자를 보면 맥도날드랜드의 모든 인물들은 로널드—별칭은 크락—를 존경한다. 로널드는 "지적이고 민감하며…… 거의 모든 것을 다할 수 있으며…… 로널드 맥도날드는 그야말로 스타이다"(1994). 아이들이 아프면, 로널드는 그곳에 있다고 이 선전책자들은 주장한다. 로널드는 "국제적인 영웅이자 명사"(1994)가 되었지만, 로널드는 1963년에 그러했듯이 여전히 아이들의 친구라는 것이다. 1960년대 초 회사의 비공인 전기작가들에 의해 날조되어 언론에 뿌려진 〈로널드 맥도날드 인식에 대한 연구〉에 따르면, 96%의 아이들이 로널드를 알아볼 수 있다고 한다(Boas & Chain, 1976, pp. 115-116). 로널드는 크락이 원하던 모든 것—사랑스러운 인본주의자, 국제적인 명사, 박애주의자, 그리고 음악가—이다. 크락은 한동안 피아노 연주자로 먹고 산 적이 있는데, 맥도날드랜드의 다른 등장인물들과 함께 로널드는 어린이들을 위한 음반을 만들기 위하여 키드 라이노 레코드사(Kid Rhino Records)와 계약을 한다. 1960년대 더 터틀스(The Turtles) 밴드의 전 멤버였던 마크 볼먼(Mark Volman)과 하워드 카일란(Howard Kaylan)이 제작한 이 앨범에는 크락이 직접 작곡한 노래들과 "고전 히트송"이 들어 있다(McCormick, 1993). 크락은 자서전에서 식견이 높은 사람들조차도 로널드를 사랑한다고 썼다(1977, p. 160). 크락 자신도 로널드를 통하여 사람들의 애정에 대리만족을 느꼈다. 아브라함 링컨 역시 당대의 식견이 높은 사람들로부터 배척당했다. 20세기의 링컨으로서, 크락은 시카고 본부에 있는 책상 위에 링컨 흉상 옆에 로널드의 흉상을 눈에 띄게 진열하고 있다(Kroc, 1977).

초등학생들을 위한 선전 책자에 따르면 로널드는 1969년에 "[맥도날드] 국제사업부의 시민이 되었고" 곧 전세계의 텔레비전에 출연하게 되었다. 크락은 기업이 세계시장에 "진출"하면서 새로운 수준의 명사로 부상했다. 지구상의 어느 곳에든 알려진 크락/로널드는 위대한 세일즈맨, 즉 산업화 이후의 성공적인 윌리 로먼(〈세일즈맨의 죽음〉의 주인공—역자)—모스크바, 베오그라드, 뉴욕의 모든 사람들이 나를 사랑한다—이 된 것이다. 많은 비판가들에 의해 상처를 받은 크락은, 전세계의 아이들에게 건전한 영향을 주는 도덕적 회사를 가진 도덕적인 사람으로 인식되는 것에 집착했다. 크락은 자신의 신성한 소명, 즉 새로운 백인(neo-white man)으로서의 이데올로기적 의무의 일부로서 자신의 가맹점을 위한 "사명"을 만드는 것에 대해 쓰고 이야기를 했다. 크락은 자신이 인도주의적인 봉사를 한다고 선언했다. "나는 누구를 위해서든 아무것도 못 만들어 내는 그런 땅에 가서 살펴본다"라고 캘리포니아에서 쓴 편지에서 밝혔다. 새로운 매장은 수많은 사람들에게 보다 나은 삶을 제공한다. "그 황량한 땅에 1년에 백만 달러의 매출을 올리는 가게가 생긴다. 내 말 좀 들어 보라. 이런 일을 보는 것은 정말로 만족스럽다"(Kroc, 1977, pp. 176-77). 크락/로널드 맥도날드는 20세기 자본주의의 위대한 성공담을 의인화한다. 크락과 매장주들의 재산은 자유기업체제에서 열심히 일하면 어떤 일이 일어나는가를 헤게모니적 이데올로기 개념으로 예시해 준다. 크락/로널드는 자신들이 달성한 재정적 성공을 당신이 부러워하기 때문에 당신의 동의를 얻게 된다.

국제적인 거대 기업의 성장과 나날이 발전하고 있는 미디어의 기술적 정교함 간의 연합은 새로운 소비시대를 열었다. 많은 사람들이 포스트모던한 생활방식은 소비 중심으로 전개된다고 주장한다(Grossberg, 1992). 맥도날드랜드에서, 로널드 맥도날드는 소비 중독자로 이루어진 영지를 지배하는 CEO/대공의 역할을 한다. 햄버거에 중독된 햄버글러라는 인물은 "귀엽다". 회사가 학생들에게 제공하는 책자를 보면, 햄버글러의 "삶에서 가장 큰 목적은 맥도날드 햄버거를 얻는 것이다". 그리메이스(Grimace)라는 등장인물은 "관대하고 사랑스럽고…… [그의] 주요한 개인적 성향은 맥도날드에서 만든

셰이크를 사랑한다는 것"이라고 묘사된다. 크룩 선장(Captain Crook)의 가장 중요한 열정은 맥도날드 생선 샌드위치에게로 향해 있다는 것이다 (McDonald's Customer Relations Center, 1994).

자유기업의 이상향으로서, 맥도날드랜드는 모든 차이점과 갈등을 없애 준다. 사회적 불평등은 소비라는 행위를 통해 극복된다. 이런 헤게모니적 메시지가 현재의 권력관계를 정당화하면서, 순응이 자기 복제의 논리적 통로로서 나타난다. 맥도날드에 존재하는 다른 인물에 대한 유일한 예는, 아일랜드 방언을 쓰며 3월 중에 가끔 나타나서 샘록(Shamrock) 셰이크에 집착하는 방문자 오그리메이시(O'Grimacey) 아저씨일 뿐이다. 모든 강조가 표준화와 '동일성'을 겨냥하고 있다. 모든 로널드 맥도날드들은 제복 이미지에 합치하는지 확인하기 위해 연수원에 간다. 회사의 훈련 프로그램은 너무 합리화되어서 학생들은 철저하게 서비스 경험 유무에 따라 두 그룹, 즉 '인사하는 로널드'와 '일하는 로널드'로 나뉘어 편성된다. 맥도날드랜드에서 이루어지는 순응에 대한 가장 강력한 예시는 프랜치 프라이 가이(French Fry Guy)들에 대한 묘사다. 햄버거 패치(Hamburger Patch)에서 유일한 주민들로 묘사된 이 얼굴 없는 평범한 사람들은 수가 많기는 하지만 거의 만나 볼 수 없다.

이들은 거의 똑같이 생기고 행동하고 생각한다. 프랜치 프라이 부모라는 인물은 아이들과 거의 구분이 안 되고 아이들도 부모와 마찬가지로 구분하기 어렵다. 그들은 너무나도 똑같아서 어떤 프랜치 프라이 인형도 다른 인형과 구분되는 개성을 갖고 있지 않다. 그들은 다리와 눈이 달린 작은 마대자루같이 보이고, 대개는 동시에 떠들어대고 고음으로 이야기한다. 그들은 항상 빨리 움직이며 해변의 모래사장에서 보는 새들처럼 부산을 떨며 돌아다닌다. (McDonald's Customer Relations Center, 1994)

맥도날드화된 세계의 주민인 프랜치 프라이 가이들은 공공장소에 전시될 때도 모두 표준화된 소비를 위해 짧고 열광적인 행동을 하는데, 이때가 개체성을 보여 주는 유일한 경우다.

맥도날드랜드의 삶은 헤게모니적으로 빈틈이 없고 갈등이 없다. 햄버거 패치는 사영화된 이상향이다. 그것은 작고, 기업이 지휘하고, 소비자 지향적이라고 쓰여진 현대의 미국이다. 계급 간의 소득 분배, 기업 이익에 관한 규제, 자유무역, 최저임금, 단체교섭 같은 문제들은 한때 열정과 신념을 불러일으켰지만 이제는 사람들의 주목을 거의 받지 못한다. 누가 무엇을 얻고 무엇을 위해 투표를 하는가에 대한 결정이 이루어지는 정치적 영역은 소수에 의해 관리된다. 그들의 일과 그들이 직면하는 문제들은 CNN이나 C-SPAN 방송(미국 정치 방송 채널)의 뉴스를 보는, 갈수록 줄어드는 시청자들만이 이해할 뿐이다. 미국인들은 정치가 아주 쓸모가 없을 뿐만 아니라, 미디어의 풍경(mediascape)에서는 더 심각하게도 지루한 것으로 결론을 내렸다. 정치가 매우 중요하다는 것은 있을 수 없는 일이다. 정치는 닐슨 시청률(Neilsen : 미국의 시장조사회사 A. C. Neilsen Co.에서 조사하는 TV 시청률—역자)이 아주 낮다. 맥도날드랜드의 정치적 구조는 무기력하고 겉만 번드르한 맥치즈 시장에 대한 묘사를 통해 이 심각한 탈정치화를 반영한다. 학교를 대상으로 한 선전책자에는 맥치즈 시장을 "어리석은 인물이며" "심각하게 받아들일 필요가 없다"고 설명되어 있다. "혼란스럽고 말실수를 하는" 정치인 맥치즈 시장은 맥도날드의 사영화된 장소에서 치즈버거나 먹으며 시간을 보내는 것이 나은 인물로 묘사된다. 아이들에 대한 교훈은 분명하다. 정치는 중요하지 않다, 맥도날드를 그냥 내버려 두어라, 그리고 맥도날드 사업가가 알아서 모든 것을 운영하게 하라. 개인들이 정치에 대해 관심이 없으면 없을수록 기업의 헤게모니는 더 효과적으로 작용한다. 그에 대한 반대 운동은 시도도 하기 전에 약화될 수밖에 없다.

맥도날드랜드와 크락/로널드는 어떤 형태의 심각한 갈등도 없는 자애로운 자본주의를 그린다. 이 그림은 훨씬 더 야만적인 현실을 가리기 위한 덮개이다. 예를 들어, 버거킹의 잭 로시먼(Jack Roshman) 같은 경영분석가는 맥도날드의 경영을 해병대에 비유한다(Love, 1986). 신병이 (햄버거 대학교에서) 기초훈련을 끝냈을 때, 그는 누구라도 정복할 수 있다고 믿는다(Love, 1986, p. 113). 맥도날드 가족이라는 경제부족(econo-trival)에 가맹한 것이 동기가 되어, 매장 운영자는 종교처럼 맥도날드에 대한 신념에 대해 얘기한다(Love, 1986). 크락은 맥도날드의 삼위일체—맥도날드, 가족, 신의 순으로—에 대해 공공연하게 말한다(1977, p. 124). 성공 신학이라는 소명 아래, 이 얼굴 없는 프랜치 프라이 가이들은 수많은 자영 음식점 주인들을 망하게 만들었다(Luxenberg, 1985, p. 9). 경쟁관계에 있는 패스트푸드점 매니저들은 자신들을 망하게 만들고, 햄버거 공동묘지에 묻어 버리겠다고 단언하는 햄버거 대학 졸업생과의 만남에 대해 얘기하곤 한다(Love, 1986, p. 113). 이런 관점을 부추기면서 크락은 어떤 면에서 패스트푸드의 〈시민 케인(Citizen Kane)〉이 되었다.

사업이 얼마나 무자비하게 이루어지든지 간에 맥도날드랜드에는 비판이나 반항의 여지가 없다. "이 나라를 위대하게 만든 그런 체제에 대해 그렇게 속좁고 비참한 관점을 가진 사람들에게 연민을 느낀다"라고 크락은 자서전에 썼다(1977, p. 180). 맥도날드를 비판하는 "학문적 속물들"은 크락의 정신구조의 예민한 신경을 건드렸으며, 그가 죽을 때까지 반격할 만한 동기를 제공했다. 사랑하지 않으면 떠나라는 식의 반지성주의는 교수쟁이(The Professor)에 대한 맥도날드식 표현에서 발견된다. 다양한 방식으로 잘난 체를 하는 이 교수쟁이는 여자 같은 고음을 가진, 말을 더듬는 바보다. 그의 어떤 이론이나 발명도 쓸모없으며, 지나치게 교육을 받은 자라는 크락의 정의에 딱 들어맞는다. 하찮은 일에 너무 얽매여서 사업의 정상적인 문제에 집중하지 못한다. 크락은 학교나 책을 결코 좋아하지 않았으며 높은 학위를 별 쓸모가 없다고 여겼다. "내가 돈을 기부하기를 단호히 거부하는 단 한 가지 대상은 대학이다"(Kroc, 1977, p. 199). 지성인은 햄버거 패치의 문화에 맞지 않는다.

교수쟁이라는 인물이 나약한 만큼이나, 맥도날드랜드의 경찰 빅맥은 사내답다. 선전책자에 보면 경찰은 "강하고 묵묵한 인물이다. 그의 목소리는 깊고, 당연히 사내답다. 그의 매너는 무뚝뚝하지만 다정하고…… 그의 걸음은 당당하다. 그의 자세는 가슴을 내밀고 배는 집어넣는다." 맥도날드에 나타나는 성에 대한 교육 내용은 명백하다. 빅맥은 사내다운 남자다. 일찍 일어나는 새 버디(Berdie)는 발랄하고 재능 있는 여성이다. 맥도날드랜드의 유일한 여성으로서 버디는 중요한 임무를 맡는다. 그녀는 남성 거주자들에게 새 시대의 활동에 전념하도록 활기를 북돋우는 치어리더다. "그녀의 열정과 정력은 전염되는 것이다. …… 그녀의 긍정적 사고는 그녀의 밝고 쾌활하며 기분 좋은 목소리에서 강조된다"(McDonald's Customer Relations Center, 1994). 맥도날드랜드 인형들이 에그 맥머핀을 먹고 각자의 일을 하러 떠나면, 버디는 수동적 관찰자가 되어 옆으로 물러난다.

영역 표시하기: 경쟁자 죽이기와 기호 헤게모니화하기

이러한 남성적 윤리는 맥도날드의 기업문화에 두루 퍼져 있으며, 다양한 방식으로 표현된다. 맥도날드의 경쟁자를 물리치려는 명백한 집착에서도 이

점이 확연히 드러난다. 빅맥의 판매를 방해할지도 모르는 어떠한 요리나 기표도 찾아내고 자기 것으로 만드는 데 수백만 달러의 연구기금을 쏟아 붓는다. 고풍스러운 식당차가 다시 등장하자, 맥도날드는 손님이 음식을 주문하면 대기 번호를 준 다음에 음식을 식탁으로 날라다 주도록 고안된 황금아치 카페(Golden Arch Cafe)와 맥도날드 카페(McDonald's Cafe) 두 개를 열었다. 1990년대 초반에 버거킹이 "당신이 원하는 대로"라는 광고로 맥도날드 시장을 잠식하자, 맥도날드는 "당신이 원하는 것은 모두 가질 수 있다"라는 광고로 반격했다. 1994년 보스턴 치킨(Boston Chicken)이라는 프랜차이즈 사업이 성공을 거두자, 맥도날드는 유리로 된 카운터 뒤에서 다양한 주요리와 곁들이는 요리를 제공하는 하스 익스프레스(Hearth Express)를 시작했다. 보스턴 치킨(후에 보스턴 마켓으로 이름을 바꾸었다)과 마찬가지로, 맥클론(McClone)이라는 메뉴는 치킨, 햄, 미트로프(Meat Loaf)를 감자, 옥수수와 함께 제공했다. 우리가 당신같이 되어야 한다 할지라도 당신은 파묻어 버리고 말겠다라고, 맥도날드는 경쟁자들에게 말한다(Garfield, 1992; Whalen, 1994a).

이런 경쟁은 의미의 영역까지 넘쳐흘러 맥도날드는 회사의 기호 가치에 도전하는 어떤 사람과도 전쟁을 치를 준비가 되어 있다. 현 시대의 정치에서는 기업의 기표가 강력한 지배력을 발휘하기 때문에, 맥도날드는 그들의 상징물을 훼손한 두 명의 영국 활동가들을 고소하기 위해 1990년대에 수천만 달러를 썼다(Vidal, 1997). 디즈니는 뉴질랜드의 부모들이 운동장 놀이기구에 미키마우스를 그려 넣은 것을 지우도록 법적으로 압력을 넣었으며, 유니버설 영화사는 〈쥬라기 공원〉의 이미지를 허가 없이 사용하는 것을 신고받는 긴급전화를 설치했다(Goldman & Papson, 1996). 맥도날드가 너무 성공적으로 황금아치를 보호하고 선전해서, 황금아치는 십자가를 뛰어넘어 지구상에서 두 번째로 잘 알려진 상징이 되었다. 맥도날드가 후원하는 올림픽의 동그라미들이 가장 널리 알려진 상징이다(Vidal, 1997, p. 135). 1980~90년대에 200억 달러 이상을 들여 광고를 한 후 미국 아동들의 95%가 황금아치를 알아보게 되었다. 1995년에만 이 회사는 미국 이외의 나라에서 광고비로 거의 20억 달러를 썼다. 이런 경제력은 가장 억압적인 국가의 정부조차도 맥도날드의 전자 메시지를 검열하기 어렵게 만든다(Kellner, 1998).

시장전략의 성공과 전세계에 걸친 엄청난 권력에도 불구하고, 맥도날도 회사는 여전히 크락의 특성인 '얕은수'를 가지고 운영된다. 회사에 대한 비판에 화가 난 크락은 중역실에서 전설적인 욕설을 퍼부었다(Kroc, 1977, p. 166). 비평가들이 음식의 질 그리고 조직의 윤리성에 대해 목소리를 높이자, 크락은—맥도날드의 사회문화적 역할의 이데올로기적 차원을 직관적으로 이해하면서— 비평가들을 자유기업제도에 반대하는 것이라고 비난했다(Kroc, 1977, p. 180). 언어를 바꿔 써 가면서, 크락은 어느 누구도 맥도날드 기표들의 대안을 제시하는 것을 원하지 않았다. 그는 자신의 죽음 이후에 "맥월드(McWorld : 1980~90년대에 나타난 세계화되고 기업화된 상품 문화)", "맥잡(McJobs : 낮은 계급의 사람들이 막다른 상황에서 저임금을 받으며 하는 일)", "맥그럽(McGrub : 저질의 패스트푸드)" 그리고 "맥유니버시티(McUniversity : 저질이며, 학위를 생산하는, 비인간적이고, 자본이 주도하는 고등교육)"이라는 새로운 용어로서 표현되는 기호에 대한 논란을 증오했을 것임에 틀림없다. 이런 모든 기표들은 현재의 지구사회가 직면하고 있는 심각한 문제들과 연관이 있다. 맥도날드와 그의 논쟁적인 기표들은 세계의 수십 억의 사람들의 삶의 모습을 만들어 가는 헤게모니적 요인들과 역사의 첨단에 서 있다.

맥도날드 매장의 건축양식 변화도 헤게모니적인 차원의 기표들로 가득 차 있다. 우주선 모양의 흰 타일과 네온 불빛 그리고 과학소설에 나오는 건축적 각도로 만들어진 1950년대의 매장들은 제2차 세계대전 이후의 미래에 대한 믿음, 즉 낙원 같은 남부 캘리포니아 교외지역의 낙관주의를 나타낸다. 뉴프론티어 정신의 갑작스러운 종말과 인종, 성 그리고 성해방 운동에 대한 1970년대의 반격과 베트남 전쟁으로 인한 경제 침체 등으로 맥도날드의 건축은 복고풍으로 변한다. 이전의 미래지향적인 대부분의 매장은 사라지고, 열광적이기보다는 안락함을 상징하는 가정적인 느낌을 주는 나무와 벽돌로 만든 건축구조로 변한다. 이런 상징은 과거로 돌아가야 한다는 헤게모니를 찬양하며 아무런 도전도 받지 않던 백인 앵글로 색슨 신교도(WASP) 남성이 지배하던 시대에 대한 갈망과 전통적 가족관의 건설로 나타났다. 1980년대 초에 맥도날드가 미국의 비전을 그렸다면 유명한 에드워드 호퍼(Edward Hopper) 식당에 대한 노먼 록웰(Norman Rockwell)식 그림을 황금아치 아래서 빅맥을 먹는 로널드 레이건으로 묘사했을지 모른다.

그 시대를 떠올리게 하는 부드러운 광고 "우리가 잃어버린 것의 회복"은 헤게모니적 동의를 얻기 위하여 교외지역에 벽돌과 나무로 지은 맥도날드 매장에서 전통적 가족관을 묘사하고 있다(Bell & Valentine, 1997, p. 134). 텔레비전 광고에서는 정말로 미국적인 디즈니 영화 〈페어런트 트랩(Parent Trap)〉에서처럼 아이들이 머리를 써서 별거 중인 부모들을 맥도날드에서 만나도록 주선하는 것을 보여 준다. 그 와중에 경영자들은 그 회사 원래의 기표를 방해하는 어느 누구라도, 그들이 강하든 약하든 달려들 준비가 되어 있다. 예를 들어, 버나드 샤피로(Bernard Shapiro)와 다니엘 프레더(Daniel Prather)가 캘리포니아 산타크루즈에 채식 전문점인 맥다르마(McDharma's)를 열었을 때, 그 이름에서 "맥"을 빼라는 법원의 명령을 받았다. 그들이 "맥"이라는 글자에 금지를 나타내는 국제적인 상징—원 안에 대각선으로 X

표를 한 것—을 그렸을 때도, 맥도날드는 만족하지 않고 소송을 계속했다. 맥도날드는 맥다르마의 대항 헤게모니적인 광고도 마음에 들지 않았다.

> 1만 마리 이상의 소를 살린다!
> 12만 5천 개의 버거가 팔린다면!
> 다르마(Dharma)는 당신에게 좋다
> 자연적으로 빠르고 맛있는 음식
> 당신에게 좋은 음식
> 세상에도 좋은 음식. (People, 1988, p. 81)

이 채식주의자들을 혼내 준 몇 년 후에, 맥도날드 경영진은 영국의 버킹엄셔(Buckinghamshire)에서 조그만 샌드위치 가게를 하는 메리 블레어(Mary Blair)를 상표 도용으로 손을 봐 주었다. 스코틀랜드 사람인 그녀는 먼치(munchies : 간식이라는 뜻)라는 말을 좋아해서 가게 이름을 "맥먼치(McMunchies)라고 바꾸었다. 1996년 9월 블레어는 2주 내에 간판을 내리고 상호를 바꾸지 않으면 법정에 서야 된다는 맥도날드의 편지를 받았다. 이런 위협에 대항할 수 없었던 블레어는 그 말을 따랐고, 맥도날드 기표의 신성함에 대한 맥먼치의 위협은 저지되었다(Vidal, 1997, pp. 44-46).

기호의 전유가 반대 방향으로 작동할 때 맥도날드는 다른 전략을 사용한다. 실내 놀이터 체인에 '리프스 앤 바운즈(Leaps and Bounds)'라는 이름을 선택함으로써 맥도날드는 부모들이 놀이를 통해 아이들에게 학습 방법을 가르쳐 온 시카고의 한 교회 부속 비영리 교육 프로그램의 이름을 빼앗았다. 맥도날드가 이 명칭이 중복되었음을 알았을 때, 이 회사의 법률 대리인들은 그 교육 프로그램의 담당자들에게 맥도날드가 새로 획득한 연방 상표가 일리노이 주 상표법보다 법률적 우선권을 가진다고 알렸다. 그 프로그램은 이름을 바꾸는 것 말고는 아무런 선택의 여지가 없었다. 맥도날드는 전세계적에서 이와 비슷한 기표 전쟁을 수행해 왔다(Vidal, 1997, p. 45; Advertising Age, 1991).

이런 경쟁적인 열정은 맥도날드 경영진이 미래를 내다보는 방법에도 반영되어 있다. 그들은 하룻동안 맥도날드에 방문하는 사람들이 세계 인구의 1%도 안 되기 때문에, 회사가 투쟁을 시작한 것이라고 선언했다. 회사의 CEO들은 회사가 사람들의 동의를 얻기 위해 돈을 더욱 더 많이 써서 전세계의 모든 시장을 지배하기를 원한다고 주장했다(Kovel, 1997). 맥도날드는 이미 1982년에 시어즈(Sears)를 제치고 전세계에서 가장 큰 부동산 소유자가 되었다. 맥도날드는 시 외곽의 도로변 땅을 구매하면서, 미국의 마을과 도시의 모습을 변화시키기 시작했다. 다른 패스트푸드 회사, 머플러나 타이어 판매점으로부터 하드웨어 판매점들의 프랜차이즈들이 이런 방식을 따르도록 유도함으로써, 맥도날드는 중심 도시와 교외지역의 관계를 재조직하는 과정을 폭발적으로 일어나게 했다. 많은 도심 상업지역이 무너져 갔고, 그와 더불어 도시의 세금원도 줄어 갔다. 물론 맥도날드의 확장이 도시 황폐화의 유일한 원인은 아니지만, 그렇게 만드는 데 중요한 역할을 한 것은 사실이다. 실제로 맥도날드는 북미를 변화시켰고 이제는 전세계를 변화시키는 많은 세력 가운데 중심 역할을 하는 기업이다(Monniger, 1988).

미국의 주요 도로변의 장소가 점점 줄어들자, 맥도날드는 월마트나 우체국 같은 대안적인 장소로 확장하기로 했다. 그러나, 맥도날드의 미래를 위한 중요한 장소는 당연히 북미 이외의 지역이다(Whelan, 1994a). 모더니즘적 사고방식으로는, 품질은 크기와 같고 확장은 그 자체가 보상이다. 맥도날드의 확장지향적 사고방식은, 다른 기업들의 목적과 마찬가지로 극적인 사회적·문화적 효과를 만들어 내려는 헤게모니적인 논리를 지지한다. 맥도날드의 권력은 미국의 모습을 바꿀 뿐 아니라, 이 지구 사람들의 마음을 바꾸는데 도움을 준다. 예를 들어, 맥도날드 명예훼손 재판과 맥스포트라이트가 수천 명의 사람들에게 쇠고기 생산이 브라질 열대우림에 미치는 영향에 대해경고를 하고 있는 것을 아는 맥도날드는 이런 사람들의 마음과 생각을 바꾸려고 자신의 권력을 사용한다. 호주에서 맥도날드는 이러한 "환경적 보물"이파괴되기 쉬운 점에 대한 일련의 성명서를 내면서, 환경보호에 대한 회사의신념을 보여 주기 위해 아들레이드(Adelaide) 동물원에 모형 열대우림을 만들어 주었다(MaDonald's handout from Adelaide Zoo, 1999).

아들레이드 동물원과 모형 열대우림에서 나눠 주는 유인물에서 맥도날드는 환경에 대한 자신들의 관심을 아주 우아하게 치장해 놓았다. 맥도날드는호주인들에게 자신들이 모든 기업활동에 적용되는 환경친화적 경영 프로그램을 만들었다고 말했다. 열대우림의 파괴에 대한 비난을 이해하고, 맥도날드는 열대우림 지역이었거나 현재 열대우림 지역에서 쇠고기를 구매하지 않는다는 사실로써 자신들을 방어한다. 모든 매장들이 물과 에너지를 절약하려고 노력함으로써, 자기 회사가 환경주의에서 세계적 리더가 되었다고 주장한다. 이런 역할을 하면서, 호주에 있는 맥도날드는 타롱가 공원 동물원(Taronga Park Zoo)에 고릴라 숲과 오랑우탄 열대우림을 건설했다. 이것들은 세계의 동물원의 기준을 높이는 데 기여하는 전시관들이라고 이 회사는주장한다. 자신들의 환경적 리더십을 증명하기 위해 맥도날드가 벌이고 있다고 선전책자에서 밝힌 활동은 돌고래 연구소, 빅토리아에서의 환경 및 종족보존 프로젝트 등이 있다(Adelaide Zoo handouts, 1999).

맥도날드의 헤게모니적 권력과 정체성 형성

　이러한 성명서들과 정보 통제는 맥도날드로 하여금 정치의식을 조작하는 것을 돕는다. 물론, 모두가 이런 과대선전을 믿는 것이 아니다. 각각의 개인들은 맥도날드가 자신을 세계에서 가장 강력한 환경보호 세력 중의 하나라고 말하는 것에 대해 각기 다르게 반응할 것이다. 어떤 사람들은 악의적인 위선을 인지하고 급진적으로 된다. 그러나, 많은 사람들은 이 주장을 믿으며, 스스로가 현상유지의 수호자가 되고 기업의 세금을 낮추고 좋은 사업 환경을 만들며 기업의 사회적 책임에 대한 요구를 줄이려는 신자유주의자의 노력에 대한 옹호자가 되어 이런 주장과 기업에 대한 긍정적인 선전을 기꺼이 받아들일 것이다. 맥도날드와 같은 기업이 위험에 처한 열대우림을 구하려고 노력하는데 사회가 기업의 활동을 제한해야 하는가라고, 그들은 자유시장 정신에 근거해서 물을 것이다. 따라서, 헤게모니적 권력은 새로운 정치적 주체, 즉 시장의 교리와 자본의 필요성에 대한 새로운 존경을 갖는 사람을 만드는 데 도움을 준다. 맥도날드에 대해 긍정적인 느낌을 가지고 있는 많은 인터뷰 대상자들은 이 회사의 표리부동에 대한 질문을 받으면 화를 냈다. 이 사람들의 말은 시장 논리에 대한 수용을 암시했다. 회사가 자신의 제품을 보호하기 위해 무슨 말을 하든지 이것은 이윤 추구의 불가피함 때문에 인정되어야 한다는 것이다.

　이런 헤게모니적 진리(인식론)는 개인을 상업화하고, 소위 "훈련받은 주체"를 생산하기 위해 작용한다. 따라서, 기업의 정보 통제는 맥도날드와 같은 기업에게 세상 사람들을 재교육시켜 구속이 없는 자유시장의 옹호자로 만드는 예민한 싸움에서 강력한 위치를 갖게 한다. 정체성 형성에 미치는 기업의 영향력은 집단의식 속에 이미지를 상품화하고, 분열시키고, 주입시키는 보다 큰 헤게모니적 기제에서 중요한 역할을 한다. 비판 사회학적 상상력을 통해 우리는 맥도날드와 같은 기업이 개인의 삶의 모습을 만들어 가는 것을 알 수 있다. 비판이론의 프랑크푸르트 학파는 이 과정을 사회의 경제적 삶과 구성원 개인들의 심리적 발달 간의 연계라는 관점에서 설명한다(Kellner, 1992). 이런 복잡하고 모호한 역학은 민속학 연구자들과 다른 연구자들이 간과하기 쉬운데, 이는 이러한 역학으로 인해 일어나는 현상들을 항상 해석해야 하기 때문이다. 인터뷰에서 대부분의 사람들은 헤게모니적인 논리가 자신들이 세상을 보는 법을 형성해 온 과정을 명료하고 조리 있게 표현할 수 없었고, 특히 일반적으로 권력, 구체적으로 맥도날드의 권력이 자신들에게 어떤 영향을 주었는가라는 직접적인 질문에 대답할 때 더욱 그랬다.

맥도날드가 의식 구성의 합리적 과정을 만들기 위해 정보를 이용한다는 사실을 아는 것도 중요하지만, 이 헤게모니적 과정의 극히 중요한 측면은 인간의 요구와 욕망들이 감정의 경로를 통해 식민화되고 있는 방식과 관련되어 있다. 여기서 맥도날드는 자기 회사와 그 이데올로기적 장식을 긍정적으로 바라볼 수 있도록 인식하고 느끼는 방식과 경험을 구성하는 담론과 일련의 기표들을 만들어 낸다. 한 인터뷰에서, 미 육군에 복무 중인 한 젊은 여성은 기업의 권력에 대해 합리적으로 말할 때는 이 헤게모니적 역학의 복잡성에 대해 제대로 표현했으나, 자신이나 아이들의 삶에 끼치는 맥도날드의 헤게모니적 역할에 대해 질문을 받자 크게 동요했다.

나는 내 스스로 자유롭게 결정을 할 수 있으며, 누구도 내가 자유롭지 못하다고 말할 수 없어요. 나는 나라를 사랑하고, 자유기업제도를 사랑하고, 나의 아이들은 맥도날드를 사랑해요. 나와 아이들은 그들이 권력을 사용한다는 것을 알지만 우리는 무엇을 듣고 안 들을지 충분히 알 정도로 영리해요. 모두 맥도날드 광고가 우리에게 말하는 모든 것을 믿을 수는 없다는 사실을 알아요. 어느 누구도 정치적인 것에 속지 않아요. (Interview, 1998)

"이런 것이 그렇게 연관성이 없다면 왜 맥도날드와 같은 기업들은 '정치적인 것'을 선전하려고 돈을 그렇게 많이 쓰지요?"라고 내가 물었다. 그녀는 이 질문을 듣고 나에게 화를 냈다.

> 왜 이 문제에 그렇게 집착하는지 모르겠어요. 사회가 돌아가는 것을 그냥 받아들일 수 없나요? 모든 것을 의심할 수는 없죠. 맥도날드에서 일하는 사람들은 그냥 당신이나 나 같은 사람들일 뿐이에요.

위의 글은 이 젊은 어머니가 표현한 좌절과 분노를 정확히 전달하지 못한다. 해석학적인 관점에서 나는 이런 정서들이 매우 중요하다고 생각한다. 이런 분노를 야기한 것은 민속학적으로 부적절한 태도일까? 이 말들의 의미를 헤게모니적 담론의 일부로 분석하는 것은 부적절한 연구 방법일까? 내가 그 여성이나 인터뷰 대상자들을 일부러 화를 내게 하려고 한 것은 확실히 아니다. 실제로, 연구 대상자와의 갈등을 인정하는 것은 민속학적 분야에서는 어느 정도 금기시되는 것 같다. 그러나, 권력과 그 권력이 의식/정체성/주체성에 미치는 영향에 대한 연구에서는 대답하기 어렵고 감정을 불러일으킬 수도 있는 질문들이 필요한 것은 아닐까? 정의하건대, 정서와 욕망의 식민화는 감정적인 화제이다. 그리고, 연구자로서 이런 역학을 다루는 것은 항상 까다롭고, 모호하며, 당황스러우며 어느 정도는 갈등하게 만든다고 나는 주장하고 싶다.

이것은 연구자가 연구 대상자를 정면으로 대응해서 의도적으로 그를 화나게 해야 한다는 것을 의미하지 않는다. 전혀 그렇지 않다. 초점은 권력과 주체성에 관한 연구가 정통 민속학 분야에서 원하듯이 부드럽고 빈틈없이 진행될 수는 없다는 것이다. 이 젊은 여군의 경우, 나는 그녀를 화나게 하거나 무례를 범하려고 한 것은 전혀 아니다. 내 질문의 방식이 아니라 내용이 그녀를 불편하게 했던 것이다. 그녀의 분노는 맥도날드의 헤게모니적 권력이 자신의 의식적인 깨달음을 넘어 작용할지도 모른다는 암시에 자극받은 것이라고 나는 믿는다. 그녀는 그것을 자신의 지성에 대한 모욕으로 해석했다.

우주의 사이보그: 헤게모니와 포스트모던 정체성의 날조

BMW이든 빅맥이든 소비를 한다는 것은 (자기 방향을 가진) 힘(agency)이 항상 헤게모니의 힘(force)과 교차하는 문화적·경제적·정치적 과정이다. 맥도날드에서 먹는다는 의미는 욕망과 합리성 둘 다에 의해 만들어진 것이고, 그 둘 중의 어느 하나로 환원시킬 수 없다(Miles, 1998). 하나의 사회로서, 미국인들은 우리가 단순히 먹기 위해 맥도날드에 가는 것이 아니라 생활 방식을 사기 위해 간다는 개념—즉 밀크셰이크, 프라이, 버거와 표면상으로는 아무런 관계가 없는 정체성—에 대해 토론할 언어를 발전시키지 못했다. 실제로, 포스트모던 문화에서 음식은 더 이상 단지 생명 유지를 위해 필요한 것—나의 부모들이 자신들이 대공황을 겪은 남부 애팔라치아인의 정체성의 입장에서 음식을 보았던 것처럼—을 의미하지 않는다. 음식과 그것을 소비하는 행위는 강한 감정을 발생시킬 수 있기에, 자기 정체성을 반영하고 형성해 간다(Wungard, 1998). 쿠엔틴 타란티노 감독의 〈펄프 픽션(Pulp Fiction)〉

이라는 영화에서 줄스(Jules, 사무엘 잭슨 분)와 빈센트(Vincent, 존 트래볼타 분)가 유럽의 맥도날드에 대해 토론하고 있는 장면은 음식—이 영화에서는 맥도날드 음식—을 통해 우리의 정체성을 이해하는 방식을 보여 주는 예이다. 이 인물들이 감자튀김에 마요네즈를 바르는 네덜란드 관습을 싫어하는 것은 특정한 입맛, 요리의 영역, 사회 귀속의식을 가진 미국인으로서 그들을 문화적으로 암호화한 것이다(Bell & Valentine, 1997, pp. 2-3).

청부살인자 줄스와 빈센트는 맥도날드 소비에 바탕을 둔 지식에 의해 미국 관객들에게 문화적 형제로 전환된다. 그들은 맥도날드 소비(McConsumption)를 통해 요리에 관한 문화자본을 공유한다. 그들의 관객이자 동료 소비자로서 우리는 맥도날드 상표의 제품과 지식 둘 다의 소비자로서 사회적 성취감을 얻는다. 심지어 타란티노의 영화를 통해서, 맥도날드의 권력은 우리의 정체성과 우리 "자신"에 대한 이해를 만들어 주기 위해 작동한다. 맥도날드 소비를 통한 정체성의 형성은 인종, 계급, 성, 종교 또는 성적 취향처럼 정체성을 생산하는 힘과 동등한 위력을 가지며 특수한 상황에서는 그것을 능가하기까지 한다. 줄스가 흑인이라는 사실 또는 두 등장인물들이 먹고살기 위해서 사람을 죽인다는 사실이 미국 관객들이 맥도날드의 상품 문화를 통하여 이 두 인물들을 동일시하는 것을 약화시키지는 않는다. 수많은 공상과학영화가 인조인간에 대한 사람들의 자전적 이야기—물론 날조된 정체성이지만—를 창조하는 것을 보여 준다. 맥도날드의 동일시 및 정체성의 헤게모니적 생산은 우리 모두에게 삶의 의미를 추출해 내는 중재된 경험을 제공해 준다. 맥도날드와 다른 기업들이 만들어 낸 "기억들"은 우리 모두를 정보를 통제하는 이런 기업들에 의해 부분적으로 조립되고 생명이 불어넣어지고 정신을 가진 유사 사이보그(맥사이보그)로 만든다(Goldman & Papson, 1996, p. 121).

사이보그적 주체성은 포스트모던한 상황으로 알려진 핵의 궤도를 돌고 있는 것이다. 이 상업화된 자아—지난 40여 년간 존재해 온—는 결코 안정된 것이 아니며, "당신은 오늘 휴식을 취할 만하다"에서부터 "아치 디럭스의 성숙한 맛"에 이르기까지 표현되는, 언제나 변화하는 기표들에 의해 항상 우스꽝스럽게 변형되었다. 일상생활은 중요한 것이지만, 미디어의 연출이 더 중요한 역할을 하면서 정체성 형성에서의 역할은 점점 더 축소되어 왔다. 따라서, 포스트모던한 상황에서 맥도날드는 음식(모더니즘적 개념)이라는 상품을 통하여 사용가치를 제공할 뿐 아니라, 일련의 헤게모니적 의미들을 통해 중요한 정체성의 가치도 제공한다. 맥도날드의 기표들은 세상에서 존재하는 방법에 대한 생각을 전달해 주는 언어적인 형태로 존재한다. 어린이와 어른들은 매장에 들어가거나 광고를 보면서 맥도날드의 담론적 공간에 통합되는 것이다. 이러한 정체성 형성의 통합적 과정은 보다 전통적인 가정과 (예를 들어 종교적 권리의 경우처럼) 신전통주의 가정, 순일한 지역사회의 사회화 노력과 종종 갈등을 일으킨다. 이것이 바로 전통적 부모들이 기업에 통합되어 소비하는 자녀들을 자신들이 통제할 수 없다고 느끼는 이유 중의 하나이다. 나는 삶 속에서 이런 통합적 중압감을 느꼈으며, 또 이것이 자신들을 시골 사람으로 여기는 부모들에게 야기하는 불안을 목격했다. 이런 경우와 또 많은 다른 경우에도, 맥도날드는 포스트모던한 공간에서조차 근대화 과정을 상징하는 것이다(Deetz, 1993; du Gay et al. 1997, p. 91).

헤게모니와 훈육의 권력: 맥도날드와 근대화의 기표들

훈육의 권력은 권력 연구에 있어서 중요한 특징이다. 단순하게 정의하면,

훈련의 권력이란 좀 더 큰 사회와 개인의 의식 속에 정상과 비정상이라는 개념들을 만들어 내는 전략을 통해 헤게모니적인 동의를 얻으려는 시도이다. 사람들은 훈육을 자연스럽고 무의식적으로 배치함으로써 이러한 개념들을 내면화시킨다(Cooper, 1994). 이런 정상/비정상이라는 훈육이 만들어 내는 것의 예를 몇 가지 들자면, 제정신/정신이상과 같은 임상심리학의 구분, 학교에서의 영리함과 학습 부진의 결정, 또는 패션업계의 미(美)와 추(醜)에 대한 주장 등이다. 훈육의 맥락에서, 맥도날드는 최신의 것과 유행하는 것을 고풍스럽고, 시대에 뒤떨어지고 정체(停滯)된 것과 구분짓기 위하여 모더니티 또는 근대화의 기표를 이용한다. 세계화된 사회에서 이런 훈육의 권력은 다양한 장소에서 다양한 방식으로 효력을 발휘한다. 이런 권력을 통해 맥도날드는 어디에서나 인간 정체성의 가장 은밀한 곳까지 접근하며, 엄청난 중량을 가진 사회적 힘으로 작용한다. 맥도날드에 있어 가장 좋은 점은 이런 훈육의 권력을 거의 눈에 띄지 않고 행사할 수 있다는 것이다.

맥도날드가 1996년 9월 (인구 3,200명밖에 안 되는) 펜실베이니아 쿠더스포트(Coudersport)에 매장을 열었을 때, 그 지역 신문은 근대화의 비준을 상징하는 이 사건을 축하하는 다음과 같은 기사를 실었다.

개점을 하는 날 포터(Potter) 카운티의 사람들이 모두 온 것 같다. 15살된 매트 실리(Matt Seeley)는 "이제 빅맥을 사러 40마일을 운전할 필요가 없다"고 했다.

9월의 마지막 날, 두 미국의 명물―전통적인 재료를 쓰는 것과 쇠고기로만 된 패티와 깨가 박혀 있는 빵을 재료로 쓰는 것―이 합쳐진 것이다. 이 날, 맥도날드가 중앙로에 세워졌다.

많은 시민들은 시내에 문을 연 맥도날드를 환영할 준비가 되어 있었다.

지도에도 나온다는 것을 의미했다. 사람들이 광고, 상업, 대중문화라는 근대적 미국 생활에 참가함을 의미했다.

쿠더스포트는 많은 다른 이웃 마을들과 똑같은 운명에 직면해 있었다. 인구 유출, 퇴락하는 산업, 젊은이들의 탈출.

그러나 1980년대 중반에, 기업가 존 레지스(John Regis)가 세운 회사인 아델피아 케이블 방송국(Adelphia Cable Communications)이 크게 성장하기 시작했다. 그는 본부를 쿠더스포트에 두었다. 아델피아의 계속되는 성공은 이 지역에 숙련 노동이 계속 성장하는 기반이 되었다.

"맥도날드는 어디에 개장해야 할지를 안다"라고 트루피(Truppi)가 말했다. "이곳에 개장한다면 아마 성공할 것이다. 그리고 이것은 우리와 같은 작은 마을을 위해서는 좋은 징조다." (Anthony, 1997)

세월은 지나고 많은 쿠더스포트 사람들은 패스트푸드 제국이 가까이 있다는 사실을 시민적 · 개인적으로 확인하고 흥분했다. 어떤 상업적 기업이 이런 반응을 불러일으킬 수 있을까? 1950년대 남부 캘리포니아 교외지역이 사막과 만나는 곳에서 나타나 황금아치에 새겨진 것은, 그 당시 시대상황과 장소가 가지고 있던 모든 시대정신을 반영하는, 빠르게 변하고 자동차를 이용하며 낙관적인 기동성의 모든 것을 보여 주는 미국의 근대성에 대한 비전이었다. 이 비전은, 지난 반세기 동안 사회적 · 문화적 변화로 인해 변색되고 분산되긴 했지만, 사람들이 이 비전을 다시 가져 보려고 할 정도로 충분히 유혹적이다. 이 과거의 비전에 대한 회복은 사회정치적으로 그리고 문화적으로 다양한 방식으로 표현되고, 쿠더스포트와 같은 마을의 근대화 노력을 비준해 주는 맥도날드의 힘에서도 이런 면모를 볼 수 있다. 제시 잭슨(Jessi Jackson)이라면 황금아치가 세워질 때 주민들에게 이렇게 연설했을 것이다. "우리는 대단한 사람이다!"

'서구적인 것'의 상징들이 맥도날드 매장에서 모더니티와 만날 때, 그 기표들은 물질적 특성을 가진다. 맥도날드의 실내 장식은 비서구 지역 사람들에게는 서구적으로 보인다. 실제로, 손님들을 응대하고 관리하는 방식은 아주 미국적으로 보인다. 조직과 제품의 가공 처리 과정도 비서구적인 세계에서는 근대화의 표식으로 보이며, 리처(1993)가 올바르게 지적한 것처럼, 모든 맥도날드 운영의 합리화도 그렇게 보인다(Mintz, 1997). 전통적 복장을 입은 여종업원이 미트로프 점심과 고풍스러운 식당차 음식을 날라다주던 테네시 하츠빌(Hartsville)에서의 황금아치 카페의 실패는 이 회사에 중요한 교훈을 가르쳐 주었다. 맥도날드는 전통적인 시골 지역이나 작은 도시에서 일하고 있는 것이 아니며, 음식 서비스 영역에서 이런 지역들을 대표하는 상징물도 아니라는 것이다. 맥도날드가 애국적이고 전통적 가족관을 가진 자본이라는 것을 나타내기 위해 그런 기표들을 사용하지만, 그 상징적인 힘은 제2차 세계대전 이후 미국 교외지역의 모더니티를 찬양하는 것이다. 마을이 얼마나 작든지 또는 시장이 얼마나 시골풍이든지 간에, 고객들은 음식점의 표준 식단을 원한다는 것을 맥도날드 간부들은 배웠다. 이런 깨달음을 통해, 맥도날드는 인구가 적은 지역들에 규모는 작지만 '빠른' 매장을 만들어서 근대화의 상징이라는 헤게모니적 권력을 유지해 왔다(Solomon & Hume, 1991).

소비를 통한 교과과정

나는 캘빈과 같은 아이들이 맥도날드에서 일하는 것을 보여 주는 광고처럼 맥도날드가 흑인들을 대상으로 하는 광고에 대해 항상 걱정해 왔다.

나와 많은 친구들은 맥도날드가 이런 광고들을 통해 흑인들을 착취하고 특히 흑인에게 나쁜 많은 콜레스테롤이 들어 있는 음식을 파는 방법에 대해 얘기를 했다. 아무도 내 얘기를 들으려 하지 않았다. 그들은 우리가 할 수 있는 방법이 아무것도 없기 때문에 나에게 "신경 쓰지 말라"고 했다. 정치는 효과가 없다, 아무것도 해결해 주지 않는다는 식이다. (루이지애나의 흑인 교사, interview, 1989)

모더니티와 기업화 이전 시대 생활의 불편함을 상징화하는 권력 속에서, 맥도날드의 이데올로기는 우리에게 그 회사는 힘이 너무나 세서 싸울 수가 없다—그러니 가만히 있거나 사라지는 것이 어떠냐? 우리와 함께 하라, 황금아치를 통해 소비의 천국에 들어오라—고 가르쳐 준다. 이 회사는 이런 모더니즘적 이상향을 문화, 과학기술과 연계시킴으로써 새로운 소비시대를 만드는 데 일조했다. 텔레비전 네트워크와 다른 정보생산자와 전달자들을 기업이 소유하게 됨에 따라 세계의 많은 사람들—특히 어린이들과 젊은이들—의 삶과 가치관에 변화를 주고, 물질에 대한 소유를 전에 없이 가장 소중하게 생각하도록 만드는 소비적 교육과정을 만들었다.

기업 권력의 전례 없는 위력에 대해 조사하려는 미디어의 어떠한 시도도 지식 생산 수단을 소유하는 기업에 의해 무산되었다. 맥도날드의 기업 파트너인 디즈니가 ABC 방송을 소유하고 맥도날드가 그 방송국에 수백만 달러의 광고료를 지불할 때, 황금아치에 대한 ABC의 비평은 침묵뿐이다. 예를 들어, 맥도날드 명예훼손 재판에 대한 ABC나 다른 방송국의 보도는 최소한에 그쳤다. 기업은 여론의 영향을 많이 받는다. 공중파에 대한 제한 없는 접근은 정치적 관점을 미묘하게 만들어서 사람들로 하여금 설득되고 있다는 것을 깨닫지 못하게 한다. 이런 과정은 복잡하고 모호하며, 항상 맥도날드가 원하는 대로 되는 것은 아니지만, 그럼에도 불구하고 회사의 수백만 달러의 광고 지출을 정당화할 정도로 잘 작동하고 있다.

맥도날드를 비롯한 기업들의 당파적인 정치적 성격에 대해, 종종 권력에 대하여 순진무구하도록 '가르침을 받은' 사람들은 잘 깨닫지 못한다. 예전에는 맥도날드와 같은 정치적 실체가 거의 반대를 받지 않고 여론을 형성해 가는 능력을 이토록 강력하게 소유한 적이 없었다(Deetz, 1993). 맥도날드는 이러한 정보 환경과 새로운 권력의 문화 속에서, 많은 주류 정치분석가들이 무시하는 감정과 욕망을 중심으로 문화적이고 미시적인 수준에서 주체성을 만들기 위해 작용한다. 맥도날드가 비니 베이비에 대한 개인의 열정을 맥도날드의 상징성과 연관지을 때, 미시적 권력의 주입이라는 중요한 과정이 일어난다. 이런 과정이 수천 개의 다른 기업들의 미시적 주입과 통합되고, 이 모든 것들이 거시적 정치—이데올로기, 가치관, 누가 쾌락을 생산하는가에 대한 이해 등—와 미묘하게 얽힐 때 새로운 정치시대가 열린다(Best & Kellner, 1991). 이 새로운 시대에 텔레비전 프로그램과 광고는 새로운 교육자, 정치철학가, 역사가가 된다. 실제로, 우리는 텔레비전에 의해 생산된 정보의 "자유로운 흐름"이 현재 민주주의의 근본적 흐름이라고 믿도록 강요받는다. 그리고 그것은 아주 더러운 헤게모니적 흔적을 남긴다.

맥도날드가 다양한 방법으로 정치적 권력을 사용하는 의도가 명백하기 때문에 진보적 정치분석가들은 이 기업을 사회를 규제하려는 기관으로 보게 된다. 다시 말하면, 맥도날드는 학교, 정신병원, 인지심리학과 평가 산업, 테마공원이 하는 훈육 업무를 모방한다(Gottdiener, 1995). 이런 규제의 맥락에서, 진보주의자들은 권력의 이데올로기적, 헤게모니적, 교육적, 훈육적인 형태를 통합하는 맥도날드의 기술적인 방법들을 추적한다. 이런 관점에서 보면, 맥도날드는 21세기 전지구적 사회의 아주 전형적인 기업 권력의 행사자, 정체성 형성에 영향을 주는 기업을 대표한다. 맥스포트라이트와 전세계의 반

맥도날드 운동이 그렇게 강력한 감정적 지지를 받는 것도 놀라운 것은 아니다. 이런 반응은 특정 지역에서 일어나는 세계화된 기업 활동과, 그것을 지지하는 가혹하고 자본친화적인 신자유주의 국가 정책에 대한 깊어 가는 증오에 바탕을 둔 것이다.

풍부한 텍스트, 사회 구성의 만연과 많은 조작성

맥도날드는 문화적으로 주도되고, 세계화되고, 정보 과다의 포스트모던 세계에서 작용하면서 모더니즘적인 거시권력 구조와 조직의 형태 속에 초합리주의를 반영하고 있다(Ritzer, 1993). '모더니즘적'과 '포스트모더니즘적'을 단순히 병렬로 놓으면 잘못된 해석을 낳을 수 있으며, 맥도날드 현상을 단순히 전자 또는 후자로 읽는 분석가들은 그 과정의 복잡성을 놓치기 쉽다. 맥도날드의 사회문화적, 정치적, 교육적 역할을 파악하는 열쇠는 모더니즘과 포스트모더니즘의 특성이 서로 교차하는 개념의 경계를 이해하는 것이다. 그것을 이해하는 것은 권력, 지배 그리고 21세기 첫 10년 동안 일어나는 정치 주체의 생성과 관련된 복잡성에 대해 이해하는 것을 돕는다. 문화 분석가와 이 시대 시민들 사이에 큰 거리감이 있는 이유 중 한 가지는, 이런 복잡한 모던—포스트모던 문화적 역학과 이것이 민주사회의 삶에서 암시하는 것을 토론할 언어를 찾아내지 못하는 비판적 지식인의 무능력에 있다. 담론적/사회적으로 구성되고, 매개된(미디어에 의해 걸러진) 현실은, 쉽게 파악할 수 있는 사회정치적 세계를 그리워하는 대중의 욕망과 충돌을 한다. 따라서 우리는 복잡한 현실을 설명할 간단한 언어를 찾아야 한다.

대중은 편견 없는 뉴스 보도, 탈정치화된 학교 교육과정, 선출직 공무원의 비이데올로기적 정치 행태 그리고 쉬운 도덕적 선택을 요구하면서 쉽게 알 수 있는 것에 대한 자신들의 욕망을 표현한다. 이와 똑같은 욕망은 버거는 버거일 뿐이라는 신념에서도 발견된다. 그렇게 믿는 사람들은 완전한 객관성과 전적인 상대주의 사이에는 아무것도 존재하지 않는다는 인식론적 차원에서 행동한다. 사회적 구성의 미묘한 의미를 파악하지 못하는 대중은 정치적 영역이 세계화되고 매개된 사회에서 작동하는 복잡한 관계를 평가할 개념적 도구를 갖지 못한다. 나는 대중이 이런 역학을 이해할 수 없다고 주장하는 것은 아니다. 실제로 사람은 그런 통찰력을 쉽게 가질 수 있다. 그러나 정보와 정치 지식이 현대사회에서 생산되는 방식을 볼 때, 기업이 주도하는 문화 교육은 사람들에게 의식의 복잡한 사회적 구성에 대해 평가하지 말라고 가르치며, 따라서 권력의 역학은 세상 사람들의 관점의 생산과 밀접한 관련이 있다.

텍스트로서 맥도날드는 매우 놀라울 정도로 풍부하다. 생성되는 코드를 대략 꼽아 봐도 영웅적 기업정신, 구속받지 않는 자본주의에 대한 신성한 신념, 전통적 가족관, 도덕적 가치로서의 효율성, 높은 문명화의 표식으로서의 청결, 문화 전쟁의 한 입장으로서 인습의 존중, 사회 규제로서의 오락, (value meal이라는 상품에 쓰인 것처럼) 경제적 민주화의 한 형태로서의 가치, 인간성의 고상한 표현으로서의 소비 등을 들 수 있다. 이러한 코드들이 세계화된 자본주의와 자유기업경제 이데올로기와 교차되면, 문화와 문화 교육의 새로운 돌연변이들이 생명을 부여받아 정교한 분석/해석 능력이 결여된 괴상한 주체성을 만들어 낸다. 개인들은 상호 대립하고 있는 문화 산물에 대한 해석을 놓고 선택할 개념적 도구들을 가지고 있지 않다. 《리더스 다이제스트》와 같은 보수적 출판물은, 맥도날드의 맥은 "맥벅스(McBucks : 많은 돈이라는 의미)"라는 표현에서처럼 "뭔가 큰 것을 의미하게끔 되었다"고 쉽게 주장할 수 있다(Ola, & D'Aulaire, 1988, p. 40). 진보적 정기간행물인 《네이션(The

Nation)》은, 칠레 시장에서의 승리에 관한 1998년 3월호 커버스토리에 착취적이고 세계화된 시장 자본주의의 표시로 황금아치 사진을 상징적으로 실었다. 이데올로기적 극단으로 치닫는 문화 전쟁은 맥도날드 텍스트를 다양하게 읽음으로써 일어난다. 그러나 대부분의 대중이 정치기호학적 과정을 모두 이해할 수 있는 것은 아니다.

절망의 주체들: 풍요 속의 절망

맥도날드를 "가장 눈에 띄는 세계화 경제의 상징"으로 기술해 놓은 것을 발견하기란 그리 어렵지 않다(예를 들어 Wilken, 1995, p. 6). 터키, 브라질, 피지에서 지역문화에 미치는 이 회사의 영향을 관찰해 보면, 황금아치가 자본주의의 전지구적 상업화라는 극적인 성공을 상기시켜 준다는 것을 이해할 수 있다. 이런 맥락에서 볼 때, 지식의 생산과정은, 이미 상업화되었을 뿐 아니라 기업이 더 많은 힘을 얻기 위해 고객의 필요성을 확대시키는 데에도 활용된다. 세계화된 포스트모더니티에 내재되어 있는 불안정성 때문에, 끊임없이 변화하는 문화와 기호의 성향을 기업들이 따라가려면 이런 상업화된 지식 생산과정은 점점 더 확대되어야만 한다. 그러한 정보 없이는 아무리 맥도날드일지라도 세계의 각기 다른 지역에서 자신을 나타낼 수 있는 방법을 변화시킬 수 없을 것이다. 서로 연결된 세계 경제와 기업 분야에서 일어나는 이러한 변형은 현대의 맥도날드 이야기에서 중요한 현상이라 할 수 있다. 이 회사가 새로운 현실과 어떤 관계를 맺고 어떻게 대응하는가를 살펴보면 맥도날드와 사회경제적 변화 자체를 통찰할 수 있는 시각을 얻을 수 있다(Alfino, 1998; Smart, 1992).

맥도날드는 자신을 전지구적 실체로 이해하고 자신의 미래가 미국 내보다는 해외에 달려 있다는 것을 잘 알고 있다. 미국의 철강산업 전체보다 훨씬 더 많은 노동자를 고용하고 있는 기업인 맥도날드는 공적 관리 등 그 어떤 전통적 개념으로도 자신의 기업을 관리할 수 없다고 본다. 새로운 전지구적 질서에서, 맥도날드는 자신의 행동에 족쇄를 채우려는 어떤 국가에게든지 소리치며 위협하는 많은 다국적 기업들, 즉 '덩치 크고 악랄한 늑대들'(Big Bad Wolves : 동화책 '아기 돼지 삼형제' 이야기에 비유—역자) 중 하나이다. 맥도날드를 비롯한 다국적 기업들은 세계 무역의 2/3를 차지하고 있는데, 거래 액수는 1년에 1조 5천억 달러 정도이며 매년 증가하고 있다. 맥도날드의 거대한 노동력은 기업이 행사하는 경영권에 의해 항상 불이익을 당한다. 클린턴과 부시 대통령을 비롯해 많은 사람들이 미국 경제의 장밋빛 미래를 선언했음에도 불구하고, 맥도날드 종업원들은 현재 미국 근로자 대부분의 지위를 대표하고 있다. 미국이 세계에서 가장 큰 저임금 경제를 가진 국가가 됨으로써 1990년대 후반의 경제적 호황은 중산층과 상류층을 위한 것이었다. 예를 들어, 대부분의 남성 노동자들은 1973년의 실질소득보다 적게 벌고 있다 (Martin & Schumann, 1997).

이러한 임금 하락은 합리화와 표준화 절차를 통해 생산기술이 동시에 제거된 데 따른 것이다. 점점 숫자가 늘어나는 노동자들에게 있어 이런 추세는 일을 단순화하거나 또는 그 일이나 그 일을 하는 노동자를 제거하는 것이다. 맥도날드 종업원의 위치, 즉 맥잡(McJobs)은 실패한 사람들이 하던 일을 대체하는 새로운 형태의 일을 의미하게 되었다. 소매 및 요식업종 내에서도 맥도날드의 임금은 하위 25%에 해당하고, 업종 평균에 비해 20~50% 높은 이직률을 보이며, 경영자 측의 계속되는 취업규칙 위반행위가 발생하고, 종업원들이 심리적으로 '극도의 흥분(frantic)' 상태로 있게 만들고, 초과수당 지불 없이 연장근무를 요구한다(Kovel, 1997, p. 29). 상대를 잘못 찾은 맥도날드 명예훼손 재판을 주재했던 로저 벨(Roger Bell) 판사조차도 맥도날드가 종업원에게 너무 낮은 임금을 주어서 영국의 모든 요식업종 근로자의 임금을 하락시키는 데 일조했다고 판결했다. 다른 소매점과 비교하여 맥도날드는 비슷한 일에 대한 임금 평균보다 더 낮은 초임을 제시한다(McLibel Newsletter, 1997). 맥도날드 종업원의 대부분이 젊은이들이므로 황금아치는 전세계 중하층 젊은이들을 절망에 빠뜨린 중요한 원인으로 간주되어 왔다. 실제로 승진 기회가 거의 없고 저임금, 비숙련의 맥잡은, 열심히 일하면 신분이 상승한다는 모더니스트들의 주장에 대한 노동자 계급 청년들의 믿음을 상실하게 만드는 데 기여해 왔다(Giroux, 1996).

이 젊은이들의 혐오와 무력함, 그리고 어른들이 소위 "나쁜 태도"라고 말하는 것들의 근원이 무엇인지 이해하기는 쉽다. 맥잡에 자신들의 시간을 바쳤지만, 젊은이들이 경영자와 회사 측의 경멸이 주는 소외 효과(alienating effects)로부터 벗어날 방법이 없는 것이다. 데이비드 리커트(David Rikert)가 맥도날드에 관한 관리 사례연구에서 언급한 것처럼 "관리라는 것은 당신이 가진 것을 조종하는 능력이다"(1980, p. 7). 나는 비즈니스 스쿨에서 사용되고 있는 리커트의 사례연구를 읽으면서, 맥도날드가 자부심과 우수성을 달성하기 위해 고상한 수사학으로 포장하는 한, 이 '조종'이라는 언어를 사용하는 데 아무런 당혹감을 느끼지 않는다는 것을 알았다. 실제로, (모든 서비스 산업에서와 마찬가지로) 매장이 완전 자동화될 때까지 근로자들이 여전히 필요하기 때문에 맥도날드는 그 경영전략을 잘 포장해야만 한다. 맥도날드는 제조업 부문—말레이시아로 기업을 이전한다고 위협하여 노동을 통제할 수 있는 업종—보다 노동자 조직에 있어 더 취약하다. 이 점이 바로 전세계 맥도날드 매니저들이 노조 활동을 하는 노동자들을 종종 해고하는 이유이다(Kovel,

1997). 고통스럽게도, 이들은 자기 회사의 약점을 너무도 잘 알고 있다.

예를 들어, 맥도날드 명예훼손 재판에서 맥도날드 매니저들은 영국 매장에서 노조 활동을 하는 어느 누구라도 해고했을 것이라고 인정했다(Kovel, 1997). 전세계적으로, 맥도날드는 최신 전술을 이용해 노조 설립에 대항해 싸워 왔다. 막대한 반노조 전쟁 자금을 운용하면서, 맥도날드는 한 매장의 노조 설립 노력을 분쇄하기 위해 15명의 변호사를 채용한 것으로 알려졌다(Featherstone, 1998). 인도네시아처럼 가난한 나라에서는 맥도날드 노동자들이 (법정 최저임금보다 적은) 시간당 57센트만을 버는데도, 맥도날드는 노조원을 위협하고 노조 지도자들을 해고하는 것을 주저하지 않는다(Featherstone, 1999). 모스크바에서는 노조원들이 근무시간에 서로 얘기하는 것이 금지됐고, 그들의 주당 40시간 근무가 반으로 줄었으며, 어쩔 수 없이 빈번한 감시를 받았다(Featherstone, 1999). 이런 전지구적 추세를 살펴보면, 맥도날드의 노조는 인도네시아, 러시아, 멕시코 그리고 미국의 일부 지역과 같이 가난한 사람들이 많이 사는 곳에서 거의 성공하지 못한다는 주장은 당연한 듯싶다. 실제로 미국에서 맥도날드의 가혹한 노동정책과 이데올로기는 신분의 하향 이동, 전통적으로 빈민 보호를 제공해 주었던 공공분야의 축소, 그리고 비숙련 노동자들에게 불리한 경제제도를 만드는 데 기여해 왔다(Russell Sage Foundation, 1999).

진실 감추기: 세계적인 것의 지역화

맥도날드와 노동 또는 기업 권력과의 관계를 연구할 때 세계화의 맥락과 분리해서 보는 것은 불가능하다. 이 회사에 관한 모든 것은 어떤 식이든 세계화의 맥락과 연관이 있다. 실제로, 세계화된 테크노 자본주의의 주요 활동자로서 맥도날드는, 이윤의 최대 축적을 유지하기 위해 세계시장을 재편하는 노력을 열심히 한다. 그러나, 조지 리처와 존 왓슨은 새로운 세계적 질서 속에서 맥도날드의 사회정치적 역할과 관련이 있는 이 세계화 과정의 중요성을 잘 이해하지 못했다. 《동양의 황금아치》 저자들은 세계화와 지역화의 관계가 분리될 수 없다는 것을 이해하지 못한 반면, 리처(1993, 1996)는 포스트모던한 것은 무엇이든 경멸하기 때문에 세계화와 관련된 맥도날드의 역학을 무시했다. 맥도날드는 지역 읽기와 특유의 문화적 호소의 호기를 제공하는 한편 생산과 마케팅 운용 방식을 세계화해 왔다. 맥도날드는 전지구적 문화를 만들어 내지만 그것은 순일한 것은 아니다. 맥월드(McWorld)는 지역의 조건과 지역의 인식을 거쳐 전달된다. 성공적인 헤게모니적 힘은 다른 방식으로 작용하지 않는 것이다(Goldman & Papson, 1996, p. 124; Kellner, 1998; Kellner, 곧 출간).

맥도날드는 인지도가 높은 "기업 사람들"이 다양한 장소에서 "지역" 사업 본부를 운영하도록 세심하게 조직을 만들었는데, 일본의 덴 후지타가 대표적인 예다. 아래에서 보는 것처럼, 이 기업은 세계-지역의 관계를 잘 이해하고 지역적 소비를 위한 지역화된 상품을 개발한다(Bastable, 1993).

'오리엔탈' 치킨 샐러드

프라이드 치킨

데리야끼 버거

바나나 파이

할앨 버거—회교의 규정에 맞게 쇠고기로 만든 버거

두리안 밀크셰이크—열대 과일 두리안으로 만든 셰이크

순무 뿌리 소스를 끼얹어 만든 키위 버거

맥락(McLak)—연어 버거

칠리 소스로 양념한 프렌치 프라이

세계화 속에서 지역화는 맥도날드 판매 전략가에 의해 개인화라는 주제로 의도적으로 조장된다. "당신은 오늘 휴식을 취할 만하다"는 말은 "나의 맥도날드"로 변형된다. 이 매장들은 근본적인 지역적 지위를 주장한다—그것들은 당신 것이다, 당신이 베이징, 피지, 텔아비브, 페오리아 출신일지라도. 그리고, 흥미롭게도 이것이 바로 인류학자 왓슨이 이해하지 못한 사실인데, 맥도날드 고객들은 빅맥의 특유한 의미들을 만들도록 유도된다. 맥도날드 고객들이 자신들의 소비의 의미를 "자신이 원하는 대로 만들" 때, 맥도날드의 마케팅 담당자들은 성공한 것이다. 왓슨은 이 마케팅적/헤게모니적 성공을 다국적 기업 권력을 과도하게 비판하는 개념들에 대한 저항의 표시로 읽었다. 평론가 사무엘 콜린스(Samuel Collins; 1998)는 왓슨 등의 논점을 다음과 같이 요약한다. "그렇지 않았다면 획일적일 기업에 대해 일종의 단호한 비밀 통제를 하는 것처럼 소비자들을 보고 있다." 동일한 개념적인 맥락에서, 콜린스는 맥도날드의 국제사업 본부장인 제임스 켄털루포(James Cantalupo)를 인용하며 그의 의견을 다음과 같이 제시한다.

맥도날드의 목표는 "가능한 한 지역문화의 일부가 되는 것이다." 그는 "사람들이 우리를 다국적이라고 부르는 것"을 반대하며, "맥도날드는 새 매장을 열 때 지역의 공급자와 지역의 동업자를 찾기 위해 많은 노력을 하는 것을 의미하는 다지역적이라고 부르는 것을 좋아한다." 나[콜린스]는 다국적인은, 획일적인 "세계 문화"를 옹호하기보다는, 헤인즈 왓슨(Hanes

Watson)이 "지역문화"라고 부르는 것과 비슷한 문화 개념을 편하게 받아

들인다고 생각한다.(Collins, 1998)

맥도날드는 대중들에게 지역화/개인화에 대한 인식을 심어 주는 데 너무

나도 열심이어서, 세계화의 현실에도 불구하고 "회사를 작은 것처럼 느끼도

록" 만드는 기능을 담당하는 개성(individuality) 담당 부사장을 실제로 고용

한다(Salva-Ramirez, 1995-1996). 베이징에서 맥도날드는 미국 기업이 중국

기업으로서 중국인들에게 마케팅한다. 간부들은 그 지역 생산품인 쇠고기와

감자 등을 포함하여 매장의 지역적 특성을 선전하는 데 시간과 돈을 투자한

다. 그들은 또 대부분의 직원들은 중국인들이라고 강하게 주장한다.《동양의

황금아치》의 다른 저자들과 마찬가지로 백상미(1997)도 중요한 점을 간과한

다. 한국에서의 다국적 기업의 착취와 미국화에 대한 많은 심각한 논쟁에도

불구하고(Collins, 1998), 백상미는 맥도날드의 한국 고객들이 맥도날드 매장

을 한국적 기관으로 만들기 위해 변형시키는 창조적 소비를 한다며, 왓슨에

게 위안이 되는 주제에 의존한다. 연구자들이 단지 소비 과정에만 초점을 맞

추고 생산—이 경우 맥도날드의 마케팅 전략—에 대한 어떤 언급도 없을

때, 권력이 없는 것처럼 보이는 것은 놀라운 일이 아니다. 복잡하고 권력이

주도하는 세계적–지역적 과정은 행복하고 개인화된 창조적 소비라는 게임

으로 마술적으로 둔갑하게 된다.

《맥도날드 그리고 맥도날드화》에서 조지 리처의 핵심적인 주장은 맥도날

드는 균질적이면서도 체계적으로 파괴해 들어가는 다양성을 세계에 제공한

다는 것이다. 의심할 여지 없이, 이것의 작동과정에서 균질한 영향들이 있기

는 하지만 맥도날드의 효과는 훨씬 더 복잡하며, 그것이 미치는 영향은 이질

적이고 다양하다. 균질화의 주제를 과도하게 일반화함으로써 리처는 왓슨과

같은 학자들과 그들의 동아시아 소비자들의 다양한 수용에 대한 민속학적 연구의 비판에 스스로 노출시켰다.

리처는 프랑크푸르트 학파의 비판이론이 제공한 "대량사회(mass society)"의 반개인적인 특성들을 시대착오적으로 사용하는 오류를 범했다. 비판이론은 1920년대와 1930년대에 대량사회의 획일성이라는 주제를 내놓았다. 현대의 비판이론가들은 다양한 장소의 다양한 개인들이 황금아치의 의미와 기표들을 너무도 다양한 방법으로 수용하고 있다는 것을 잘 알고 있다(Kellner, 1989; Kellner, 1998; Kincheloe, 1995; Kincheloe & Steinberg, 1997).

왓슨과 그의 동료들은 문화적 균질화에 대한 리처의 주장을 반박하는 데 너무 몰두해서 환경 문제, 동아시아에서 어린이 비만의 증가, 경제적 착취, 노동 남용, 성적 불평등 등의 문제에 맥도날드의 리더십이 연루되어 있다는 사실을 덮어 버린다(Collins, 1998). 문화적 균질화에 대한 리처와 왓슨의 관찰에도 불구하고, 기업의 지도자들에게는 소비자들의 다양한 읽기는 이윤을 늘리려는 매니저들의 욕망과 함께 작용하는 것이다. 왓슨에 따르면, 맥도날드가 지역문화와 일체화되려고 시도한다면 회사는 성공하고 있는 것이다. 이런 방식은 실로 너무 성공적이어서 맥스포트라이트나 맥도날드 명예훼손 재판 지원 운동에서 외쳐대는, 맥도날드가 저지른 사회적 악행들에 대한 사람들의 주의를 다른 데로 돌려놓았다(Bak, 1997; Yan, 1997).

모던한 것과 포스트모던한 것 엮어 짜기

맥도날드에 대한 문헌은 자신의 이론적 관점이 세상을 보는 방법을 결정한다는 구성주의적 공리(公理)의 작용을 보여 준다. 물론 나의 글도 이에 포함된다. 연구자가 자신의 연구에 포스트모던의 시각을 도입하면, 그들은 맥도날드가 조직적 수행 능력의 효율을 최적화하기 위해서 지식을 생산하는 방법을 쉽게 볼 수 있다. 우리는 이윤을 위한 동의를 얻어 내는 방법 속에서 어떻게 맥도날드가 자신을 표현하고 상품을 만드는지를 통해 그 역학을 관찰했다. 리처는 막스 베버의 관점을 이용하여 맥도날드를 연구했고 자본주의의 새로운 단계와 더 강해지고 속도가 빨라진 기술 혁신과 합리화의 버전을 보았다. 하지만 중요한 해석학적 관점이 여기서 설명되어야 한다. 맥도날드의 모더니즘적, 포스트모더니즘적 측면은 서로 충돌하는 것이 아니다. 우리는 맥도날드를 모더니즘적 현상과 포스트모더니즘적 현상으로 동시에 해석할 수 있으며, 이분법적이거나 양자택일적 입장으로는 맥도날드의 모더니즘적인 생산과 소비의 합리화와 현재의 전자적, 전지구적 문화 속에서 포스트모더니즘적인 기표의 전개 사이에 발생하는 권력의 상승 효과를 놓치게 된다.

맥도날드의 경이적인 성공은 두 구성요소 모두가 아니면 불가능하다. 매장은 표준화된 상품을 만들어 내는 합리화된 효율성을 가지고 운영되며, 광고는 이 비인간적인 과정을 감정의 식민화를 통한 의제적(擬制的) 개인화와 연계시킨다(Kellner, 곧 출간; Martin & Schumann, 1997; Smart, 1992). 이런 방식으로 개인의 욕망은 황금아치라는 기호—음식 이상의 것을 의미하는 기호—와 연결되어 있다. 실제로 모던/포스트모던의 종합이라는 주요한 양상은 근대화가 소비자에게 위협적이지 않은 것으로 보이게 만들기 위해 근대화의 특징을 지역문화에 새겨 넣는 것을 포함한다. 따라서, 내가 어린 시절을 보냈던 테네시에서는, 보다 전통적이고 전근대적인 소비자들에게 이 지역의 신성한 우상인 테네시 대학교 미식 축구를 기리는 매장 벽화를 보여 줌으로써 맥도날드의 근대화 과정을 완화시켰다. 자신의 전통주의를 벗어 버리길 원하던 나와 수많은 애팔라치아 산골의 동시대인들은 근대화의 기표 그 자체가 목적이 되었다―우리에게는 어떠한 문화적 완충도 필요가 없었다.

따라서, 우리는 스티븐 베스트(Steven Best)와 더그 캘너(1991)가 다중 관점 분석이라고 이름 붙인 것을 추구하면서 모던과 포스트모던의 통찰력을 엮어 내야 한다. 앞서도 주장했듯이, 맥도날드 텍스트의 풍부함은 모던한 것과 포스트모던한 것 사이에 놓인 그 입지에서 부분적으로 파생하는 것으로, 우리 시대에 가장 주목할 수밖에 없는 문제들에 대해 독특하게 조명해 주는 운동력(運動力)을 갖고 있다. 리처의 베버식 분석의 모든 한계에도 불구하고, 맥도날드화라는 개념은 많은 지역에서 일어나는 다양한 과정을 설명할 수 있도록 도와준다. 리처의 눈을 통해서 우리는 전세계에 작동하고 있는 중요한 거시 역학을 추적할 수 있다. 합리화와 그것의 맥도날드화라는 변종은 혼란스럽고, 종종 비합리적이며, 항상 변하는 상황에 대처하기 위해 가공하기 어려운 메커니즘을 만들어 내려는 시도이다. 우리는 불행하게도 몇 가지 영역만 언급하지만, 이런 과정이 현재 학교교육에서, 인지심리학에서, 정식 연구에서 항상 작동하고 있는 것을 볼 수 있다. 이런 체계화의 형태는 본래 다루고자 하는 복잡한 현상과 동떨어져, 때로는 규제를 만드는 방향으로 인간의 상황을 왜곡한다(Wa Mwachofi, 1998).

맥도날드의 합리성에 대한 리처의 비평이 중요한 것은 명백하지만, 권력과 지배문화의 영향에 대해 우려하는 우리의 관점에서는 만족스럽지 않다. 다른 영역에서도 나타나는 것처럼 맥도날드식 합리성은 그 물질적 효과 때문에 중요하다. 맥도날드의 합리화는 기업이 자신들의 권력과 이윤을 증대시키기 위해 개인을 규제하고 그들의 의식을 형성해 가는 것을 돕는다. 왓슨이 정치경제학의 존재를 배제했다면, 리처는 합리화와 이 영역, 즉 개인의 규제와 의식 형성의 관계를 연관짓지 못하는 듯하다. 이런 연관성을 보지 못한다면 독자들은 현재 맥도날드 운영의 가장 기본적인 특성―물질문화와 인간 개인에 미치는 영향—에 대한 어떤 통찰력도 갖지 못한다. 포스트모던적 분석의 비판적 전개는, 특히 의식을 만들기 위한 문화의 식민화와 감정의 사용과 관련이 있기 때문에, 맥도날드의 물질적 영향을 이해하려는 리처의 시도를 방해하기보다는 도와줄 수 있었다.

맥도날드의 기호학적, 언어적 특징을 연구하는 이러한 노력으로 인해 우리가 문화권력과 그 물질적 효과에 대한 분석으로부터 멀어지는 것은 아니다. 이런 노력들은 어떻게 다국적 기업 권력이 작용하는지에 대한 이해를 깊게 한다. 맥도날드의 텍스트적 측면들을 이해함으로써 우리는 헤게모니적 의미들이 유통되는 방식, 그리고 지배 관계의 시작과 유지 방식을 비로소 이해할 수 있다. 실제로, 우리는 맥도날드에 대한 비판적 텍스트 분석을 통해 기호학적/담론적 역학이 맥도날드에 대한 개인들의 인식과 맥도날드와 관련하여 자신들이 어떻게 형성되며, 이런 극적인 임무를 달성하는 방법을 어떻게 숨기는가를 밝혀 낼 수 있다. 대중은 하이퍼리얼리티에서의 권력의 이런 이상한 특성을 밝혀 낼 때까지는 비판적 정치의식을 갖기가 매우 어렵다는 사실을 깨달을 것이다. 이런 역학들은 세상을 변화시키기 위해 21세기의 첫 10년 동안 권력이 작용하고 있는 방법들을 설명하는 데 도움을 준다. 또한 이런 역학들은 우리에게 의미가 구성되는 방법과 그것이 사회의 규제와 지배를 지원하는 방법들 간에 어떤 연관관계가 있는지도 보여 준다. 이런 통찰력을 갖출 때 우리는 담론과 구조의 관계를 추적할 수 있다. 맥도날드의 맥락에서 보듯이, 우리는 그들의 자기 표현과 사회적 세뇌가 어떻게 전지구적 자본 구조들과 연관되어 있는지 알 수 있다(Alfino, 1998; Aronowitz & DiFazio, 1994, p. 175; Kellner, 1998; Thompson, 1987).

수용에 대해 해석하기: 소비에 대한 갈등

하나의 텍스트로서 맥도날드에 대한 풍부한 해석을 놓고 토론할 때, 의미 생산과 소비의 관계에 초점을 두는 것이 중요하다. 분석가들은 생산과 소비는 확실히 연관시키지만, 이 관계의 성격을 기술하려 할 때는 많은 문제와 논쟁이 생긴다. 맥도날드의 소비자들은 이 회사가 자신을 표현하는 대로 단순히 받아들이는 수동적 희생자들은 결코 아니다. 그들은 종종 맥도날드가 만든 의미들에 저항하고 거부하거나, 회사가 의도한 것과는 다른 방법으로 그 의미들을 사용한다. 맥도날드와 소비자 사이의 해석학적 관계를 보면, 소비자들은 다양한 관심을 보이는 반면에 마케팅 담당자들은 맥도날드의 이윤과 권력을 증대시키는 소비 행태를 부추기려고 애쓰고 있다. 내가 주장한 것처럼, 왓슨과 그의 동료들은 양자 관계에서 소비 측면만 너무 강조했다. 그러나 수용의 주체성은 확실히 중요하다. 맥도날드에 대해 보다 '역설적인' 관점을 갖게 된 (제1장에서 내가 변한 것처럼) 한 이집트인의 다음과 같은 말에서 이러한 통찰력을 살펴보자.

미국에 도착하고 맥도날드에 대해 익숙해지기 시작한 후에, 나는 이 회사가 나의 삶에 미치는 영향에 대해 곰곰이 생각하기 시작했다. 나는 미국에서 마케팅이 나와 같은 사람을 다 빨아먹으려고 고안된 방식들을 살펴보기 시작했다. 나는 이집트에 대해 돌아보게 되고 친구들은 내게 맥도날드나 그와 비슷한 곳들이 거기에 올 수 있는 여유를 가진 자와 가지지 못한 자의 차이를 얼마나 강조하는가에 대해 말했다. 맥도날드 같은 장소는 나의 조국에서는 내란을 불러일으킬 수도 있다. 나는 내가 어렸을 때와는 다르게 맥도날드를 본다. 나는 빅맥 없이도 지낼 수 있다.

(interview, 1996)

　보다 전통적인 사회학적 연구는 전적으로 생산 쪽에 관심을 두었다. 이런 전통적 패러다임에서는, 한 소비용품의 생산과정은 그것을 사용하는 사람들이 받아들이는 의미를 결정해 주었다. 왓슨의 《동양의 황금아치》 같은 연구는 이런 학문 경향에 대한 포스트모던적 과민반응의 한 단계로 볼 수 있다. 따라서, 나는 본질주의적인 방법을 벗어나 맥도날드의 의미 생산과 소비의 관계를 조사해 보고자 한다. 왓슨과 달리 나는 생산과정은 의미 만들기 과정의 필수적인 측면이며, 동시에 생산은 항상 소비와 그 소비가 일어나는 맥락의 특수성과 상호작용한다고 생각한다. 따라서, 맥도날드에 의해 생산된 의미들은—의도했든 아니든—항상 중요하며, 그들은 보편적인 것도, 영원한 것도 아니다. 시대정신이 바뀌면 기표들도 변화한다. 그래서 버거는 결코 단순히 버거가 아니며, 오늘 그것이 의미하는 것이 내일은 변할 수도 있다.

　수용의 고유함 때문에, 맥도날드는 균질하고 정연하게 헤게모니화된 개인을 만들어 내지는 않는다. 그러나, 문화와 개인들이 균질하지는 않지만, 회사의 권력이 스며든 담론들과 이데올로기들이 대중의 사회정치적 인식을 만들어 가는 것은 확실하다. 이런 주장에 복잡한 것은 아무것도 없다. 사람들은 인종, 계급, 성, 성적 취향, 종교, 지리적 위치 그리고 다른 수많은 역학에 따른 세계에서의 자신들의 위치를 통해 그들의 사회문화적·경제적 경험들을 끊임없이 전달한다. 이런 위치 차지하기(positioning)는 맥도날드의 기표들과 제품들을 개인의 삶과 의식의 구성 속에 받아들이는 방식들을 구체화한다.

　이 점에서 비판적 연구자들은 심각한 인식론적 문제에 부딪히게 되는데, 이는 맥도날드의 분석가가 맥도날드의 의미 생산과 개인의 정치의식 간의 인과관계를 실증적으로 '증명'할 수 없기 때문이다. 이런 실증적 연관관계를 입증하기가 너무 어렵기 때문에, 맥도날드와 다른 기업들은 이데올로기적 영향력을 갖고 있지 않다고 일관성 있게 부정된다. 내가 맥도날드에 대해 강연한 후, 한 청중이 나에게 맥도날드의 문화적·정치적 역할에 대한 나의 해석을 증명해 보라고 이의를 제기했다. 나는 그런 증명, 즉 그런 실증적 확실성을 문화 분석과 같은 해석학적 과정에서 얻을 수는 없다고 했다. 이 청중은 시큰둥해하면서 내 연구가 하나의 의견일 뿐이라고 주장했다. 나는 모든 해석들과 마찬가지로, 그것은 "하나의 의견"이라고 그에게 동의했으나 그것이 주목할 수밖에 없는 의견이길 바란다고 덧붙였다. 이런 대화는 패러다임이 충돌할 때 일어나는 것들이다.

'맥도날드의 영향'과 '이데올로기를 수용하는 방법'은 매우 복잡한 개념이어서 그것들을 분석하려면 새로운 연구 방법들이 개발되어야 한다. 맥도날드가 주는 메시지의 청취자/수용자들은 메시지 생산에 참여하지 않기 때문에, 전통적인 민속학을 통해 연구 대상자에 접근하는 방식으로는 연구될 수 없다. 수용자는 생산자와는 다른 공간, 즉 특정한 사회적·문화적·정치경제적 상황에 의해 만들어진 하이퍼리얼리티의 영역에 존재한다. 생산, 맥락적 상황, 수용의 상호관계는 항상 복잡하고 애매모호하다. 다른 측면의 고려 없이 그 수수께끼의 한 조각에만 초점을 두는 것은 환원주의(reductionism)와 왜곡을 야기할 것이다. 맥도날드에 의해 생산된 이데올로기적/헤게모니적, 담론적 의미들은 결코 소비자들을 완전히 통제하지 못한다. 그래서 회사는 마케팅 전문가, 광고회사, 디자이너들에게 많은 돈을 지불한다. 수용을 모니터하고, 변화하는 소비자들의 인식과 변화하는 사회적 상황에 대처하기 위해 의미 생산을 재조정하기 위해서이다. 맥도날드는 기표들과 이데올로기적 메시지가 널려 있는 정보 환경에서 자신을 합법화하기 위해 항상 노력해야 한다. 의도적이지 않은 것(특정 표현의 가치가 다해 수용자가 무관심한 경우)과 의도적인 것(맥스포트라이트)으로부터 비롯되는 자기 표상에 대한 도전을 감지하고, 맥도날드는 사회정치적이고 기호학적 위치를 공고히 하기 위해 더욱더 열심히 노력한다(du Gay et, al., 1997; Schiller, 1993; Thompson, 1987).

따라서, 맥도날드 제품과 메시지의 소비자들은 해석학적인 '백지 수표'를 가지고 있는 것이 아니며, 그들의 의식은 처음 그대로의 백지 상태가 아니다. 맥도날드가 의미하는 것은 생산, 사회 환경 및 수용의 단계에서 권력에 의해 만들어진다. 메시지의 생산에 자금을 공급할 경제력은 누가 가졌는가? 지배적 이데올로기, 담론적 관행, 정치경제학, 정보 환경 그리고 다른 사회적 환경을 만드는 힘은 무엇인가? 주체성, 정체성 그리고 의식은 어떻게 형성되어 수용 과정에 영향을 주는가? 이 문제들은 일반적인 소비 행위나 특히 맥도날드의 의미들의 수용에 대한 분석에서 중요하지만 흔히 무시된다. 이 문제들은 모두 직접적으로 권력의 작용에 관한 것이다. 현재의 복잡한 권력 문화 속에서, 의미는 단지 '의사소통 집단'을 반영하는 진술에만 연결된 것이 아니라, 심층적 지배 구조에 의해 생산된 담론, 이데올로기, 기표들부터 분리될 수 없는 것이다. 개인이 어떻게 맥도날드 메시지를 이해하는가의 문제는 자유기업의 신성함과 "기업인은 성공한다"라는 이상이 연관된 심층적 정치경제적 구조로부터 분리될 수 없다.

여기서 문화 연구와 사회학적 분석은 보다 거친 영역으로 진입한다. 맥도날드 소비자/수용자의 상호주관적인 의미 만들기는 단순히 개인화된 인식으로 인한 개인적인 일이 아니다. 그것 역시 세계관들과 서로 경쟁적인 이해관계들에 의해 만들어지는 과정이다. 맥도날드와 같은 기업들은 개인들이 접하는 정보를 만들어 내는 힘을 세계 어느 집단보다도 많이 가지고 있다. 분석가들이 기업의 헤게모니가 인간의 욕구를 만들어 내는 데 사용될 수 있다고 깨달으면서, 민감한 민주주의의 권력 균형에 대한 이러한 위협을 점점 더 많이 고려하게 되었다. 맥도날드의 경우, 그러한 욕구는 소비자에게 최상의 이익(건강에 좋지 않은 음식)이 아니라 생산자에게 최상의 이익(큰 이윤)일 것이다. 맥도날드의 의미들이 극단적으로 단순화되고 보편화될 수는 없겠지만, 지배와 권력의 현실이 무시될 수도 없다. 기업의 힘이 지난 25년간 증가되면서 가정, 시민 참여, 여가 활동을 위한 시간은 줄어들었다. 기업은 업무 증가와 그로 인한 여가 시간 박탈에 의해 가능하게 된 생활방식에 소비자들이 익숙해지도록 만들기 위해 권력을 사용해 왔다. 기업 권력의 많은 효과와는 달리, 이런 물질적 변화는 측정 가능하다. 이런 물질적 변화는 의식의 수정이 동시에 일어나지 않는다면 불가능한 것처럼 보인다.

햄버거와 권력의 생산자로서, 맥도날드는 사회 분석가들로 하여금 그 영향에 대해 이해하도록 부추긴다. 이 회사가 어린이나 젊은이들과 상호작용하는 것을 보면, 이때 작용하는 의미들과 의식에 미치는 영향력에 대해 이해하는 것은 실제적이면서도 중요한 일이다. 많은 연구들이 "Y 세대"의 나날이 증가하는 소비 수요에 대해 지적하는 것처럼, 기업의 표상에 대한 어린이/젊은이와 소비/수용의 연관관계는 중요한 관심을 끌고 있다(Neuborne, 1999). 어린이에게 비우호적인 이 시대에(Steinberg & Kincheloe, 1997), 젊은이들은 소비를 함으로써 힘이 있다는 느낌을 갖는다는 사실을 맥도날드와 마케팅 전문가들은 잘 알고 있다. 위험과 고립과 우울의 세계에서 그런 느낌은 젊은이들을 흥분시키고 가치관을 극적으로 바꾸어 낼 수 있다. 젊은이들은 자신만의 고유한 감각을 그들이 소비적 관행에서 발견하는 쾌락, 공동체, 위안을 주는 의미들과 바꿀 것이다. 그러므로, 맥도날드는 단순한 식품이 아니라 불확실한 세계의 진정제일지도 모른다. 이런 통찰력은 개인들(우리를 포함해서)이 맥도날드의 햄버거와 다른 제품의 소비에서 일어나고 있는 감정의 투자를 비로소 깨달을 수 있도록 해 주는 해석학적 창문을 제공한다(Deetz, 1993;

Gottdiener, 1995; Kellner, 1998; Miles, 1998; Mumby, 1989).

하이퍼리얼리티에 대한 해석적 실험: 종교 의식으로서의 맥도날드

전통적 신념체계와 과학적 합리성에 대한 공공적 표현, 사람들이 자신의 삶을 만들어 가는 데 의지하던 거대 담화들(종교적 전통 등)이 광고와 정보 생산에 의해 무너져 가는 이 시대에, 사회분석가들은 다양한 해석적 도식 (interpretive schema)들을 개발해야 한다. 사회 분석에 있어 이런 양식들은 맥도날드와 같은 권력 행위자의 사회정치적 영향과 같은 포스트모던한 현상을 조사하는 방법을 제시한다. 우리는 사회 의식(儀式)—이 경우 종교 의식 —의 틀을 통해 맥도날드가 의미를 만들고 의식(意識)을 형성하는 능력을 또다른 시각에서 볼 수 있다. 이 개념적 틀 만들기를 맥도날드 현상에 적용하면, 정보의 혼돈에 감추어진 문화적 과정의 측면이 명확하게 드러난다. 맥도날드 음식과 표상들의 소비는 보다 큰 종교 의식의 일부로 간주되므로 단순한 개인적 행동 이상의 것이 된다. 이러한 맥락에서, 우리는 의미 생산과 수용의 관계, 즉 인구통계학적으로 중요한 집단 활동과 개인의 특유한 행동 사이의 관계를 더 잘 구분할 수 있다.

종교 의식으로서의 맥도날드라는 맥락에서는, 하위문화인 맥도날드가 하이퍼리얼리티에 바탕을 둔 일상생활 속에서 보다 신성한 역할을 수행하면서 세속적인 것과 신성한 것이 합쳐지기 시작한다. 의심할 여지 없는 거대 담화에 대한 기초 지식이 없다면, 현실에서의 맥도날드의 중요성은 앞서의 예상을 뛰어넘는다. "맥도날드는 너에게 그렇게 중요한 것일 수는 없다"고 부모들은 (문화적 의미에서) 맥도날드화된 자기 자식들에게 훈계한다. 부모들은 맥도날드가 자기 아이들을 그 대중의식에 참여하게 하는 능력 때문에 갖게 된 권력에 대해 깨닫지 못한다. 이 회사는 현장 직무 교육을 받은 수많은 젊은이들에게 "우리는 아버지요, 목사이자 스승이다"와 같은 말을 사용하는 것을 억제하지 않는다(Vidal, 1997, p. 38). 소비가 의식화(儀式化)되면 될수록 십중팔구 더 많은 소비자들이 참여하기 때문에, 이런 의식화는 회사의 이익에 부합되는 것이 확실하다. 미국인들이 독일, 네덜란드, 프랑스에 있는 맥도날드 매장에 뻔질나게 드나드는 것을 본다면, 미국인들이 이 의식에 얼마나 편안함을 느끼는지 금방 깨달을 수 있다. 미국 관광객들은 매장에 들어서면 온몸으로 친밀감을 느끼면서—타란티노 영화의 줄스나 빈센트처럼—친숙한 맥도날드 제품의 독일어, 네덜란드어, 프랑스어 이름을 비교한다.

따라서, 문화적 맥락에서 맥도날드는 신성한 곳이 되었다. 정보 통제와 '중요하게 만들기'라는 권력을 통해서, 세속적인 것이 신성한 것으로 변형된다. 몇몇 매장에서 맥도날드는 "햄버거 가게"라기보다는 값싼 바실리카 양식을 연상시키는 착색유리와 건축양식을 채택하여 신성화한 기표를 판매한다. 1990년대 후반 "나의 맥도날드"라는 광고 캠페인은 하나의 비교를 제시한다. 나의 맥도날드는 "나의 교회"와 비슷한 역할을 한다. 순진하게도, 페니 모저(Penny Moser, 1994)는 이 개념을 다음과 같이 표현한다.

일리노이의 오로라(Aurora)에서는 새 맥도날드가 나의 오랜 맥도날드를 대체했다. 매니저가 말하기를, 옛날의 충실했던 맥도날드는 1981년에 지치고 말아 버렸다. 수도 워싱턴에 있는 내 새로운 고향 맥도날드는 매우 달랐다. 나는 그곳에 들어가기 위해 사람들을 뚫고 가야 한다. 그러나 내가 거기 들어가면, 팔 하나만 가지고 태어난 나의 엘살바도르 피난민 친구인 필리페(Felipe)가 웃음을 지으며 음식을 내준다. 그는 언젠가 햄버거 대학

에 가서 매니저가 되길 원한다. 그 후에 그는 가게를 하나 가지고 싶어 한다. (p. 116)

위의 글에는 맥도날드와의 혼란스러운 동일시(identification)와 소유감이 구체적으로 나타나 있다. 데이비드 우(David Wu, 1997)는, 대만에서 맥도날드가 옛날에 사원이 수행했던 "사회적 자석"의 역할을 한다고 주장했는데, 사람들은 종교적 목적뿐만 아니라 사람들을 만나 서로 어울리고, 얘기하고, 사업을 하기 위해 사원에 오는 것이다. 그러므로, 우가 황금아치는 현재 대만 아이들에게 전통적인 사원보다 심각한 상징적 의미를 가진다고 결론지은 것은 놀라운 일이 아니다.

이런 종교적 역학은 회사를 신학적 관점에서 본 크락에게서 항상 찾아볼 수 있다. 황금아치를 확장할 장소들을 조사할 때, 크락은 교회의 첨탑을 찾는 데 도움을 받으려고 비행기를 빌리곤 했다. 그는 교외지역의 교회가 있는 곳이라면 맥도날드 고객들이 잠재해 있다고 생각했다(Love, 1986, p. 164). 사람들을 교회로 오게 만들었던 인습적인 가치관이 그들을 또한 맥도날드에서 먹게 만들리라는 것이다. 크락은 직관적으로 그의 광고 대상을 이해했고, 또 황금아치와 십자가 사이의 기호학적 유사성을 이해했다. 어쨌든, 그는 자신의 기업 창조의 활력적인 신성함을 뚜렷하게 인식했다. 하이퍼리얼리티에서 합리성이라는 전통적 담화가 무너지면서, 맥도날드의 종교적 면모는 이상한 방식으로 자신을 드러낸다. 지난 25년간 다양한 빅맥 텔레비전 광고를 통해, 그 샌드위치는 마치 시스티나 성당 천정에 있는 하나님처럼 생명 없는 물체에 생명을 준다. 맥도날드는 아픈 자를 치료하고, 죽은 자를 살리고, 아이들이 모든 것을 잊도록 할 수 있다.

이 삼위일체 신학 속에서 크락은 성부 하나님이요, 로널드는 성자 예수님이고, 맥도날드의 비전은 성령이다. 회사 간부들은 매장에서 맥도날드라는 신에게 봉사하기 위해 바닥을 닦고, 화장실을 청소하며, 신성한 승화를 위해 일하면서 크락의 생일, 맥크리스마스를 "축하한다". 성변화(聖變化)의 기업 활동 속에서, 신자의 혈관에 흐르는 피는 케첩으로 변하고, 이는 맥패밀리 (MaFamily)로서의 재탄생을 의미한다. 회사 간부진 중에 이런 신봉자들은 자신을 크락의 사도라고 말한다(예를 보려면 Robert Beavers, *Black Enterprise*, 1988 subtitled "The Apostle of the Golden Arches"). 교외지역에 위치한 시카고 본부를 순례하는 간부와 다른 신봉자들은 '레이에게 고해성 사'라는 제단에서 맥도날드식 기도를 할 수 있다. 방문객들은 성부 크락에게 전화를 걸어 그가 죽기 전에 녹음해 놓은 여러 주제에 관해 이야기를 들을 수 있다(Salva-Ramirez, 1995-1996). 그런 만남 후에, 순례자들은 종종 맥도날드 와의 경험에 대해 간증을 한다. 그들은 자신의 첫 햄버거에 대한 간증하거나 자기 고향의 맥도날드에 대해 말한다.

> 1957년에 처음 먹어 본 후, 맥도날드는 내 삶에서 결코 떨어지지 않았
> 다. 내 가족은 북부 일리노이에서 많이 이사 다녔지만, 결코 맥도날드에서
> 멀리 떨어진 적이 없다. 나는 할머니, 아저씨를 포함하여 모든 식구들이 스
> 피디(Speedee : 워너 브라더스 만화영화에 나오는 쥐)의 달리는 다리 밑에 있
> 던 표지가 1억 개⋯⋯2억 개⋯⋯3억 개⋯⋯5억 개 판매로 변할 때의 감상
> 을 얘기하곤 했던 것을 기억한다. (Moser, 1994, p. 115)

나 자신을 포함하여 개인들이 여기에 쏟아 붓는 감정적인 투자는 합리적 이고 단순화된 인과적 설명을 훨씬 뛰어넘는다. 맥도날드는 물질적 소비의 영역과 세속적인 것의 신성화를 구분하는 경계선을 가로지른다. 1998년 내

가 출연한 라디오 방송에서, 전화를 건 많은 사람들이 크락과 맥도날드의 "선행들"—황금아치의 "사회적 복음"—을 언급하면서 그들의 신성화 과정을 정당화했다. "로널드 맥도날드 하우스들은 어떤가요?"라고 라디오 청취자들은 간청했다. "그들은 좋은 일을 많이 해요. 지역사회에 대한 맥도날드의 관심과 기부는 어떤가요? 맥도날드처럼 스포츠를 지원하는 데는 없어요." 이런 존경심을 불러일으키는 데 수십억 달러가 들었다. 누가 주님의 일을 하는 것이 값싸다고 했던가? 매니저급 성체 배령자들은 자신들의 맥바이블(McBible)—크락의 근무 매뉴얼—을 읽고 연구하면서, 맥패밀리를 정서적으로 끌어당기는 힘과 경전의 가르침의 구체성에 매료된다. 신학교(햄버거 대학)에서, 매니저들은 매우 구체적인 조리법 교육 이외에도 어떤 손톱 색깔이 허용되는지도 배운다(Salva-Ramirez, 1995-1996).

따라서, 맥도날드—종교 크락주의—는 율법을 글자 그대로 믿는 근본주의 신학인 것이다. 성공(구원)을 위한 공식에는 해석의 여지가 없다. 맥도날드에는 성서 해석가가 필요 없다. 신학교 학생들의 임무는 매장에 돌아가서 햄버거, 특별소스, 성공, 자유기업제도에 대해 개종시키는 것이다. 다시 한번 이 신학교의 교육과정과 기업 신학의 관념화가 햄버거 자체만큼이나 중요해진 것이다. 이런 맥락에서, 버거는 맥도날드의 믿음 속에서 이루어진 기적이라고 말해진다. 크락이 사후에 버거 제국을 지배함에 따라, 크락의 영혼의 지상의 현시(顯示)인 광대 로널드 맥도날드는 이 회사의 현세의 기호학적 구조의 명목상 우두머리로서 지배한다. 맥도날드랜드 만화에서 로널드는 과거, 현재, 미래의 거주자들에게 버거의 은혜를 가져다주면서 그들을 시종일관 "구원"한다.

황금아치가 세계적으로 기독교의 십자가보다 인지도가 높다면, 아이들에게는 로널드가 산타크로스 다음으로 인지도가 높다. 크락은 로널드의 이미지와 개성에 집착했는데, 심지어 가발 디자인까지도 자신이 결정했다. 로널드는 아이들을 맥도날드로 데려오도록 창조되었고 신성한 인물이 하는 것과 똑같은 방식으로, 즉 아이들의 사랑을 받음으로써 과업을 달성하도록 의도되었다. 상징의 우주에서 자신을 대리할 목사의 중요성을 이해한 크락은 예수회 수사들처럼 로널드가 5세 미만의 아이들을 데려온다면 맥도날드가 이 아이들을 평생 소유하게 되리라는 것을 알았다. 예전에 로널드 맥도날드 역할을 했던 제프리 줄리아노(Geoffrey Giuliano)는 신성한 광대로 일하는 것은 "종교적 예식과 아주 많이 비슷하다"고 최근에 고백했다(McSpotlight, 1997). 맥도날드와 성자 로널드의 신학적 기호학은 매우 심오한 것으로, 그 종교적 유물들—중세에 팔렸던 "실제 십자가" 조각처럼—이 사이버 공간에 나타나기 시작했다. 《앤티크 어필(Antique Appeal)》은 1996년 9월호에 다음과 같은 광고를 게재했다.

- 1977년 2피트짜리 로널드 맥도날드 머리
- 매장/놀이터에서 풍선을 불던 기구
- 보관 상태 좋음
- 195달러에 판매

6 햄버거의 기호에 대한 투쟁

맥도날드의 이야기를 통해 우리는 지난 50년 동안의 많은 중요한 역사적 변화를 살펴볼 수 있다. 초창기 맥도날드의 성공은 제2차 세계대전 이후 경제적으로 번영한 미국의 기동성 있고 자동차 중심적이며 점점 더 속도가 빨라지는 생활, 그리고 소비의 의사결정에서 아이들의 영향력 확대를 반영한다. 1960년대에 매장이 계속 늘어나며 사업이 확대된 것은 여성들도 집 밖에서 노동에 참여하게 된 것을 반영한다. 일하는 어머니가 퇴근길에 가족의 식사를 위해 맥도날드에 들르는 것은 매우 편리했다. 20세기의 마지막 25년 동안, 맥도날드의 성공은 너무 일을 많이 해서 요리할 시간조차 없는 미국인의 현실을 드러내는 것이었다. 최근 20년간 맥도날드가 전세계로 확장할 수 있었던 것은 세계화된 경제의 출현과 그에 따른 문화적 변화를 보여 준다.

하이퍼리얼리티에서의 생과 사: 맥도날드의 문화적 위기

우리 모두가 직면한 속도가 빠르고 소외된 문화에도 불구하고, 맥도날드는 모든 편리함을 갖추고 우리를 위해 존재한다. "당신은 오늘 휴식을 취할 만하다"라는 구호에서 휴식이 무엇으로부터 오는가를 명시할 필요가 없다. 우리는 이미 안다. 이것은 하이퍼리얼리티, 즉 포스트모던한 상황의 스트레스로부터의 휴식이다. 전에는 하이퍼리얼리티에 바탕을 둔 사업들은 상품과 서비스를 만들어 내기만 하면 됐고, 소비가 모든 것을 스스로 알아서 했다. 맥도날드를 비롯한 기업들은 새로운 포스트모던적 사회질서 속에서는 소비자와 특정 상품에 대한 욕망이 창출되어야 한다는 것을 이해하게 되었다. 이 과정은 상품과 서비스의 생산보다 비용이 더 들 뿐 아니라 또한 더 난해하고 까다로운 것이다. 소비자 주체성과 욕망의 생산은 개인에게 하는 단순하고 직접적인 호소를 뛰어넘어야 한다. 그것은 보다 큰 사회구조들과 문화 형태들을 재구성해야 한다. 그러므로 맥도날드는 햄버거를 개인들에게 파는 것이 아니다. 맥도날드 소비를 보다 큰 사회심리적 매트릭스에서 자리 잡게 하는 생활방식과 감정적 성향을 파는 것이다.

그린피스나 데이브 모리스, 헬렌 스틸의 가치관이나 생활방식과 관계가 있는 대항문화적 지향은 맥도날드에게 위험한 것이다. 왜냐하면 이들의 입장에서는 황금아치에서의 소비는 인간적으로 살아가는 방식에서의 '허용' 범위를 벗어난 것이기 때문이다. 따라서, 맥도날드 명예훼손 재판은 단순히 기업 비판에 머무는 것이 아니라 현재의 세계화된 사회에서의 삶의 형태에 관한 문제 제기이다. 데이브와 헬렌은 맥도날드의 사회학적 면모와 문화적 의미들의 핵심을 찌른 것이다. 기업의 마케팅 전문가들은 소비자들을 문화적으로 당황스럽게 만들기 위해 하이퍼리얼리티의 혼란에 의지한다. 소비자들이 해석학적 자유낙하 상태에 있게 될 때, 예전의 믿음이 와해됨으로써 남겨진 공백에 기업의 소비 가치관을 끼워 넣으려고 대기하고 있는 마케팅 전문가들에게는 안성맞춤인 존재인 것이다. 다양한 공동체 사회와 공유한 가치관의 몰락은 마케팅 전문가의 의제에 잘 부합된다. 이런 사회문화적 맥락에서, 새로운 시장 가치관과 (재구성하여 황금아치와 연관시킨) "전통적 가치관"의 가짜 축하행사는 이데올로기적, 담론적, 헤게모니적 과업을 수행할 수 있다 (Deetz, 1993; Luke, 1991).

이 새로운 문화적 우주에서, 소비자들은 의미를 만들기 위해 투쟁한다. 하이퍼리얼리티에서 작동하고 있는 갈등적인 역학은 서로 다른 방향으로 소비자들을 밀고 당겨 기업의 마케팅 이익과 같은 방향으로 혹은 반대 방향으로 소비자들을 끼워 넣는다. 정보를 생산할 수 있는 권력을 가진 맥도날드는 일상적 경험들과 공유된 기대감을 통하여 새로운 전통을 만들어 낼 수 있는 능력에 의지한다: 우리는 모두 맥도날드의 노래, 로널드 맥도날드, 빅맥의 맛, 자동차 주문 의식(儀式), 그리고 다른 모든 것을 잘 안다. 우리는 아이들이 맥도날드 음식을 사달라고 졸라대는 것을 모두 보았다. 특정 연배의 우리들은 매장 입구의 판매 현황판에 햄버거 판매 개수가 240억에서 250억으로 변할 때의 숫자 세기 의식을 지켜보았다. 맥도날드는 우리에게 정체성—맥도날드와 긍정적으로 관련되어 있는 정체성, 자유기업의 이데올로기, 미국주의의 기호학—의 감정을 제공하기 위해 이러한 담화들을 창조해 낸다. 하이퍼리얼리티에서 우리의 삶에는 결여되어 있으나 우리의 욕망 속에는 존재하는 공동체 사회와 관계의 형태들은 맥도날드 광고에 의해 황금아치를 중심으로 다시 아로새겨진다. 우리들 속에 깊이 자리한 심리적인 특징들까지 이용할 수 있는 능력을 가진 조직은 전례 없는 형태의 권력을 소유한다.

현대의 시장 자본주의가 1930년대부터 1960년대를 거쳐 만들어졌던 사회 안전망을 없애고, 가정과 지역사회를 위한 공공지출이 줄어들면서, 맥도날드는 그 공백을 채울 수 있는 힘으로 자신을 제시한다. 우리는 누구에게나 개방되고 비용 효율이 높은 맥도날드라는 안식처를 가지고 있는데, 가난한 사람들을 왜 걱정해야 하는가? 로널드 맥도날드 하우스가 있는데 왜 병든 어린이들을 걱정해야 하는가? 맥도날드랜드에 많은 캐릭터를 두고서 왜 외로운 아이들을 걱정해야 하는가? 맥도날드 매장에 놀이터가 있는데 왜 아이들의 놀이공원에 대해 걱정해야 하는가? 맥도날드 열대우림이 있는데 왜 환경을 보호해야 하는가? 맥도날드가 올림픽에서 공립학교까지 모든 것을 지원하는데 왜 공공분야의 예산을 늘려야 하는가? 맥도날드가 만들어 낸 이데올로기적 구성은 시민들로 하여금 이런 질문을 하게 한다. '공적인 것'과 '사적인 것'의 전통적 정의가 재정립되는 과정에서, 이 둘 사이의 경계가 희미해졌다. 따라서, 새로운 기업질서가 전진을 계속하며 그 와중에 모든 것을 재편해 버린다 (Goldman & Papson, 1996; Kovel, 1997).

이런 재편의 과정은 결코 쉽지 않다. 하이퍼리얼리티는, 기업과 다른 조직들이 살아남지 못하면 죽어야 하는 비참한 곳이다. 시간이 지남에 따라 표상들과 기표들은 의미를 바꾼다. 특히 21세기 초 공급 과잉의 정보 환경 속에서는 더욱 그렇다. 어제 '유행하던' 기표들은 내일 당혹스러운 것이 될 수 있다. 맥도날드가 자신의 기호학적 차원을 계속 평가해 새롭게 하지 않는다면, 그 이미지는 패스트푸드계의 70년대 레저 복장처럼 될지 모른다. 1990년대 말에, 그 권력과 성공에도 불구하고 맥도날드는 일부 시장 분석가들과 언론인들로부터 이런 레저 복장처럼 시대착오적이고 문화적 변화와 멀어진 것으로 간주되었다(Manning & Cullum-Swan, 1998). 이 회사의 초창기 역사에 갈등이 없었던 것은 결코 아니지만, 시대에 뒤떨어졌다는 비난은 맥 경영진(McManagement)에게는 새로운 것이었다. 맥도날드가 21세기 첫 10년 동안 이해한 것처럼, 하이퍼리얼리티에서 살고 죽는 것은 기업의 기호를 넘어 끝없는 기호학적 전쟁을 치른다는 것을 의미한다. 이 회사의 간부들이 황금아치가 시대에 뒤떨어졌다는 비난을 상대하고 있을 때, 그들은 자신들의 기표에 대한 새로운 방식의 공격에 직면했다. 데이비드 레터맨이, 미디어 담론의 수사학을 패러디하면서 시도했던 포스트모던적 역설은 기호학적인 반전을 나타낸다. 박수를 받은 레터맨의 말들은 문화권력의 헤게모니적, 이데올로기적 차원에 대해 (기껏해야) 몇 명의 주의를 끌 뿐이지만, 맥도날드의 자기 표현의 기호학적 의도를 혼란스럽게 하고, 맥도날드 마케팅 담당자들로 하여금 그들의 기호 가치를 통제하기 위한 노력을 더 강화하도록 만든다.

신제품과 판촉이 잇달아 실패하고 맥도날드 명예훼손 재판에서 홍보의 참패에 직면해 있을 때, 레터맨이 55 캠페인과 아치 디럭스 같은 판매 전략의 대실패에 대해 언급하자 간부진들은 성을 냈다. 이 기간에 맥도날드의 기표 문제를 패러디한 사람은 레터맨이 유일하지는 않았다. KFC는 황금아치의 취약함을 감지하고 로널드 맥도날드와 비슷한 인물이 의회의 소위원회에서 증언하는 텔레비전 광고를 냈다. 비틀거리며 땀을 흘리는 광대가 맥도날드 음식의 영양가에 대한 조사관의 질문에 제대로 답변하지 못하는 장면이었다. 이 광고는 맥도날드에 대한 대중들의 인식을 잘 상징화한 것이다. 이 공격은 맥도날드의 이데올로기나 원칙에 관한 것이 아니라 판매 전략의 실패에 관한 것인데, KFC도 그 점에선 맥도날드만큼이나 취약하다. 오히려, 이 광고는 자유시장 내부에서 나온 비평이며, 맥도날드가 자신의 이미지를 보호할 수 있는 능력조차 잃어버린 것에 대한 공격이다.

무너지는 황금아치: 20세기 말의 기호학적 곤경

맥도날드 경영진은 그 기호 가치의 손상을 걱정하면서, 회사의 판촉 노력을 더욱 확대했다. 1995년 여름에, 맥도날드는 회사의 이미지를 세 개의 문화적 상품들과 동시에 연관시켰다. 〈배트맨 포에버(Batman Forever)〉, 〈파워 레인저스(Power Rangers)〉라는 영화와 1996년의 애틀란타 올림픽을 중심으로 한 광고를 만들면서, 이 회사는 대중적으로 인기 있는 기표들을 가지고 고객에게 융단 폭격을 퍼부었다. 하이퍼리얼리티에서 가끔 일어나듯이, 복수의 기호들의 연결은 고객에게 혼란을 준다. 그러나 판매 증가 실적은 예상했던 것보다, 그리고 패스트푸드와 영화를 연계시킨 경쟁사의 상품보다 훨씬 저조했다. 예를 들어, 같은 기간에 버거킹은 영화 〈포카혼타스〉와 연계하여 상당한 판매 증가를 이루었다. 다시 한번, 맥도날드는 기호학적 마케팅에서 실패를 겪었다. 오랜 성공 끝에, 맥도날드의 기호들은 하이퍼리얼리티에서 죽어가고 있었다(Benezra, 1995).

경제담당 기자들은 황금아치에 대해 다른 접근방식을 취하기 시작했다. 일단 그 기표들이 잠식당하기 시작하자, 저널리스트들은 패스트푸드계의 거인에 대한 도전의 시기, 패스트푸드 업계의 공격적 경쟁, 변화하는 미국인의 입맛 그리고 포화된 시장에 대해 쓰기 시작했다(Hamilton, 1997). 많은 기사들이 미국 사회가 맥도날드의 매력에서 벗어나기 시작했다고 암시했다. 마사 해밀턴(Martha Hamilton, 1997)은 〈워싱턴 포스트〉에 다음과 같이 썼다. "황금아치 아래 주문하려고 늘어선 차량의 장대한 행렬은 이제 적어도 미국에서는 위력을 잃어 맨땅을 드러내고 있다"(p. H1). 햄버거 프랜차이즈 역사상 처음으로, '동일 매장'에서의 맥도날드 판매가 감소한 반면 버거킹과 웬디스의 판매는 증가했다. 이런 결과는 부분적으로 맥도날드의 성공에서 비롯되었다. 지난 15년간 너무 많은 매장이 만들어져 시장이 포화 상태가 된 것이다. 그럼에도 불구하고, 맥도날드의 기표는 지금과는 다른 수용, 즉 이 회사의 안정성을 약화시키는 문화적 변화에 직면하고 있다.

이 의미의 위기가 맥도날드로 하여금 행동하도록 만들었다. 11년간 CEO

를 역임한 마이클 퀸란이 밀려나고 회사 역사상 4번째 CEO로 국내사업부 책임자였던 잭 그린버그가 취임했다. 한 산업분석가는 포위 공격당한 퀸란이 "미국 사업 역사에서 가장 큰 브랜드 중 하나의 사망을 지휘했다"라고 썼다 (Damon Brundage, Marks, 1998에서 인용). 이 변화는 맥도날드를 둘러싼 세계와의 사회적·문화적 관계와 전통적 고용 정책에서 중요한 이동을 가져왔다. 제3장에서 보았듯이, 크락은 회사 매장에서 직접 그릴에서 쇠고기 패티를 굽는 것부터 시작한 간부를 채용하는 것에 집착했다. 그의 두 후계자들 프레드 터너와 마이클 퀸란도 그랬다. 그러나, 20세기 말에 와서 많은 사람들은 회사의 간부진이 실제적인 경험은 많지만 거시경제적, 정치적, 사회적 통찰이 부족하다고 느꼈다. 반지성주의, 즉 크락이 조성한 천박성이 대가를 치르는 중이었다(Cohen, 1999).

그러한 비판은 비판적 사회학이나 문화 연구 분야의 학자들로부터 나온 것이 아니라, 월 스트리트 분석가들로부터 나온 것이다. 이런 압력에 굴복하여, 맥도날드는 크락주의와 단절한다. 그린버그의 취임은 맥도날드판 제2차 바티칸 공의회('시대에의 적응'을 주제로 1962~65년에 열렸다.─역자)였다. 그는 햄버거 패티를 굽는 경험 없이 1982년에 맥도날드에 재정담당 책임자로 왔다. 그는 1997년 7월에 국내사업부 책임자로 승진했고 1998년 8월에 회장이 되었다. 드폴(DePaul) 대학에서 법학 학위를 받은 그린버그는, 많은 사람들이 미래의 맥도날드 고위 경영진들의 필수 지식이 될 것이라고 믿는 국제 경제에 대해 미묘한 차이가 있는 관점을 도입했다(Kramer, 1997; McDonald's replaces Its Chief Executive, 1998).

그는 기업문화에서 중요한 변화를 상징하기 때문에, 맥도날드 홍보국은 그린버그를 재포장했다. 그가 자신들과 같은 사람이 아니라는 비난을 사전에 차단하기 위해, 그린버그의 배경에도 불구하고 그의 피에는 케첩이 흐른다고 재빠르게 발표했다. 실제로, 아주 흥미롭고 상징적인 행동으로서 그가 국내 사업부의 책임자로 임명된 후에 회사가 만든 많은 변화 중의 하나가 케첩의 맛이었다. 맥도날드 보도자료는 늘 이런 변화들을 위대한 혁신가이며 팔방미인의 업적으로 "짜 맞춘"다(Kramer, 1997). 새로운 CEO에 대한 기업의 선전은 오히려 신문기사들에 더 잘 나온다.

> 뉴욕시 맥도날드 매장의 매니저인 27살 세의 칼로스 롤던(Carlos Roldan)은 지난 7월 자신의 매장에서 눈을 들었을 때 잭 그린버그가 문에서 걸어 들어오는 것을 보았다. 맥도날드의 국내사업부 책임자인 잭 그린버그는 막 세계에서 가장 큰 음식회사의 회장이 되려고 하는 참이었다. 그것은 형식적인 리허설이 아니었다고 롤던은 회상한다. 그린버그는 그에게 특별한 맥도날드 양복 핀을 선물했고, 종업원들과 어울렸으며, 롤던의 매장에서 최초로 채택한, 중요하면서도 새로운 주문 후 조리 체계에 대해 자세한 질문을 했다.
>
> 한 달 후에, 공식적으로 회장이 된 그린버그가 다시 와서 새로운 체계의 성공 여부를 검사하고 직원들을 다시 격려했다. "그는 직접 간여를 하죠" 라고 롤던은 말했는데 그는 그린버그의 전임자인 마이클 퀸란을 만난 기억은 없다. "우리는 대단히 고무되었습니다." (Cohen, 1999)

맥도날드는 행동을 시작했다. 바야흐로 역사적인 재개편 과정이 시작됐다. 퀸란은 나갔고 그린버그가 들어왔다. 그린버그는 사람들과 잘 어울리고 매니저들로부터 개인적 감정들을 이끌어 낼 수 있는—"정서적으로 통하는"— 사람이다. 21세기 초반에 그린버그는 햄버거의 빌 클린턴으로서의 공적인 역할을 수행했으며 자신의 간부들과 점주들의 고통을 함께한다. CEO

220

로서 마이클 퀸란의 마지막 4년간은 매우 고통스럽고 어려운 시간이었다. 그는 각종 야만인들이 문 앞에서 공격을 하는 동안 성을 지키려고 노력하면서, 계속된 마케팅과 홍보의 실패를 지켜봤고 책임을 졌다. 1994년부터 1998년까지 4년간은 맥도날드의 암흑시대였다.

맥도날드를 화나게 하고 황금아치 시장의 곤경을 강조하기 위하여, 야만인 버거킹은 시카고 외곽의 맥도날드 오크 브룩(Oak Brook) 본부 근처에 큰 식당을 지었다. CEO 퀸란은 침입해 들어오는 버거킹을 노려보면서 회사가 직면하고 있는 '적대적 상태'에 대해 언급했다. 황금아치는 1985년에 아이들의 패스트푸드 시장을 완벽하게 독점했다(Hume, 1990). 1990년대 중반까지는 많은 다른 회사들이 아이들의 의식을 식민화하는 맥도날드의 헤게모니적 능력을 배우면서 그 독점에 도전을 해 왔다. 주류 미국인들이 귀중하게 여겼던 모든 가치관들과 미국주의에 맥도날드를 묶어 지난 수십 년간 이루었던 엄청난 마케팅에서의 성공은 1990년대 중반에 홍보 문제의 근원이 되었다. 맥도날드의 기표가 미국인들의 의식에 너무 잘 자리 잡고 있어서, 조금이라도 판매가 감소하거나 마케팅이 기대에 어긋나면 하나의 놀라움이 되었고, 전통적 기대감에 미치지 못하는 것은 실패했다. 미국의 텔레비전 산업이라는 미디어 분위기에서 놀라움은 곧 뉴스거리가 된다. 맥도날드의 성공이 아니라 실패에 '뉴스 가치'가 있었던 것이다.

이런 정보의 분위기는 기업의 실패들을 과장하는 경향이 있다. 황금아치의 이미지가 조금은 퇴색했다고 할지라도, 맥도날드는 의심의 여지 없이 여전히 강력하다. 해외 판매는 극적일 만큼 계속 성장하고, 이는 미국에서 발전된 하이퍼리얼리티 외부에서의 기표의 권력을 암시한다. 기표의 공급 과잉과 포스트모던적 냉소주의가 미국 수준에 이르면 해외 시장에서도 유사한 시장 역학이 일어날지도 모른다. 누가 알겠는가? 우리가 이데올로기, 표상, 헤게모니적 문화 교육에 대해 우려하는 맥락에서 본다면, 권력을 휘두르는 자들은 보다 많은 정보와 가치를 생산하며 예전보다 더 효과적으로 의식과 정체성을 만들어 낸다. 소비의 교육과정은 여전히 살아 있으며 작동하고 있다. 더 많은 기업들이 맥도날드와 다른 회사들이 사용했던 기호학적이며 감정적인 방법들을 더 많이 채택하면서, 우리 자신의 정체성과 우리 사회가 믿는 것에 대한 영향력을 더욱더 발휘할 것이다. 이 절 제목의 "무너지는 황금아치"라는 표현은 현재의 마케팅 전쟁터에서 그 경쟁자들과 비교하여 한 회사의 경험을 언급한 것뿐이다. 정치경제학적 의미를 만들기 위하여 문화권력을 배치하는 보다 큰 투쟁은 방해를 받지 않고 계속 진행 중이다(Feder, 1997; Hamilton, 1997).

〈워싱턴 포스트〉에 프레드 슈리어(Fred Schrier)가 그린 만화는 패스트푸드 업계에서의 맥도날드의 세기말적 위치를 잘 보여 주고 있다. 골목 구석에 몰린 로널드 맥도날드는, KFC의 명성을 가진 샌더스 대령과 웬디 그리고 버거킹의 왕관을 쓴 햄버거에게 무참하게 맞고 있다(Hamilton, 1997). 샌더스 대령은 로널드를 주먹으로 치고 있고, 웬디와 버거킹 햄버거는 그의 머리를 차고 있다. 퀸란은 현실 세계에서 비슷한 현상을 목격하고, 그것에 대해 사람들을 흥분시킬 만한 신제품으로 대응할 수 없는 맥도날드의 무능력—그의 표현으로는 "홈런 한 방 칠 수 없는 무능력"—을 한탄했다(Horovitz, 1998a). 실패에 대해 설명을 요구받자, 퀸란은 미국인이 무엇을 원하는지 측정하지 못하는 연구사업부의 무능력을 탓했다. 똑같은 질문에 패스트푸드 분석가들은 미국 소비자들의 변화하는 입맛 때문이라고 말했다(Hamiltion, 1997). 맥도날드의 연구사업부는 1980년대와 1990년대의 이 변화하는 역학을 잘 알고 있었다. 남편과 아내가 둘 다 일하는 가정이 점점 더 증가했고, 집 밖에서 좀 더 많은 식사를 하게 됨에 따라 보다 다양한 메뉴와 더 좋은 품질을 원하는 사람이 많아졌다. 그리고 연구에서 보여 주듯이, 이들은 돈을 더 쓸 용의도 있었다. 이런 자료를 바탕으로 맥도날드는 어른용으로 규모를 키운 아치디럭스 제품을 내놓았다. 그러나 불행히도 이 제품은 실패했다(Hamilton, 1997).

퀸란 회장은 회사의 실패를 단순히 다른 사람에게 전가하는 사람은 아니었다. 연구에 실수가 있었을지 모르지만, 퀸란은 회사의 수많은 어려움에 대한 자신의 잘못도 시인했다. 그는 자신의 가장 큰 실수는 미국 내에서 80년대와 90년대에 너무 많은 매장을 열도록 추진한 것이라고 말했다. 퀸란은 그린버그가 지휘하는 동안에 맥도날드는 미국 시장에서 확장을 계속할 것이나 매우 주의 깊게 해야 한다고 주장했다(Horovitz, 1998a). "레이 크락은 어디로 갔는가?"라는 미디어의 관점에도 불구하고, 퀸란은 자신의 임기 말인 1998회계년도에 기록적인 회사 매출에 대해 말할 수 있었다. 더군다나, 인터브랜드 그룹(Interbrand Group : 런던과 뉴욕에 기반을 둔 컨설팅 회사)에 따르면, 맥도날드의 브랜드/기표는 1990년대 후반에 코카콜라를 앞질러 세계에서 가장 강력한 기업 이름이 되었다(Feder, 1997). 이는 물론 경쟁이 매우 치열한 전지구적 기업 환경에서 달성하기 쉬운 업적이 아니다. 그러나, 이런 권력의 표출에도 불구하고, 맥도날드 간부들은 대단히 성공적인 비니 베이비 판촉행사 기간 동안 일부 고객들이 음식은 버리고 인형만 가졌다는 (앞에서 언급한) 보도를 접하고 곤혹스러워했다. 맥도날드는 재고가 바닥나지 않도록 2억 4천만 개의 인형을 준비했음에도 매장은 종종 인형들이 떨어졌으며, 오랫동안 줄을 서서 기다렸던 고객들은 화가 나서 빈손으로 돌아갔다. 퀸란의 관점에서 보면 당황스럽게도, 회사는 성공의 문턱에서 홍보 실패를 한 것이다(Feder, 1997).

맥도날드 기표들에 대한 사방의 도전을 인식하고, 회사는 퀸란이 말하는

"홈런"을 치기 위해 계속 노력을 했다. 동일 매장의 판매 감소가 6분기 동안 연속된 후 마케팅 담당자들은 1997년 가격인하 전략을 내놓았다. 크락이 맥도날드 형제로부터 가게를 샀던 1955년을 상기시키면서, 그 광고는 전후 1950년대 캘리포니아의 낙관주의를 1990년대 후반의 변화하는 상황에 결합시키려고 시도했다. 빅맥은 55센트이고, 고객들은 초창기의 회사 의미를 다시 기억해 내고, 맥도날드는 그 여세를 다시 몰아가고자 한 것이었다 (Horovitz, 1998b).

텔레비전 광고들은 매장에서 먹거나 사가지고 나가는 초창기의 음식점을 흑백 화면으로 처리하여 향수를 불러일으키도록 연출되었는데, 매장은 그 당시의 우주시대를 묘사해 우주선 모양의 흰 타일로 실내장식이 되어 있었다. 우리가 누구인지 그리고 당신들의 삶에서 어떤 의미가 있는지 기억하라고 그 광고는 시청자들에게 간청했다. 그러나 그 기표들은 광고주가 의도했던 대로 작용하지 않았다. 1997년 늦은 봄에, 하이퍼리얼리티는 감정과 정서의 기호들을 의미 없는 공허한 것으로 흘려보내고 있었다.

광고를 내보낸 지 6주 만에 이 55 캠페인은 중단됐다. 가맹점들도 그 광고가 주문한 지 55초 안에 빅맥을 받지 못한 사람에게 공짜 샌드위치를 제공한다고 선전하기 때문에 반대했다. 임금은 낮고 일은 고된 종업원들은 55 캠페인이 부과하는 스트레스 때문에 거의 죽을 지경이었다. 이들의 반대는 매장 주인들과 매니저들 사이에 팽배해지고 있는 반감 중에서 빙산의 일각만을 보여 줄 뿐이다. 미국 내의 지속적인 확장은 기존 매장의 주인들에게 너무 큰 타격을 주어서, 맥도날드는 그들과 화해하기 위해 재정적으로 보상을 해야 했다. 마케팅의 실패는 조직 내부의 문제들을 계속 야기시켰다(Horovitz, 1998a; Kirk, 1997; Kovel, 1997).

시대의 기호: 아치 디럭스의 재앙과 어린이 시장의 중요성

퀸란과 그의 간부들은 1996년에 오랫동안 찾아낸 "홈런" 식품인 아치 디럭스를 발표할 때 마치 새미 소사, 배리 본즈, 마크 맥과이어처럼 걸어 들어왔다. 어른 입맛에 맞추고 크기를 키운 샌드위치를 만들기 위해 2년 동안 연구하고 디자인한 결과인 아치 디럭스는, 맥도날드 역사상 가장 중요한 상품이라고 일컬어졌다. 구어메이 아메리칸(Gourmet American) 치즈, 이색적인 케첩, 질척한 디종(Dijon) 소스(마요네즈, 디종, 겨자를 혼합한 것), (대량생산된 빵과 비교하기 위해) "제과점식" 빵에 얹은 양상추 등 아치 디럭스는 빅맥과 에그머핀 바로 옆에 자리를 잡았다. 그러나 이 홈런은 몇 주 만에 피처 플라이 정도밖에 안 된다는 것이 확실해졌다. 판매는 저조했다(Hamilton, 1997).

"어른 입맛"에 맞춰 디자인된 상품으로서 아치 디럭스는 기업전략의 중요한 변화를 드러낸다. 몇몇 전문가들은 이것을 맥도날드가 포스트포디즘적 경제 조정으로 이동하는 신호라고 기술했는데(Amad, 1996) 여기에는 약간 부연 설명이 필요할 것 같다. 20세기 미국 경제는 헨리 포드의 유명한 절충인 포디즘의 구조물이라고 기술되어 왔다. 포드는 노사 간의 갈등을 피하고 소비와 수요를 동시에 증진시키기 위해 자기 자동차 공장의 월급을 올렸다. 더 많은 소비의 기회를 얻는 대가로, 미국의 노동자들은 의미 없고 지루한 공장 일들을 아무 말 없이 참아 냈다. 포디즘적 절충은 1970년대 석유 파동과 세계화가 진행되고 있는 경제에서 외국의 제조산업 성장과 함께 무너지기 시작했다. 전문가들이 새로운 경제 시대가 시작되었는지 논쟁하면서, 많은 사람들이 이 새로운 현상을 포스트포디즘으로 기술했다.

마케팅 전문가는 포스트포디즘적 기업 조정에서 대량생산 제품에 대한 소비자의 관심이 특화된 상품에 대한 더 높은 관심으로 대체되고 있다는 것을 인지한다. 포스트포디즘의 경제적 지혜에 따르면 현대의 소비자들은 품질에 더욱더 끌리게 되며 더 비싼 값을 치를 용의가 있다. 포스트포디즘 마케팅 전문가는 '틈새시장'을 찾아 서로 다른 '인구통계학적 집단들'에게 특정한 제품을 판매하기 위하여 사회 조사와 문화적 역학 분석에 많은 시간을 할애한다. 맥도날드 분석가들은 그런 집단을 찾았다고 믿었다. 바로, 맥도날드 버거를 먹으면서 자랐지만 수입이 증가함에 따라 입맛도 바뀐 나이 들어가는 베이비붐 세대였다. 따라서 고전적인 포스트포디즘 전략으로서, 퀸란과 그의 간부들은 황금아치 시장을 공고히 하고 연 50억 달러의 고급 버거 시장을 공략하기 위해 아치 디럭스를 내놓은 것이다(The Economist, 1996). 요리사 앤드류 셀배지오(Andrew Selvaggio)가 아치 디럭스의 사촌격인 피시 필레 디럭스(Fish Filet Deluxe)의 가능성에 대해 설명하는 것을 보면, 그가 맥도날드의 전통적 고객을 염두에 두고 있지 않은 것이 분명하다.

> 피시 필레 디럭스는 복잡하게 만들었다. 첫째, 나는 당신이 최상의 일본식 밀가루를 입힌 바삭바삭한 대구 살을 맛보기 바란다. 그리고 맛있는 감자 롤과 딜(dill) 잎이 섞인 달콤한 레물라드(remoulade) 소스, 그리고 다진 양파의 맛을 보기 바란다. 그리고 상추의 신선함과 녹인 미국산 치즈의 풍부한 맛과 약간의 자극을 주기 위한 후추의 시원한 맛을 보기 바란다. (Parker, 1998, p. 1에서 인용).

이런 포디즘/포스트포디즘 역학은 우리로 하여금 해석, 그리고 모더니즘과 포스트모더니즘이라는 구조로 다시 돌아오게 한다. 조지 리처의 맥도날드에 대한 모더니즘적 해석—그리고 특히 그의 맥도날드화라는 개념—은 기업의 포디즘적 요소를 강조한다. 맥도날드화 현상은 포디즘의 획일적인 생산품, 엄격한 기술, 표준화된 기계적 작업 순서, 단순작업화, 노동자와 소비자의 균질화—이 모두는 맥도날드의 일상에서도 매우 중요한 것이다—와 아주 잘 어울린다. 모더니즘과 포스트모더니즘 경향이 21세기의 세계화된 사회에서 공존하듯이, 포디즘과 포스트포디즘의 생산양식은 동일한 사회 공간에서 작동하고 있다. 맥도날드에서는 이 두 경향을 함께 볼 수 있다.

상류층 성인을 주 고객으로 삼는 고급 버거 시장에 대한 맥도날드의 포스트포디즘적 공격은 이제껏 중심이 되던 고객을 포기한 것일 뿐 아니라 실제로 그들을 비방하는 것이었다. 인기 있었던 비니 베이비 인형 끼워주기와 영화 〈101마리 달마시안〉, 〈헤라클레스〉, 〈조지 오브 정글〉을 이용한 맥도날드와 디즈니의 공동 판촉 행사에 성인들이 참여하기는 했으나, 이런 행사는 원래 아이들을 대상으로 한 것이었다. 실제로 이 책에서 보아 왔듯이, 버거는 매장에서 주요 인기 상품이 아니었다. 가장 인기 있었던 것은 아이들을 위한 햄버거 경험이었고, 아이들이 부모들을 황금아치로 끌고 왔던 것이다 (Hamilton, 1997). 회사가 놀이터를 만들고, 해피밀을 생각해 내고, 로널드 맥도날드를 탄생시키고, 소비자를 위한 조잡한 맥도날드랜드 일가의 인형을 만든 것은 이 중요한 고객의 욕망에 고개를 숙인 것이다. 《유치원 문화: 기업의 아동기 조작》에서 셜리 스타인버그(Shirley Steinberg)와 나는 맥도날드가 어린이들의 욕망을 이용하고, 그것을 황금아치와 연결하기 위해서 오랫동안 사용해 온 광고 전략을 추적했다. 이 회사의 광고 역사에 비추어 볼 때, 아치 디럭스 광고는 이상하고 혼란스러운 것이다.

전통적 가족관이라는 기표와 회사가 아이들에게 가장 좋은 것을 해 주는 것에 관심을 두고 있다고 미국 부모들을 확신시키기 위한 시도와 관련하여, 맥도날드의 마케팅 전략은 항상 어린이들에게 맞추어져 왔다. 크락은 맥도날드의 공적 이미지가, 자신이 말한 대로 "YMCA, 걸스카우트, 주일학교"를 혼합해 놓은 것이어야 한다는 사실을 잘 이해했다(Boas & Chain, 1976, p. 97).
사회적 격변과 불안정 속에서, 황금아치는 미쳐 버린 세계 속에서 만세 반석
(rock of ages), 즉 아이들을 위한 도덕적 피난처로 견디어 왔다. 맥도날드는
"아이들에 관한 모든 것"이었다. "아이들에 관한" 것이라는 황금아치의 방식
은 맥도날드의 전통적 가족관 광고가 한창일 때 아주 흥미로운 반전을 가져
왔다.

　　이 시대의 광고들은 페미니스트, 동성애자 그리고 크락의 정의로는 "이상
한 자들"에 의해 공격받는 전통적 가정에 대한 레이건식 비전을 이용해 고안
되었다(Goldman, 1992). 1980년대 초에 만들어진 광고에서, '전형적인' 백
인 중산층 가족이 아버지가 어린 시절을 보낸 작은 동네를 방문한다. 자신의
어린 아들과 딸에게 자신의 어린 시절을 보여 주고 싶어 하는 아버지는 가족
에게 자신의 옛날 집이 길 위에 있다고 말한다. '그리스식 합창단'이 부르는
노래의 "당신이 살던 예전과는 꽤 달라졌다"라는 가사가 배경으로 깔릴 때,
아버지는 새로운 콘도가 자신의 옛 집터에 자리 잡고 있는 것을 보고 충격을
받는다. 낙담했지만 이에 굴하지 않고 아버지는 옛 친구 쇼티(Shorty)의 집이
길 모퉁이에 있다고 가족에게 말한다. 쇼티의 집도 없어지고 세차장이 들어
서 있다. 뒷자리에 앉은 딸이 실망한 아버지에게 자기는 배가 고프므로 아버
지가 먹던 장소는 그대로 남아 있길 바란다고 말한다. 아버지는 곧 배경음악
〈오랜 친구를 환영하는 밤 풍경〉과 함께 이름 없는 식당을 찾기 시작한다. 아
버지의 눈이 밝게 빛나고 얼굴엔 미소가 번지는 것을 카메라가 잡는다. 카메
라는 차가 맥도날드에 주차하는 장면을 보여 준다. 합창단이 "오늘 밤 여기
맥도날드에 다시 오니 기분이 좋다"고 노래한다.

　　가족이 맥도날드에 들어갈 때, 황금아치에서의 소비는 가족을 결속시키고
그들을 위협하는 잘못된 공상적 사회주의자들에 의해 훼손된, 보다 큰 사회

에서 아이들의 복지를 확신시켜 준다는 메시지를 심어 준다. 여기에서는 아무것도 변하지 않았다. 아버지는 쾌활한 젊은 여성 점원에게 자신이 빅맥을 여기서 처음 먹었다고 말한다. 카메라가 식당을 가로질러 깜짝 놀라며 믿지 못하겠다는 표정을 짓는 키 작은 남자에게 초점을 맞춘다. 물론 쇼티다. 쇼티가 아버지와 포옹할 때, 우리는 아버지의 어린 시절 별명이 컬리(곱슬머리)였다는 것을 알게 된다. 지금은 대머리라 역설적이긴 하지만 말이다. 카메라는 두 옛 친구가 황금아치의 불빛 아래서 포옹하는 것을 다시 보여 준다. 아버지는 맥도날드에 있다. 그는 옛 친구 그리고 가족들과 편안하게 있다. 맥도날드가 이 모든 것을 가능하게 했다(Goldman, 1992). 소란스러운 60년대는 마침내 끝났다. 우리(미국)는 우리를 위대하게 만든 전통적 가족관을 다시 회복하고, 우리 아이들을 보호할 수 있는 "집으로 돌아온" 것이다. 합창단은 이미 우리에게 "오늘 밤 여기 맥도날드에 다시 오니 기분이 좋다"고 상기시켜 주었다. 우리는 백인만 사는 교외지역이자 전기가 들어오지 않던 1955년의 남부 캘리포니아, 즉 아이들에게 보다 우호적이었던 시대로 돌아간다고 맥도날드는 우리에게 확신시켜 준다. 우리는 캘리포니아가 중남부의 로드니 킹(Rodney King : 1990년대 L.A. 폭동의 도화선이 되었던 흑인 운전자—역자)과 같은 계시시대 후의 지옥이 되기 전인 미국의 낙원인 "캘리포니아 꿈"과 "캘리포니아 여자"의 시대로 돌아간다.

앞서 언급한 흥미로운 반전 중의 하나는 "집으로 다시"라는 광고의 마지막 장면에서 일어난다. 카메라가 아들과 딸의 얼굴을 크게 보여 준다. 아버지와 쇼티가 포옹하는 것을 본 후, 딸은 오빠를 돌아보며 비꼬는 억양으로 "곱슬머리?"라고 묻는다. 오빠는 그 사건에 대한 아버지의 이해와 자신들의 이해 사이에는 세대차가 있다는 것을 의식하며 어깨를 으쓱하며 눈을 굴린다. 이 재상봉에 아들과 딸은 아무 관심이 없다는 것을, 카메라는 아이들이 자기 앞에 있는 햄버거에만 집착하는 것에 초점을 맞춤으로써 보여 주고 있다. 그런데 이때가 이 광고가 맥도날드 음식을 보여 주는 유일한 장면이다. 맥도날드는 두 가지를 원한다. 전통적 가족관으로의 회귀와 성인의 동일시, 그리고 전복적인 아동 문화와 아이들의 동일시이다. 이런 전복적인 서브텍스트는 수많은 맥도날드 광고—특히 가족 가치관을 주장하는 광고—에서 볼 수 있다. "집으로 다시"라는 광고에서, 아이들은 아버지(컬리)가 오랫동안 잊고 있었던 과거를 순진하게 추적하고 당황스럽게도 자신의 감정을 대중적으로 노출시키는 것을 함께 인식한다. 아버지는 그의 "멋진 자세"를 망친 것이다. 매장에서 아버지/컬리의 세련되지 못한 행동은 보다 첨예한 세대적 구분—광고 전문가들이 시장 분화라고 부르는 차별화—의 기표이다.

마케팅 전문가들이 전통적으로 간과해 왔던, 5~12세 사이의 아이들은 1년에 거의 50억 달러를 쓰고 거의 1천 4백억 달러에 달하는 가족의 소비에 영향을 주며 그중의 반 이상이 음식물에 사용된다. 매달 6~11세 사이의 아이들 20명 중 19명이 패스트푸드 매장을 방문한다. 이 회사 간부들은 키즈밀과 함께 티니 비니 베이비, 핫 휠(Hot Wheel), 바비 인형을 주는 맥도날드의 전형적인 판촉 행사 기간에 아동고객에게 약 3천만 개의 음식을 팔 것이라고 예상한다. 세 살이 될 때쯤이면, 아이들의 80% 이상이 맥도날드가 햄버거를 판다는 것을 안다. 실제로 맥도날드는 아이들을 황금아치와 연관시키기 위해 열심히 노력해 왔다(Fischer et al, 1991; Giroux, 1994; Hume, 1993; Ritzer, 1993).

눈에 잘 띄지 않는 아동 문화에 대한 인식은 최근 20년 이상 맥도날드 광고에서 중요한 역할을 해 왔다. 맥도날드는 그것을 이해하고 식민화하여 아이들의 의식에 독특하게 접근했다. "집으로 다시"와 같은 광고의 커다란 역설은, 전통적 가족관이라는 기치 아래 실제로는 맥도날드가 주장하는 가족의 가치를 약화시킨다는 사실이다. 맥도날드의 경험이 묘사될 때 가족은 공통적 경험을 나누는 것이 아니다. 그 대신에 각 판매 대상들은 서로 다르고 심지어는 충돌 가능성이 잠재되어 있는 방식으로 맥도날드를 경험한다. 컬리의 가족은, 다른 많은 미국의 중산층 가정과 마찬가지로 가족 자체에서 분리된 외로운 단위인 것이다. 일상생활에서 맥도날드는 오래 먹고, 즐거우며, 대화를 나누는 가족 식사를 좋아하지 않는다. 의자와 탁자는 불편하도록 고안되어서 빨리 먹고 떠나도록 만든 것이다(Ritzer, 1993). 그리고 보다 주요한 전략으로, 가족의 가치, 미국 그리고 가정은 서로 다른 판매 대상들에게 맥도날드를 합법화시키는 판매 도구인 것이다. 크락은 가정에 대한 자신의 감정을 아주 명확히 표현했다. 그는 일이 최우선이라고 매니저들에게 말했다. "사업에 대한 나의 신념은 나의 집보다 오래 전부터 만들어진 것이다". 그리고, 크락은 신성한 맥도날드 삼위일체를 맥도날드, 가정 그리고 신의 순서로 말한다 (Kroc, 1977, p. 89).

1990년대 맥도날드의 기호학적 곤경의 가장 중요한 측면의 하나는 맥마케터들(McMarketers)이 아이들에 대해 새로운 위치를 부여한 것이었다. "집으로 다시"라는 광고는 컬리나 다른 어른들이 아니라 아이들을 현명한 고객으로 추켜세운 것이다. 어린 시청자들은 이것을 재빠르게 알아채고 이 광고 텍스트가 주는 특성에 매료되었다. 어른들은 모른다. 그들은 계몽된 집단이 아니며, 어린이들을 위한 광고에서 항상 어쩔 줄 몰라 하는 존재로 표현된다. 맥도날드 마케팅 전문가들은, 자신들이 항상 어른들의 보호가 필요한 존재이며 '좋은' 텔레비전 프로그램만 보아야 하는 순진한 존재라는 낭만적 표상을 아이들이 억압적으로 받아들인다는 사실을 일찍이 깨달았다. 실제로, 새로운 천년이 시작되는 시점에서 아이들은 수동적이거나 순진한 텔레비전 시청자가 아니다. 맥도날드를 위해 (그리고 점점 더 많은 회사들을 위해) 일하는 광고 전문가들이 깨달았듯이, 아이들은 때때로 광고와 상품에 대해 자신들 나름대로의 의미를 만들 수 있는 능동적이고 분석적인 시청자들이다. 광고업자들과 아이들 사이에 존재하는 이런 사회적·심리학적 역학은 더 많은 분석을 요한다.

중산층의 보호주의에 대한 아이들의 불편함과 그에 수반되어 자신들을 '성장에 맞는' 실체로서 일상에 '적응'시키려는 시도를 이용하여, 광고 전문가들은 마케팅의 금맥을 발견했다. 우리가 아이들을 아이들로 다루면서 무정부주의적 색채를 띠고 약간의 활동 항진(亢進)을 섞어 준다면, 부모(특히 중산층 부모)는 싫어하겠지만 아이들은 그런 광고를 사랑할 것이다. 1960년대 말에, 상업적 아동 텔레비전과 광고들은 이런 원칙에 기반을 두었다. 이런 프로그램들은 억제, 훈육 그리고 아이들은 보기만 하면 될 뿐 그들의 말에는 귀를 기울일 필요가 없다는 기존 관념을 벗어던졌다. 예를 들어, 교육적 텔레비전이 채택한 모든 것—아이들은 불완전한 어른이며 항상 가르침을 받아야 한다는 것들—을 상업적 텔레비전은 거부했다. 실제로 상업적 텔레비전은 아이들의 대항문화, 즉 전복적인 아동 문화를 조장한다.

특정한 텔레비전 쇼, 장난감, 음식에 대한 아이들의 열정으로 인해 부모와 단절되는 예를 멀리서 찾을 필요가 없다. 아무 중산층 가정에나 가 보면 된다. 이런 단절을 이용하여, 아이들은 그것을 하나의 권력으로 변화시킨다. 그들은 아버지가 모르는 무엇인가를 마침내 알게 된다. 맥치즈 시장과 프랜치 프라이 가이의 관계를 아는 부모가 얼마나 될까? 아이들이 맥도날드 햄버거와 인형들을 사려고 아우성치면서 부모와 아이들 사이에 전선이 형성된다. 하류층 가정의 갈등은 금전적인 문제에 관련된 것일지 모른다. 중류층 이상의 갈등은 미적 관심이나 이데올로기적 관심에 있을지 모른다. 이런 중산층 가정에서는 기호, 문화자본, 자기 계발과 같은 문제가 아이-어른 사이의 상호작용에 만연해 있다. "맥도날드 같은 끔찍한 햄버거를 원하는 건 아니지"라며 중산층 부모들은 쓸데없이 아이들을 설득하려고 한다. 〈로(Raw)〉라는 영화에서 코미디언 에디 머피(Eddie Murphy)는 집에서 만든 햄버거와 맥도날드에서 파는 햄버거의 차이점에 대해 말할 때 이런 갈등을 우습게 연기해 낸다. 머피가 말하는 아이는 친구들이 엄마가 만든 햄버거에 대해 조롱하자 울면서 달려 나오고, 보다 좋은 맥도날드 햄버거를 부러운 표정으로 쳐다본다.

어른의 가치관의 구속을 뛰어넘을 수 있는 아이들의 능력은 독립적인 자아를 계발하는 데 중요하다. 이런 독립성 계발의 공통적인 측면은, 어른들의 세계와의 모순을 경험하는 것과 관련이 있다. 독립을 위한 아동기의 이러한 투쟁의 맥락에서 은밀한 아동 문화가 발달된다. 지난 백 년간 이런 문화가 놀이터에서, 학교에서 존재해 왔다. 하이퍼리얼리티 이전에는 이런 문화는 아동들 스스로에 의해 만들어지고 아동과 아동 사이의 접촉을 통해 전달되었다. 오늘날의 포스트모던적 아동 문화는 어른에 의해 창조되고 아이들이 소비하도록 만들기 위해 텔레비전을 통해 퍼진다. 중산층 부모들의 성공, 진지한 진취적 정신으로서의 놀이, 자기 계발을 위한 '질적인 시간'에 대한 집착을 조심스럽게 점차 약화시키면서, 광고업자들은 아이들의 문화를 자신들의 상품과 연계시킨다. 맥도날드 광고들은 많은 아동 대상 광고업자들보다 더 미묘하고 기술적으로 이런 주제들을 반영한다.

아이들의 전복적 문화의 힘을 이용하려는 바람과 교양의 수호자인 중산층의 비위를 건드리는 위험성 사이에서 줄타기를 하면서, 맥도날드는 버거, 프라이, 셰이크가 가득한 맥도날드의 식탁에서 "진짜" 대화를 하는 아이들을 묘사하는 어린이용 광고 "인생의 한 단면"을 개발했다. 다양한 맥도날드 판촉 행사에 나오는 인형을 묘사하는 아이들의 은어들을 사용하면서("급진적 *radical*, 자식*dude*, 바비에 빠졌어*we're into Barbie*"; Seiter, 1993, p. 132), 아이들은 아동기의 고통에 대해 서로 토론한다. 많은 광고들에서, 아이들은 어른들을 농담의 대상으로 삼고 어른들은 이해하지 못한다는 농담을 나눈다 (Seiter, 1993, p. 132; Goldman, 1992, pp. 98-99). 맥도날드는 아이들 외에는 어느 누구도 알지 못하게 아이들의 전복적 문화의 힘의 일부를 자신의 상품으로 미묘하게 끌어당기기 위해 노력한다. 이런 "인생의 한 단면" 광고는 그것을 보는 어른들은 맥도날드를 전복적 아동 문화와 연결시키는 광고 효과를 알아보지 못할 정도로 분명치 않은 것이다.

1996년의 아치 디럭스 광고는 세대 간의 갈등이라는 주제로 계속되었고 형식은 달리 했지만 심각한 결과를 가져왔다. 로널드 맥도날드는 "여피족 (Yuppie)으로 변했다". 턱시도를 입고 사회적으로 출세한 골퍼로 나오는 로널드는 "더 이상 아이들만을 위한" 것이 아니었다. 은밀하게 다룰 때는 그토록 잘 작용하던 어른-아이의 갈등이 이제 아치 디럭스의 광고에서는 적나라하게 드러난다. 맥도날드 마케팅 전문가들은 고급 샌드위치를 포스트모던적 성인기에 이르는 통과의례로서 자리 매김시켰다. 거리의 간판에 화가 난 흑인 어린이들을 보여 주는 것은, 아이들이 아치 디럭스를 숙명적인 적으로 보게 됐다는 것을 어른들에게 상기시켜 준다. 좀 더 혈색이 좋아 보이는 백인 아이들은 어른용 샌드위치를 어린 시절의 시금치, 콜리플라워(cauliflower), 기타 먹기 싫은 것들과 비교했다. 이런 광고에 나타난 세대 간의 갈등은 〈나 홀로 집에(Home Alone)〉와 같은 영화에서 아동을 유기하는 것이 "그려지고" 또 "좋고, 아주 재미있는" 것으로 포장되는 것과 똑같은 방식으로 진열장에서 끄집어내진 것이다.

아치 디럭스의 광고에 묘사된 아이들은 어른의 눈에 비친 아이들이다. 그 이전의 광고들은 아이들에 눈에 비친 어른들을 묘사함으로써 아이들의 마음과 생각을 사로잡았다. 맥도날드 마케팅 전문가들이 생각하기에, 고급화되어 가는 아치 디럭스라는 틈새시장의 눈에 아이들은 의심스러운 고객이었다. 실제로 그런 맥락에서는 시간과 에너지에 대한 욕구를 가진 아이들이 방해가 된다. 그들은 기동성 있고 기업화된 달콤한 생활(dolce vita)에 방해가 되고, 시간에 쫓기고, 역동적이며 유연한 포스트포디즘 세계의 요구와는 불일치하는 것이다. 이 광고들은 아이들의 불행하고 저급한 입맛에 대해 어른들과 아이들에게 상기시켜 주는 방식으로 아이들을 자리 매김시킨다. 아치 디럭스 자체나 그 광고는 수십 억 달러의 여피족 시장—맥도날드가 잘 겨냥하지 못했던 판매 대상들—을 잡기 위한 공공연한 노력의 일환으로 만들어진 것이다. 2달러 29센트(베이컨을 포함하면 2달러 59센트)인 아치 디럭스는 맥도날드가 지난 50년 동안 신중하게 피해 왔던, 구매자의 속물근성을 부추기는 호소(snob appeal)를 덧붙이려는 노력 속에서 다른 메뉴들보다 값을 비싸게 매긴 것이었다.

하이퍼리얼리티에서 아동기와 성인기의 구분은, 아이들은 미디어를 통해 한때는 비밀스러웠던 어른들의 지식을 알게 되고, 어른들은 어떤 필요한 방법을 써서라도 자신들의 아동기에 집착을 하면서 점점 더 모호해진다. 맥도날드의 기업적 영혼의 짝인 디즈니 역시 이 시기에 성인 고객을 유혹했다. 실제로, 프론티어랜드(Frontierland)나 해피밀은 더 이상 어린이들을 위한 것이 아니다. 실패한 아치 디럭스—어른들의 입맛에 맞춘 버거—는 단지 많은 사람들이 21세기의 다양한 분야에서 표현되리라 예상했던 문화 경향이 좀 더 일찍 나타난 것일 뿐이다(Whitney-Smith, 2001). 아치 디럭스에 대한 낙서가 벽에 나타남에 따라, 맥도날드 간부들은 좋은 교훈을 얻었으며 다시는 그런 방식으로 그들의 시장을 분리하지 않을 것이라고 고백했다. 한 간부는 "맥도날드의 위대함은, 맥도날드에 대한 생각 그 자체 또는 경험이 모든 이들에게서 동심을 이끌어 낸다는 사실을 매우 심각하게 되새기고 있다"라고 했다(Hamilton, 1997, p. H6). 맥도날드 마케팅 전문가들은 기본으로 돌아갈 것을, 즉 그들이 처음부터 엄청난 권력을 얻게 해 준 기표들로 돌아갈 것을 주장했다.

맥도날드랜드의 혼란: 크락주의 근본으로의 회귀 또는 그린버그식 포스트 포디즘으로의 전진

이런 발표에는 어떤 일관성이 결여되어 있다. 이 모순은 1998년 여름 그린버그의 취임 자체 그리고 그가 시도하려는 기업 변화에 대한 연설에 명백하게 들어났다. 퀸란이나 다른 고위 간부들보다도 그린버그는 맥도날드의 미래에 대해 더욱 포스트포디즘적 비전을 가지고 있었다. 그는 1990년대 6~7년 동안 기업의 골칫거리였던 빠른 확장의 주요 입안자이자 아치 디럭스와 55 캠페인의 영향력 있는 장려자였다. 돌이켜보면, 아치 디럭스와 그 사촌격인 치킨과 생선 제품은 포스트포디즘적 접근의 자신 없는 첫 단계였다 (Cohen, 1999). 그린버그는 회사에 대한 대화 속에서 역동적 유연성, 분권화된 경영, 틈새시장 등의 용어를 사용하는 좀 더 대범한 포스트포디스트이다. "시장 분화에 좀 더 신경을 쓰는 경영에 대한 또 다른 접근이 필요하다"라고 그는 주장했다. 이는 아치 디럭스에서 배웠다고 주장하는 교훈들과는 모순된다(Machan, 1998). 월스트리트와 패스트푸드 업계에서 맥도날드를 주시하는 많은 사람들에게 그린버그의 포스트포디즘은 포스트크락주의와 동의어라는 것이 명백해진다(Cohen, 1999).

서로 다른 판매 대상과 틈새시장에 대한 그린버그의 주시는 광고에 있어 포스트포디즘적 접근을 가리킨다. 그는 사람들이 세 가지 방송만 볼 수 있을 때는 전국적 텔레비전 네트워크를 통해 맥도날드를 선전할 수 있었다고 말한다. 그러나, 지금은 사람들이 400여 개의 채널을 볼 수 있으므로, 지역의 매장 주인이 자기 지역에서 회사의 광고 자금을 좀 더 자유롭게 쓸 수 있도록 해야 한다. 크락은 보다 포디즘적이고 중앙집권적인 경영관을 가지고 있어서 그러한 전략을 별로 달가워하지 않았을 것이다. 크락의 영역을 침범하는 것을 두려워하지 않는 그린버그는 크락식 성경을 다시 쓴다. 크락이 "인내와 결심만이 전능하다"라고 선언한 것과 대조적으로 그린버그는 그것들만으로는 충분하지 않다고 한다. "거기에 혁신을 추가해야 한다"라고 그는 거침없이—거의 신성모독적으로—말한다(Machan, 1998). 그린버그는, 크락은 혁신이 회사의 성공에 얼마나 중요했는지 몰랐다고 암시하며, 분리된 식당, 놀이시설, 빅맥, 에그 맥머핀, 로널드 맥도날드, 엑스트라 밸류 밀, 해피밀 같은 아이디어를 예로 든다(Berman, 1998).

크락이 "단순화해, 이 멍청아"라고 말한 반면(Machan, 1998), 그린버그는 복잡할 정도에 이르기까지 혁신을 추구한다. 사장으로 공식 임명되기 이전에 실제로 그린버그는 회사의 우선순위로 8가지 새 제품을 개발하는 것을 추진하고 있었다. 자신의 임무를 맥도날드의 재발명이라고 생각하고, 그린버그는 빅 빅 엑스트라(상추와 토마토가 든 버거킹의 와퍼 같은 것), 치킨 셀렉츠("갈아만든" 맥너겟에 비해 진짜 치킨 모양을 가진 닭 가슴살 조각으로 만든 것), 베이글(Bagel)로 된 아침 샌드위치 메뉴, 맥플러리(McFlurry : 혼합 첨가물 고명을 얹은 소프트 아이스크림), 랍스터 샌드위치, 서구식 아침 오믈렛, 멕시칸 버거(살사 소스와 멕시칸 치즈로 장식한 것) 그리고 다른 혁신적인 상품들의 판매를 촉진했다. 다른 포스트포디즘적 다국적 기업인과 마찬가지로, 그린버그는 기업의 국제사업부로부터 혁신 방법을 배우고 빌리려 했다. 아주 빨리 성장하는 국제사업부의 성공에서 보았듯이 경영의 분권화로 생기는 이익을 이해한 그린버그는 미국 시장에서도 이런 전략을 적용하고 있었다(Machan, 1998). 이런 점에서, 맥도날드가 세계에 균질화 효과를 행사한다는 개념은 더욱더 설득력이 없게 된다. 21세기의 헤게모니는 20세기의 마지막 몇 십 년 동안 일어났던 것보다 더 지역적으로 정보화되고 분권화된다.

　분권화의 역학은 그린버그의 인사관리 철학에서도 엿볼 수 있다. 그린버그 이전의 경영은 일리노이의 오크 브룩의 본부에서 상의하달적이며 표준화된 칙령에 의한 것이었다. 대개 가맹자들은 크락 시대의 교본에 나온 대로 표준화된 방식으로 다루어졌다. 크락은 이 영역에서 모든 것을 단순화시켰고, 경영진이나 점주들은 명령받은 대로 해야 한다는 것이 무조건 유지되도록 만들었다. 전형적인 포스트포디즘적 분권화 경영방식으로 그린버그는 오크 브룩은 명령을 내리기보다는 들어야 한다고 주장했다. 그가 기업의 초점을 변화시키고 상부 경영에 대한 새로운 이미지를 만들려고 시도하면서, 그린버그는 맥도날드를 5개 지역권으로 나누었다. 각 지역사업부는 관료 체제를 거치지 않고 그린버그에게 직접 보고할 수 있는 지사장과 경영팀에 의해 지휘되었다. 불필요한 중간 매니저들의 해고와 함께, 이러한 혁신들은 맥도날드를 더욱 현재 시대에 맞는 슬림하고 철저한 포스트포디즘 기업처럼 만들었다 (Cohen, 1999; Edwards, 1997; Machan, 1998).

　슬림하고 철저한 것 이외에도, 포스트포디즘적 기업 정신은 반노조적, 축소지향적, 노동 강화적이다. 그린버그는 이미 과도하게 일을 하며 저임금을 받는 종업원들을 더욱 몰아쳐 21세기 노동분쟁이 불가피할 정도로 만들면서 고객에게 보다 빨리 보다 신선한 음식을 제공하도록 요구한다. 그는 차에 탄 채 주문하는 것을 더 빠르게 하고, 새로운 조리 시스템의 설치를 더 확대하고, 모든 매장을 가능한 한 빨리 '고객 주문식'으로 만들기를 바라는데, 이는 샌드위치를 고객 취향에 맞추려는 종업원의 노력을 용이하게 하는 새로운 과정을 위해 포디즘적 조립라인 모델을 버리는 것이다(Berman, 1998; Pauly,

1998). 역동적 유연성이라는 용어에 비추어보면, 새로운 시스템은 리처가 그의 맥도날드화라는 주제에 대해 다시 생각하지 않을 수 없게끔 만든다 (1993). 퀸란이 황금아치의 "비(非)크락적인 존재"였다면, 그린버그는 "반(反)크락적 존재"이다. 이 새로운 CEO의 포스트포디즘적 방법들이 회사의 홍보와 마케팅의 실패들에서 전환하도록 재빨리 작동하지 않는다면, 보스 크락은 조금도 망설임 없이 또는 가차 없이 사후의 복수를 행할 것이다.

나쁜 홍보로 인한 곤경

다른 다국적 기업들과 마찬가지로, 맥도날드도 하이퍼리얼리티 상황에서 되도록 한 치의 빈틈도 없이 자기현시가 생산되고 수용되기를 바란다. 이것은 기업의 정보 통제에 대한 저항이 커 갈수록 더욱더 어려운 임무이다 (Vidal, 1997). 2001년 1월에 조시 부시의 취임식에 반대하는 집회에서 많은 반맥도날드 항의자들은, 맥도날드가 다국적 기업의 힘의 남용을 상징하는 기호학적 능력을 아직도 잃지 않고 있다는 사실을 명백히 증명했다. 많은 기업들은 그런 항의에 더러운 술책과 인격 훼손, 법적 위협으로 대응한다. 스틸과 모리스가 법정에 서기 전에 맥도날드는 BBC, 〈가디언(The Guardian)〉지, 연구소들 그리고 셀 수도 없이 많은 개인들을 포함한 비판자들에게 법률적 위협을 가했다. 이런 위협은 명예훼손 재판에서 증명의 의무가 피고에게 있는 영국에서 역효과가 났다(Wilken, 1995). 이제 맥도날드 명예훼손 재판에 의해 거꾸로 비난을 받게 된 맥도날드 간부들은 미래의 비방자들에게 대항할 방법을 다시 생각해야만 한다. 맥패밀리는 1997년 6월에 전세계 신문에 실렸던 머릿기사를 더 이상 보고 싶어 하지 않는다. "맥도날드 명예훼손 재판에서 엇갈린 판결을 얻었다. 그러나 이 국제적 기업은 홍보전쟁에서 졌다"(Beveridge, 1997, p. 8A). 통신사는 다음과 같이 기사를 썼다.

> 런던 — 두 채식주의 운동가들이 자신들은 패스트푸드업계 거대기업의 사업관행에 대해 비교할 수 없는 주의를 환기시켰기 때문에 영국에서 가장 긴 이 재판에서 더 큰 승리자라고 주장하는 명예훼손 재판에서, 맥도날드가 지난 목요일 승소했다.
>
> 314일 동안 계속된 재판에서 맥도날드 그룹은 판사가 이 운동가들이 주장한 날카로운 비평들의 많은 부분이 사실이라고 말한 후에 당혹스러운 많은 질문을 받아넘겨야 했다.
>
> 800페이지 분량의 판결문에서, 로저 벨 판사는 이 햄버거 대기업이 동물 학대에 대해 "과실적 책임"이 있고 감수성이 강한 아이들을 "착취하는" 광고 전략을 사용했다고 말했다. (Beveridge, 1997, p. 8A)

맥경영진의 과도한 질투 때문에 눈싸움이 침소봉대되어 눈사태로 번진 셈이다.

공식 판결문에서 벨(Bell) 판사는 모리스와 스틸의 명예훼손에 대한 배상으로 맥도날드에게 9만 8천 달러를 지급하라고 했으나, 이 회사가 동물들을 학대하고 어린이들을 착취한다는 피고인들의 주장을 확인시켜 주었다. 이 판결문을 가능한 한 긍정적으로, '장황하게 늘어놓으려고' 시도하면서, 맥도날드 간부들은 판결에 만족하지만 동물 학대에 대한 판사의 언급이 당황스럽다고 말했다. 그들은 어린이 착취라는 문제를 다시 얘기하는 것을 전적으로 피했다. 잠자는 아이들을 건드릴 필요는 없다. 판결 후에 재판정을 떠나는 스틸과 모리스를 맞이한 환호성과 그들이 전세계에서 받은(아직도 받고 있는) 격

려에도 불구하고, 간부들은 그 재판이 홍보적으로는 재앙이었다는 생각을 공식적으로는 비웃는다(Beveridge, 1997). 이 경우에 기업의 헤게모니적 정보 통제에 구멍이 생긴 것이다. 홍보 담당자들은 데이비드(다윗)와 헬렌 대 골리앗의 대결 같은 이 무용담이 대중의 흥미를 끄는 것을 어찌할 수 없었다. 〈내일의 톰(Tom Tomorrow)〉이라는 연재만화에서, 펭귄 스파키(Sparky)는 "어떤 광대가 미키 디즈(Mickey Dees : 맥도날드의 별명)를 담당하고 있는가?" 하고 물으며 돌아다닌다. 화가 나서 담배를 마구 피워대는 로널드 맥도날드가 다음과 같이 대답한다. "조심해, 펭귄! 그렇지 않으면 너를 법정으로 즉시 끌고 가서 머리가 돌 지경이 되도록 만들 거야"(Kovel, 1997, p. 27에서 인용).

새로운 세기에 들어서서 인터넷은 기업 권력에 저항하는 방식을 변화시켰다. 조엘 코블(Joel Kovel, 1997)이 주장하듯이, 두 상대방이 불공평하게 맞붙는 재판에서도 맥도날드에 대한 진실은 노출되고, 인터넷의 민주적 특징 때문에 "관습적인 미디어의 검열을 피할 수 있었다"(p. 26). 수백 명만이 알 수 있었을 맥도날드 기업관행에 대한 자료가 인터넷의 맥스포트라이트 사이트 등을 통해 수백만 명이 알 수 있게 되었다. 〈애드버스터즈(Adbusters)〉지는 재판 내내 반맥도날드 운동을 벌였고 그로 인해 잡지의 구독률을 유지할 수 있었다(로널드 맥도날드의 광고를 패러디한 '맥기름*McGrease*' 또는 '맥저질 *McShit*'이 아직도 이 잡지에 게재된다. Groves, 1996 참조). 이런 표현 방식들은 세심하게 각인된 맥도날드 기표들에 강력한 파괴적 효과를 낸다. 나는 청소년들의 방의 벽에 붙은 수많은 로널드 맥도날드 '맥기름' 또는 '맥저질' 포스터를 보았고, 이 포스터들이 맥도날드 홍보국에 주는 공포를 상상해 보았다. 우리의 맥놀이터(McPlayground)에서 기어다니던 어린아이들에게 도대체 무슨 일이 일어난 것일까 하고 그들은 탄식할지 모른다. 하이퍼리얼리티에서 기표는, 강력하기는 하지만 잘 알려진 대로 변덕스러운 것이다.

다국적 기업의 해로운 관행을 중단시키기 위하여, 비판가들은 점점 더 많은 사람들에게 권력의 복잡성과 그런 권력을 개인들의 마음과 생각에 그리고 보다 큰 문화적 · 정치적 · 경제적 구조에 맞추어 가는 능력에 대해 확신시켜 주어야 한다. 이런 헤게모니적 · 이데올로기적 · 기호학적 · 교육적 역학은 복잡하기는 하지만 그들에게 접근할 수 있는 방법으로 설명을 하면 사람들은 이해할 수 있다.

내 경험으로는, 내가 권력에 대해 설명하려고 하면 사람들은 언제나 자신이 직접 경험한 보다 풍부한 예들과 비유들을 제공하면서 나의 개념이나 설명 능력을 강화시켜 주곤 했다. 버거는 단순히 버거가 아니며, 문화적 영역은 이제 주요한 정치적 영역이 된다. 우리가 이런 교훈들을 배울 때까지는, 21세기에 기업 권력을 휘두르는 자들이 우리의 세계와 생각들을 바람직하지 않은 방향으로 계속 변화시켜 갈 것이다. 이런 건전하지 못한 변형을 막기 위해서, 우리는 권력의 문화에서 버거의 기호를 읽을 줄 알아야 한다. 단순히 읽는 것 자체가 목적이 아니라, 우리가 어떻게 되었는지를 보다 명백하게 이해하는 한 방법으로서 읽을 줄 알아야 한다. 이런 덜 굴절된 맥락에서, 우리는 기호학적으로 쓰여진 '아메리칸 드림'을 버리고, 보다 복잡하고 정의로운 전지구적 꿈—미국적 낙관주의가 사회적으로 책임 있는 역할을 하는 꿈—을 창조해 내기 위해 더 잘 준비할 수 있을 것이다.

참고문헌

- *Advertising Age.* 1991. "McDonald's Takes Leap Into Trouble." *Advertising Age* 62: 41(September 30), p. 41.
- Affleck, J. 1998. "Teenage McDonald's Workers Go on Strike." *News and Observer* (Raleigh, N.C.), April 17.
- Airakinsen, T. 1992. "The Rhetoric of Domination." In T. E. Wartenberg, ed., *Rethinking Power*. Albany: State University of New York Press.
- Alfino, M. 1998. "Postmodern Hamburgers: Taking a Postmodern Attitude Toward McDonald's". In M. Alfino, J. Caputo, and R. Wynyard, eds., *McDonaldization Revisited: Critical Essays on Consumer Culture*. Westport, Conn.: Praeger.
- Amad, P. 1996. Virtual Cultures 4. Available from: <http://www.mcs.mq.edu.au/content/ VirtualCultures/vc7-amad-paper>.
- *American Libraries.* 1993. "ALA/McDonald's Team Up Again for Reading Program." *American Libraries.* 24:11, p. 1047.
- Anthony, T. 1997. "McDonald's Moves Into All Segments of Society." *Centre Daily Times* (State College, Pa.), July 15, p. 3A.
- *Antique Appeal.* 1996. "Ronald McDonald Head for Sale." Available from: <http://www. antiqueappeal.com>.
- Apple, M. 1996. "Dominance and Dependency: Situating *The Bell Curve* Within the Conservative Restoration." In J. L. Kincheloe, S. R. Steinberg, and A. D. Gresson, eds.,

244

Measured Lies: The Bell Curve Examined. New York: St. Martin's Press.

• Arch Deluxe Hate Mail. 1997. Available from: < http://omni.cc.purdue.edu/~royald/ letters.htm>.

• Aronowitz, S. 1983. "The Relativity of Theory." *Village Voice,* no. 27 (December), p. 60.

• Aronowitz, S., and W. DiFazio. 1994. *The Jobless Future: Sci-tech and the Dogma of Work.* Minneapolis: University of Minnesota Press.

• Aronowitz, S., and H. Giroux. 1991. *Postmodern Education: Politics, Culture, and Social Criticism.* Minneapolis: University of Minnesota Press.

• Associated Press. 1998. "Business Briefly." *Morning News Tribune* (Tacoma, Wash.), June 2.

• Bak, S. 1997. "McDonald's in Seoul: Food Choices, Identity, and Nationalism." In J. Watson, ed., *Golden Arches East: McDonald's in East Asia.* Stanford: Stanford University Press.

• Bastable, J. 1993. "From Russia with Special Sauce." *Mademoiselle* 99:12, pp. 98, 106.

• Bell, D., and G. Valentine. 1997. *Consuming Geography: We Are What We Eat.* New York: Routledge.

• Benezra, k. 1995. "To Live and Tie-in LA." *Brandweek* 36:31 (August 7), pp. 23-24.

• Berman, S. 1998. "Cheeseburgur Baron Hails from Chicago Tribe." *Forward* 102 (August 28), p. 31.

• Bessman, J. 1989. "McDonald's Vid Edal Judged a McPlus for Sell-thru." *Billboard* 101:40 (October 7), p. 93.

• Best, S., and D. Kellner. 1991. *Postmodern Theory: Critical Interrogations.* New York: Guilford Press.

• Beveridge, D. 1997. "McDonald's Wins Libel Case." *Centre Daily Times,* June 20, p. 8A.

• Bizzell, P. 1991. "Power, Authority, and Critical Pedagogy." *Journal of Basic Writing* 10:2, pp. 54-70.

• *Black Enterprise.* 1998. "Robert Beavers: The Apostle of the Golden Arches." *Black Enterprise* 18:7, p. 86.

• Block, F. 1990. *Postindustrial Possibilities: A Critique of Economic Discourse.* Berkeley: University of California Press.

• Boas, A. M., and S. Chain. 1976. *Big Mac: The Unauthorized Story of McDonald's.* New

York: E. P. Dutton.

- Boyles, D. 1998. *American Education and Corporations: The Free Market Goes to School*. New York: Garland.

- Bremmer, B., and G. DeGeorge. 1989. "The Burger Wars Were Just a Warmup for McDonald's." *Business Week*, May 8, pp. 67, 70.

- "Burger Queen." 1999. "This Debate Seems To Be Stuck in a Loop." Available from: <http://www.mcspotlight.org/debate/meds/messages/4101.html>.

- Calinescu, M. 1987. *Five Faces of Modernity: Modernism, Avant-garde, Decadence, Kitsch, Modernism*. Durham, N.C.: Duke University Press.

- Caputo, J. 1998. "The Rhetoric of McDonaldization: A Social Semiotic Perspective." In M. Alfino, J. S. Caputo, and R. Wynyard, eds., *McDonaldization Revisited: Critical Essays on Consumer Culture*. Westport, Conn.: Praeger.

- Charlie X. 1994. "Screwing Over Your Local McDonald's." *Phrack Magazine* 5:45 (March 30), unpaginated [pp. 1-6].

- Cohen, D. 1999. "New McDonald's CEO Improves Its Image." *Chicago Sun-Times*, January 31.

- Collins, A. 1994. "Intellectuals, Power, and Quality Television." In H. Giroux and P. McLaren, eds., *Between Borders: Pedagogy and the Politics of Cultural Studies*. New York: Routledge.

- Collins, S. 1998. Review of James Watson, ed., *Golden Arches East: McDonald's in East Asia*. Available from: <http://www.mcs.net/~zupko/cs_book.htm>.

- *Consumer Reports*. 1988. "A Survival Guide to the Greasy Kid Stuff." *Consumer Reports* 53:6, pp. 355-61.

- Cooper, D. 1994. "Productive, Relational, and Everywhere? Conceptualising Power and Resistance Within Foucauldian Feminism." *Sociology* 28, pp. 435-454.

- Cooper, M. 1998. "General Pinochet Still Rules: Twenty-five Years After Allende—An Anti-Memoir." *The Nation* 266:10 (March 23), pp. 11, 23.

- *CQ Researcher*. 1991. "Fast Food's Most Visible Target." *CQ Researcher* 1:25 (November 8), p. 831.

- Crescenzo, S. 1997. "Trouble Under the Golden Arches: The American Icon's PR Crisis,"

Available from: <http://prsa.org/sept97mc.html>.

• Critical Art Ensemble. 1994. *The Electronic Disturbance*. Brooklyn, N.Y.: Autonomedia.

• Deetz, S. 1993. "Corporations, the Media Industry, and Society: Ethical Imperatives and Responsibilities." Paper Presented to the International Communication Association, Washington, D.C.

• Deveny, K. 1988. "Meet Mike Quinlan, Big Mac's Attack CEO." *Business Week*, no. 3051 (May 9), pp. 92, 94, 97.

• Dewey, J. 1916. *Democracy and Education*. New York: Free Press.

• du Gay, P., S. Hall, L. Janes, H. MacKay, and K. Negus. 1997. *Doing Cultural Studies: The Story of the Sony Walkman*. London: Sage Publications.

• *Economist, The*. 1996. "MacWorld." *The Economist*, June 29, pp. 61-62.

• Edwards, C. 1997. "Ed Rens: Retires as McDonald's Domestic President; Regional Heads Named." Available from: <http://www.sddt.com/files.librarywire/97wireheadlines.07-97>.

• _____. 1999. "McDonald's Names U.S. Marketing Chief." AP Online. January 19.

• Ellis, J. 1986. Review of John Love, *McDonald's : Behind the Arches. Business Week*, no. 2968 (October 13), pp. 18-22.

• Emery, T. 1997. "Group Hits Disney, McDonald's Over Toy Factory Conditions." *Boston Globe*, May 3. Available from: <http://www.nlcnet.org/press/newsclip/globe.htm>.

• "Expelled French Activist Bové Gets Standing Ovation at Anti-Globalization Forum." 2001. January 30. Available from: <http://njpcgreens.org/brasil.html>.

• Featherstone, Liza. 1998. "The Burger International." *Left Business Observer* 86. Available from: <http://www.panex.com/~dhenwood/McDonalds/html>.

• _____. 1999. "The Burger International Revisited." *Left Business Observer* 91. Available from: <http://www.panix.com/~dhenwood/McDonalds2.html>.

• Feder, B 1997. "Where Have You Gone, Ray Kroc?" *New York Times*, June 5.

• Fischer, P., et al. 1991. "Brand Logo Recognition by Children Aged 3 to 6 Years." *Journal of the American Medical Association* 266:22, pp. 3145-48.

• Fiske, J. 1993. *Power Plays, Power Works*. New York: Verso.

• Flynn, G. 1996. "McDonald's Serves Up HR Excellence." *Personnel Journal* 75:1, pp. 54-55.

• Garfield, B. 1992. "Nice Ads, McDonald's, but That Theme Not What You Want." *Advertising Age* 63:8 (February 24), p. 53

• Gergen, K. 1991. *The Saturated Self: Dilemmas of Identity in Everyday Life*. New York: Basic Books.

• Giroux, H. 1994. *Disturbing Pleasures: Learning Popular Culture*. New York: Routledge.

• Giroux, H. 1996. "Slacking Off: Border Youth and Postmodern Education." In H. Giroux, C. Lankshear, P. McLaren, and M. Peters, eds., *Counternarratives: Cultural Studies and Critical Pedagogies in Postmodern Space*. New York: Routledge.

• Goldman, R. 1992. *Reading Ads Socially*. New York: Routledge.

• Goldman, R., and S. Papson. 1994. "The Postmodernism That Failed." In D. Dickens and A. Fontana, eds., *Postmodernism and Social Inquiry*. New York: Guilford Press.

• _____. 1996. *Sign Wars: The Cluttered Landscape of Advertising*. New York: Guilford Press.

• Gottdiener, M. 1995. *Postmodern Semiotics: Material Culture and the Forms of Postmodern Life*. Cambridge, Mass.: Blackwell.

• Green, R. 2001. "Forced Apology Sparks Debate." *Hartford Courant*, June 3. Available from: <http://www.raptorial.com/HOF/Kading01.html>.

• "Gromit." 1999. "McDonald's Rocks—I Should Know." March 26. Available from: <http://www.mcspotlight.org/debate/meds/messages/405z.html>.

• Grossberg, L. 1992. *We Gotta Get Out of This Place*. New York: Routledge.

• Groves, J. 1996. "McDonald's Morale Crumbling." *Adbusters*. Winter.

• Hamilton, M. 1997. "Taking Its McLumps." *Washington Post*, August 17, pp. H1, H6.

• Hancock, P. 1997. Review of George Ritzer, *The McDonaldization of Society*, rev. ed Available from: <http://www.mngt.waikato.ac.nz/depts/sml/journal/indexv11/Hancock.htm>.

• Harvey, D. 1989. *The Conditions of Postmodernity*. Cambridge. Mass.: Basil Blackwell.

• Hinchey, P. 1998. *Finding Freedom in the Classroom: A Practical Introduction to Critical Theory*. New York: Peter Lang.

• Hoffman, H. 2001. "Want Fries with That Humiliation?" *New Haven Advocate*, June 14.

248

Available from: <http://www.raptorial.com/HOF/kading04.html>.

• Horovitz, B. 1998a. "My Job Is Always on the Line." *USA Today*, March 16, p. 8B.

• _____. 1998b. "McDonald's Gives Beanies Another Try." *USA Today*, May 18, p. 4B.

• Hume, S. 1993. "Fast-food Caught in the Middle." *Advertising Age* 64:6, pp. 12-15.

• Hundley, T. 1997. "It's Been a Proven Fact: Peace Follows Franchise." *Centre Daily Times* (State College, Pa.), July 15, p. 3A.

• Jatkinson, B. 1998. "My Beef with McDonald's." *Virginian Pilot and Ledger Star* (Norfolk, Va.), June 11.

• "Jay W." 1999. "Why Do I Look Down Upon This Great Company." April 7. Available from: <http://www.mcspotlight.org/debate/mcds/messages/4110.html>.

• Jeffress, L. (with J. Mayanobe). 2001. "A World Struggle Is Underway: An Interview with José Bové." *Z Magazine* (June). Available from: <http://www.thirdworldtraveler.com/Reforming_System/World_Struggle_Underway.html>.

• "Jen." 1999. "McDonald's Irritating Customers." March 29. Available from: <http://www.mcspotlight.org/debate/meds/messages/4086.html>.

• "R Jenkins." 1999. "Exploiting." March 23. Available from: <http://www.mcspotlight.org/debate/mcds/messages/4018.html>.

• Katayama, F. 1986. "Japan's Big Mac." *Fortune* 114:6 (September 15), pp. 114-20.

• "Kati." 1999. "Annoying Customers and Why I'm Annoyed with Stupidity." March 30. Available from: <http://www.mcspotlight.org/debate/mcds/messages/4076.html>.

• Kaye, L. 1992. "Traveller's Tales." *Far Eastern Economic Review* (June 11), p. 26.

• Keat, R. 1994. "Skepticism, Authority, and the Market." In R. Keat, N. Whiteley, and N. Abercrombie, eds., *The Authority of the Consumer*. New York: Routledge.

• Kellner, D. 1989. *Critical Theory, Marxism, and Modernity*. Baltimore: Johns Hopkins University Press.

• _____. 1990. *Television and the Crisis of Democracy*. Boulder, Colo.: Westview.

• _____. 1992. "Popular Culture and the Construction of Postmodern Identities." In S. Lash and J. Friedman, eds., *Modernity and Identity*. Cambridge, Mass.: Blackwell.

• _____. 1998. "Foreword: McDonaldization and Its Discontents." In M. Alfino, J. Caputo, and R. Wynyard, eds., *McDonaldization Revisited: Critical Essays on*

Consumer Culture. Westport, Conn.: Praeger.

• Khalili, I. 2001. "Israeli Police Arrest French Farmer in West Bank." June 21. Available from: <http://www.shianews.com/hi/middle_east/news_id/0000506.php>.

• Kincheloe, J. 1995. *Toil and Trouble: Good Work, Smart Workers, and the Integration of Academic and Vocational Education.* New York: Peter Lang.

• _____. 1999. *How Do We Tell the Workers: The Socio-economic Foundations of Work and Vocational Education.* Boulder, Colo.: Westview.

• Kincheloe, J., and S. Steinberg 1997. *Changing Multiculturalism: New Times, New Curriculum.* London: Open University Press.

• Kirk, J. 1997. "McDonald's 'Campaign 55' Can't Seem to Get a Break." *Centre Daily Times,* June 17, p. 5B.

• Kovel, J. 1997. "Bad News for Fast Food: What's Wrong with McDonald's?" *Z Magazine,* September, pp. 26-31.

• Kramer, L. 1997. "Jack Greenberg" *Nation's Restaurant News* 31:4 (January), p. 76.

• Kroc, R. 1977. *Grinding It Out: The Making of McDonald's.* New York: St.Martin's Paperbacks.

• Lash, S. 1990. *Sociology of Postmodernism.* New York: Routledge.

• Lawren, B. 1993. "McRobot." *Omni* 15:7 (May), p. 29.

• Leidner, R. 1993. *Fast Food, Fast Talk: Service Work and the Routinization of Everyday Life.* Berkeley: University of California Press.

• Love, J. 1986. *McDonald's: Behind the Arches.* New York: Bantam books.

• _____. 1995. *McDonald's: Behind the Arches.* 2d ed. New York: Bantam Books.

• "Luke Kuhn." 1999. "Big Mac with a Side Order of Pepper Spray?" March 3. Available from: <http://www.mcspotlight.org/debate/mcds/messages/3929.html>.

• Luke, T. 1991. "Touring Hyperreality: Critical Theory Confronts Informational Society." In P. Wexler, *Critical Theory Now.* New York: Falmer Press.

• Luxenberg, S. 1985. *Roadside Empires: How the Chains Franchised.* New York: Viking Penguin.

• McCarthy, T. 1992. "The Critique of Impure Reason: Foucault and the Frankfurt School." In T. Wartenberg, ed., *Rethinking Power.* Albany, N.Y.: SUNY Press.

- McCormick, M. 1993. "Kid Rhino and McDonald's Enter Licensing Agreement." *Billboard* 105:8 (February 2), pp. 10, 81.
- McDonald's Customer Relations Center. 1994. Handout to Schools.
- McDonald's Handout from Adelaide Zoo. 1999. "Improving Our Environment." November, Adelaide, Australia.
- "McDonald's Replaces Its Chief Executive." 1998. *Star-Tribune* (Minneapolis-St. Paul), May 1.
- Macedo, D. 1994. *Literacies of Power: What Americans Are Not Allowed To Know.* Boulder, Colo.: Westview.
- Machan, D. 1988. "Great Hash Browns, but Watch Those Biscuits." *Forbes* 142:6 (September 19), pp. 192-96
- _____. 1998. "Polishing the Golden Arches." *Forbes Global,* June 15, pp. 1-3
- McLaren, P. 1991. "Schooling and the Postmodern Body: Critical Pedagogy and the Politics of Enfleshment." In H. Giroux, ed., *Postmodernism, Feminism and Cultural Politics: Redrawing Educational Boundaries.* Albany, N.Y.: SUNY Press.
- _____. 1994. "Multiculturalism and the Postmodern Critique: Toward a Pedagogy of Resistance and Transformation." In H. Giroux and P. McLaren, *Between Borders: Pedagogy and the Politics of Cultural Studies.* New York: Routledge.
- _____. 1997. *Revolutionary Multiculturalism: Pedagogies of Dissent for the New Millennium.* Boulder, Colo.: Westview Press.
- McLaren, P., R. Hammer, S. Reilly, and D. Sholle. 1995. *Rethinking Media Literacy: A Critical Pedagogy of Representation.* New York: Peter Lang.
- MacLean's. 1994. "Rejecting McUnion." *MacLean's* 107:10 (March 7), p. 43.
- McLibel Newsletter. 1997. Available from: <http://www.mcspotlight.org>.
- McSpotlight. 1997-. Available from: <http://www.mcspotlight.org>.
- Manning, P., and B. Cullum-Swan. 1994. "Narrative, Content, and Semiotic Aalysis." In N. Denzin and Y. Lincoln. eds., *Handbook of Qualitative Research.* Thousands Oaks. Calif.: Sage.
- Marks. K. 1998. "Big Mac at 30 No Longer the Burger King." *The Independent* (London), September 5.

- Martin, H., and H. Schumann. 1997. *The Global Trap: Globalization and the Assault on Democracy and Prosperity.* New York: Zed Books.
- "Mike Bacon." 1999. "Ah! Sour Grapes! Would You Like an Enema with That?" Available from: <http://www.mcspotlight.org/debate/mcds/messages/4078.html>.
- Miles, S. 1998. "McDonaldization and the Global Sports Store: Constructing Consumer Meanings in a Rationalized Society." In M. Alfino, J. Caputo, and R. Wynyard, eds., *McDonaldization Revisited: Critical Essays on Consumer Culture.* Westport, Conn,: Praeger.
- Mintz, S. 1997. "Afterword: Swallowing Modernity." In J. Watson, ed., *Golden Arches East: McDonald's in East Asia.* Stanford: Stanford University Press.
- Monniger, J. 1998. "Fast Food." *American Heritage* 39:3 (April), pp. 68-75.
- Morris, C. 1994. "McDonald's : Not Retailers' Kind of Place." *Billboard* 106:30 (July 23), pp. 3, 127.
- Moser, P. 1988. "The McDonald's Mystique." *Fortune*, July 4, pp. 112-16.
- Mumby, D. 1989. "Ideology and the Social Construction of Meaning: A Communication Perspective." *Communication Quarterly* 37:4, pp. 291-304.
- Musolf, R. 1992. "Structure, Institutions, Power, and Ideology: New Directions Within Symbolic Interactionism." *Sociological Quarterly* 33:2, pp. 171-89.
- Newman, M. 1994. "McDonald's/EMI Sales Break 9 million." *Billboard* 106:42 (October 15), pp. 6, 199.
- Newman, P. 1988. "Cohon's Hamburger Diplomacy." *McLean's* 101:23 (May 30), p. 44.
- Neilson, J. 1999. *Warring Fictions: American Literary Culture and the Vietnam War Narrative.* Oxford, Miss.: University of Mississippi Press.
- Neuborne, E. 1999. "Generation Y." *Business Week* 36:16 (February 15), pp. 80-88.
- Noble, B. 2000. "French Fried Over Micky Dees." Available from: <http://www.topicsmag.com/1200/feature2.htm>.
- Official Happy Meals Web Site. 1999-. Available from: <http://www.mcdonalds.com/countries/usa/whatsnew/happy_meal>.
- Ola, P., and E. D'Aulaire. 1998. "60 Billion Burgers and Counting." *Reader's Digest* 131:788, pp. 39-45.

• Parker, M. 1998. "Nostalgia and Mass Culture: McDonaldization and Cultural Elitism." In M. Alfino, J. Caputo, and R. Wynyard, eds., *McDonaldization Revisited: Critical Essays on Consumer Culture*. Westport, Conn.: Praeger.

• Pauly, H. 1998. "McDonald's Predicts Growth." *Chicago Sun-Times*, May 22.

• Peace, A. 1990. "Dropping Out of Sight: Social Anthropology Encounters Postmodernism." *Australian Journal of Anthropology* 1:1, pp. 18-31.

• People. 1988. "McDharma's." *People Magazine* 29:17 (May 2), p. 81.

• *Personnel Journal*. 1994. "Global Companies Reexamine Corporate Culture." *Personnel Journal*, August, pp. 12-13.

• "Philip." 1996. "The McDonald's of the Damned." Available from: <http://etext.archive. Umich.edu/sines/friends/phil/archive/96/mcdamned-htm>.

• Raptorial Hall of Fame. 2001. Available from: <http://www.raptorial.com/ HOF/Kading.html>.

• Rikert, D. 1980. "McDonald's Corporation." Harvard Business School Case Study. Boston.

• Ritzer, G. 1993. *The McDonaldization of Society*. Thousand Oaks, Calif.: Pine Forge Press.

• _____. 1998. "Slow Food Versus McDonald's." *International Herald of Tastes* 10, July-September.

• Porty, A. 1992. "Power and Powers: A Dialogue Between Buff and Rebuff." In T. Wartenberg, ed., *Rethinking Power*. Albany, N.Y.: SUNY Press.

• Salva-Ramirez, M. 1995-96. "McDonald's: A Prime Example of a Corporate Culture." *Public Relations Quarterly* 40:4, pp. 30-32.

• Schiller, H. 1993. "Transnational Media: Creating Consumers Worldwide." *Journal of International Affairs* 47, pp. 47-58.

• Schlosser, E. 1998a. "Fast-food Nation, Part One: The True Cost of America's Diet." *Rolling Stone*, September 3.

• _____. 1998b. "Meat and Potatoes." *Rolling Stone*, November 26.

• _____. 2001. *Fast Food Nation: The Dark Side of the All-American Meal*. Boston: Houghton Mifflin.

- Seidman, G. 1999. "Protesters Steal Limelight at WTO." November 29. Available from: <http://www.msnbc.com/news/340513.asp>.
- Seiter, E. 1993. *Sold Separately: Parents and Children in Consumer Culture.* New Brunswick, N.J.: Rutgers University Press.
- "Sharon." 1999. "The Customers Aren't Going to Change." March 31. Available from: <http://www.mcspotlight.org/debate/mcds/messages/4084.html>.
- "Shaun." 1999. "Most Customers Are Not Annoying, It May Be You." April 1. Available from: <http://www.mcspotlight.org/debate/mcds/messages/4088.html>.
- Shelton, A. 1995. "Where the Big Mac Is King: McDonald's U.S.A." *Taboo: The Journal of Culture and Education* 1:2, pp. 1-15.
- Shiva, V. 1997. "Vandana Shiva on McDonald's Exploitation and the Global Economy." Available from: <http://www.mcspotlight.org/people/interviews/vandanatranscripts.html>.
- Smart, B. 1992. *Modern Conditions, Postmodern Controversies.* New York: Routledge.
- Solomon, A., and S. Hume. 1991. "Hot Fast-food Ideas Cool Off." *Advertising Age* 62:41 (September 30), p. 42.
- Solomon, C. 1996. "Big Mac's McGlobal HR secrets." *Personnel Journal* 75:4, pp. 46-54.
- Stein, S. 1997. "Witness Statement." October 24. Available from: <http://www.mcspotlight.org/people/witness/employments/stein.html>.
- Steinberg, S., and J. Kincheloe, eds. 1997. *Kinderculture: The Corporate Construction of Childhood.* Boulder, Colo.: Westview.
- "Store Manager." 1999. "Why Do I Work for This Great Company?" April 1. Available from: <http://www.mcspotlight.org/debate/mcds/messages/4089.html>.
- Tefft, S. 1994. "China Imposes Brakes on Influx of Foreign Funds." *Christian Science Monitor*, December 21, p. 41.
- "Think Global, Think Protest." 2000. January 7. Available from: <http://www.smh.com.au/news/0007/01/text/review6.html>.
- Thompson, J. 1987. "Language and Ideology: A Framework for Analysis." *Sociological Review* 35, pp. 516-36.
- "Tony Tiger." 1999. "Great Company Says Who?" April 5. Available from:

<http://www.mcspotlight.org/debate/mcds/messages/4102.html>.

• Toy Zone. 1999. "Unofficial McDonald's Happy Meal Information." Available from: <http://www.thetoyzone.com/mcfaq.html>.

• US McLibel Support Campaign Newsletter. 1997.

• Vidal, J. 1997. *McLibel: Burger Culture on Trial*. London: Macmillan.

• Wa Mwachofi, N. 1998. "Missing the Cultural Bias of Irrationality in the McDonaldization of Society." In M. Alfino, J. Caputo, and R. Wynyard, eds., *McDonaldization Revisited: Critical Essays on Consumer Culture*. Westport, Conn.: Praeger.

• Wartenberg, T. 1992. "Introduction." In T. Wartenberg, ed., *Rethinking Power*. Albany, N.Y.: SUNY Press.

• Wasserstrom, J. 1998. "Burgers, Bowling, and the Myth of Americanizing China." *Dissent*, Fall, pp. 22-25.

• Watson, J. 1997a. "Preface." In J. Watson, ed., *Golden Arches East: McDonald's in East Asia*. Standford: Standford University Press.

_____. 1997b. "Introduction: Transnationalism, Localization, and Fast Foods in East Asia." In J. Watson, ed., *Golden Arches East: McDonald's in East Asia*. Standford: Standford University Press.

• _____. 1997c. "McDonald's in Hong Kong: Consumerism, Dietary Change, and the Rise of a Children's Culture." In J. Watson, ed., *Golden Arches East: McDonald's in East Asia*. Standford: Standford University Press.

• Weinstein, J. 1993. "Falling Arches." *Village Voice* 38:26, June 29, p. 42.

• Whalen, J. 1994a. "McDonald's Cafe Dishes Up Service." *Advertising Age* 65:1, January 3, p. 36.

• _____. 1994b. "McDonald's To Go Homey in That Unit." *Advertising Age* 65:23, May 30, p. 2.

• Wheeler, T. 2001. "José Bové of Millau—A Farmer for Our Time." April 6. Available from: <http://www.conuterpunch.org/bove/html>.

• Whitney-Smith, E. 2001. "Cain and Abel: Scarcity, Information, and the Invention of War." Available from: <http://www.well.com/user/elin/cain/htm>.

• Wilken, E. 1995. "Big Mac Attack." *World Watch* 8:4, July, pp. 6-7.

• Williams, F. 2001. "José Bové: The New Leader of the Golbal Food Revolt." *Outside Magazine* (June). Available from: <http://www.purefood.org/gefood/SaviorBove.cfm>.

• Wood, C., and A. Wilson-Smith. 1998. "A Bolshoi-Mak Attack." *MacLean's* 101:21, May 16, p. 30.

• Wood, R. 1998. "Old Wine in New Bottles: Critical Limitations of the McDonaldization Thesis—The Case of Hospitality Services." In M. Alfino, J. Caputo, and R. Wynyard, eds., *McDonaldization Revisited: Critical Essays on Consumer Culture*. Westport, Conn.: Praeger.

• Wu, D. 1997. "McDonald's in Taipei: Hamburgers, Betel Nuts, and National Identity." In J. Watson, ed., *Golden Arches East: McDonald's in East Asia*. Standford: Standford University Press.

• Wynyard, R. 1998. "The Bunless Bunless Burger." In M. Alfino, J. Caputo, and R. Wynyard, eds., *McDonaldization Revisited: Critical Essays on Consumer Culture*. Westport, Conn.: Praeger.

• Yakabuski, K. 1997. "Teamsters Taking Another Run at a McDonald's Outlet." *Globe and Mail* (Toronto), March 6.

• Yan, Y. 1997. "McDonald's in Beijing: The Localization of Americana." In J. Watson, ed., *Golden Arches East: McDonald's in East Asia*. Standford: Standford University Press.

• Zayani, M. 1997. "Review of George Ritzer, *McDonaldization of Society*, 2nd Edition." Criticism 39:4, pp. 1-4.